Michael Mertens

Sport & Spiel
mit Alltagsmaterial

630 Trainingsideen für Gruppe, Freizeit und Schule

Verlag an der Ruhr

Impressum

Titel:	Sport und Spiel mit Alltagsmaterial
	630 Trainingsideen für Gruppe, Freizeit und Schule
Autor:	Michael Mertens
Fotos:	Michael Mertens
Druck:	Druck Thiebes GmbH, Hagen
Verlag:	**Verlag an der Ruhr**
	Alexanderstraße 54 – 45472 Mülheim an der Ruhr
	Postfach 10 22 51 – 45422 Mülheim an der Ruhr
	Tel.: 02 08/439 54 50 – Fax: 02 08/439 54 239
	E-Mail: info@verlagruhr.de
	www.verlagruhr.de

© **Verlag an der Ruhr 2005**
ISBN 978-3-86072-987-8

geeignet für   **alle Altersstufen**

Gedruckt auf chlorfrei gebleichtes Papier.

Alle Vervielfältigungsrechte außerhalb der durch die Gesetzgebung eng gesteckten Grenzen (z.B. für das Fotokopieren) liegen beim Verlag. Der Verlag untersagt ausdrücklich das Speichern und Zur-Verfügung-Stellen dieses Buches oder einzelner Teil davon im Intranet, Internet oder sonstigen elektronischen Medien.
Kein Verleih.

Inhalt

Vorwort 6
Einführung 7
Spiele-Register 15

Besen 39
Bierdeckel 51
Bücher 65
Dosen 73
Eierkartons 81
Fahrräder 89
Fahrradschläuche 107
Kartons und Schachteln 115
Korken 129
Luftballons 139
Papprollen 155
Pappteller 165
Plastikbecher 177
Plastikflaschen 189
Schwämme 199
Seile 209
Stühle 223
Teppichfliesen 235
Tücher und Decken 247
Wäscheklammern 267
Zeitungsbälle 275
Zeitungsblätter 285
Zeitungsrollen 301
Zeitungsschwungtücher 307

Literatur 311

Vorwort

Alltagsgegenstände und Gebrauchsmaterialien finden schon seit langem Verwendung in der Bewegungserziehung im Kindergarten sowie in der psycho-motorischen Entwicklungsförderung der Grundschule. Für den Elementar- und Primarbereich gibt es eine Vielzahl von Anregungen in Büchern und Zeitschriften.

In diesem Buch werden Übungen und Spielideen mit Alltagsmaterialien für **Jugendliche und Erwachsene** vorgestellt. Die hier dargestellten sportlichen Aufgabenstellungen erfordern vielfältige Fähigkeiten und Fertigkeiten. Die Praxisbeispiele haben unterschiedliche Anspruchsniveaus und Akzentsetzungen und ermöglichen so vielseitige Einsatzmöglichkeiten im Schulsport sowie im außerschulischen Bereich. Die Aufgaben können durch die Bewegungsausführung variiert bzw. durch die Übungsbedingungen verändert werden und lassen sich dadurch leicht an die Bedürfnisse und Fähigkeiten der jeweiligen Zielgruppe anpassen. So können die Trainingsbeispiele beliebig erschwert, aber auch vereinfacht werden, sodass sie auch für Grundschulkinder geeignet sind.

Das Buch liefert viele praktische Anregungen, wie, aufbauend auf den bereits erworbenen Bewegungsmustern, die **sportmotorischen Fähigkeiten** weiterentwickelt werden können. Dabei bildet die Förderung der Geschicklichkeit einen besonderen Schwerpunkt. Beim Umsetzen der Bewegungsaufgaben werden aber nicht nur die motorischen Fähigkeiten trainiert, sondern überdies **soziale und kognitive Kompetenzen** geschult. So lässt sich die Übungssammlung auch für die Realisierung vielfältiger pädagogischer Zielsetzungen in der **Schule**, in der **Jugendarbeit** und in der **Erwachsenenbildung** nutzen. Die Spiel- und Bewegungsaufgaben mit Alltagsgegenständen und Gebrauchsmaterialien sind aber auch für den **Freizeitbereich** interessant, in dem der Spielspaß mit den kostengünstigen Materialien im Vordergrund steht, z.B. zur Auflockerung auf Partys, als Baustein in Ferienlagern oder bei „bunten Abenden".

Neben neuen Spielideen ist Bewährtes aus den Bereichen der „Kleinen Spiele" und der „Abenteuer- und Erlebnispädagogik" in der Übungssammlung integriert. Auf engem Raum werden breit gefächerte Arbeitshilfen angeboten, ohne sich dabei in unüberschaubaren Variationsversuchen zu verzetteln.
Lassen Sie sich anregen und erweitern Sie selbst das Repertoire der Bewegungsaufgaben und Spiele durch die Hinzunahme oder Kombination mit anderen (Alltags)-Materialien. Der Kreativität sind dabei keine Grenzen gesetzt.

Einführung

Nahezu alle Dinge des alltäglichen Gebrauchs können für die Übungen verwendet werden. Sie lassen sich an vielen Orten, z.B. im Sportunterricht, im Freizeitbereich, auf Ausflügen und Zuhause einsetzen und beliebig kombinieren:

- Alltagsmaterialien sind leicht zu beschaffen. Mit etwas Verhandlungsgeschick sind sie in Geschäften und Betrieben sogar kostenlos zu bekommen.
- Jedes Alltagsmaterial ermöglicht entsprechend seiner spezifischen Eigenschaften die Umsetzung differenzierter Förderschwerpunkte. Mit ihnen lassen sich nicht nur die physiologische und motorische Leistungsfähigkeit verbessern, sondern auch das sensorische Potential ausbauen und soziale Kompetenzen schulen.
- Die alternativen „Sportgeräte" wecken Fantasie und Kreativität. Bei ihnen existieren keine festen Zuordnungen zu bestimmten Spielen, Sportarten oder bekannten normierten Bewegungen, so dass der spielerische Umgang mit ihnen immer wieder neu erfahren und erfunden werden kann.
- Die unkonventionelle Nutzung der Alltagsgegenstände und Gebrauchsmaterialien, bzw. die nicht alltäglichen Spielaufgaben sind spannend und regen zum Mitmachen an.
- Alltagsmaterialien lassen sich vielfältig kombinieren und einsetzen. Neben neuen Spielideen können auch bereits bekannte Spiel- und Sportformen integriert werden. Der Kreativität sind dabei keine Grenzen gesetzt.
- Man kann mit den Alltagsmaterialien überall spielen: in der Sporthalle, Zuhause in der Wohnung, draußen im Garten oder auf Reisen.
- Beim Spielen und Bewegen mit den (meisten) Alltagsmaterialien ist das Verletzungsrisiko gering.
- Alltagsgegenstände sind eine sinnvolle Alternative zu teuren Neuanschaffungen von Unterrichtsmaterialien. So lassen sich mit ihnen spezielle Sportgeräte wie z.B. Schläger, Bälle, Tore kostengünstig selbst herstellen.

Spielen und Bewegen mit Alltagsmaterialien

Kinder und Jugendliche bekommen durch Bewegung beim Be-tasten, Be-greifen und Be-handeln Zugang zu ihrer Umwelt. In unserer technisierten Gesellschaft werden die Möglichkeiten, motorische Fähigkeiten und (Bewegungs)Erfahrungen in einer natürlichen Bewegungswelt zu erlangen, immer mehr zurückgedrängt. Sinneseindrücke sind heute oft auf optische und akustische Wahrnehmungen, meist in Form von Reizüberflutung an Bildschirmen, reduziert. Geschmacks-, Tast-, Muskel-, Geruchs- und Hautsinn werden kaum noch gefordert. Die Qualität der Informationsaufnahme und -verarbeitung durch die Sinnesorgane (Analysatoren) ist jedoch entscheidend für den Ausprägungsgrad der koordinativen Fähig-

Einführung

keiten. Die Leistungsfähigkeit der vestibulären[1], kinästhetischen[2] und taktilen Analysatoren wird ausschließlich durch Bewegung entwickelt. Im Umgang mit verschiedenen Bewegungssituationen gewinnen Kinder und Jugendliche Erkenntnisse, die für das Verstehen der Umweltgegebenheiten von grundlegender Bedeutung sind. So erleben sie über die Variation der Handlungsbedingungen (z.B. beim Balancieren von Gegenständen auf verschiedenen Körperteilen) unmittelbar Ursache und Wirkung und lernen Zusammenhänge erkennen. Handlungsgebundene Bewegungssituationen sowie der experimentelle Umgang mit Spielgegenständen geben somit entscheidende Anstöße für die **kognitive Entwicklung** *(vgl. AYERS 1992; ZIMMER/ CIRCUS 1995).*

Kinder und Jugendliche verfügen häufig über eine große Fülle von speziellen Spiel- und Sportgegenständen, die nur begrenzte oder normierte Bewegungserfahrungen zulassen. Oftmals fallen dabei ganze Handlungssequenzen weg (erkunden, probieren, verwerfen, ändern und neu beginnen). Bei Alltagsmaterialien existieren keine festen Zuordnungen oder vorgegebene normierte Bewegungen. Gerade diese Freiräume und die unkonventionelle Nutzung der Alltagsgegenstände fördern **Fantasie**, **Spontaneität** und **Kreativität**. Unerlässlich für die Entfaltung von Kreativität sind geeignete räumliche und materiale Bedingungen wie auch eine förderliche Atmosphäre, in der sich die Personen wohl fühlen und eine innere Sicherheit aufbauen können. Diese Sicherheit bildet die Basis für die Selbstinitiative, die sich in Neugierde äußert und zum Ausprobieren und Gestalten führt.

Neben Kreativität eröffnen Alltagsmaterialien vielfältige Bewegungsherausforderungen und gewährleisten so eine vielseitige **sportmotorische Entwicklungsförderung**. Alltagsmaterialien haben sowohl für Kinder als auch für Erwachsene einen hohen Aufforderungscharakter und können für die Leistungssteigerung des Bewegungsapparates und der Organsysteme genutzt werden. In den verschiedenen Übungsformen werden Kraft-, Schnelligkeits- und Ausdauerfähigkeit trainiert und die sensomotorische Leistungsfähigkeit geschult. Einen besonderen Stellenwert haben die feinmotorischen Bewegungsaufgaben zur Weiterentwicklung der koordinativen Fähigkeiten. Wie notwendig die Entwicklung motorischer Grundeigenschaften ist, zeigen viele Untersuchungen, in denen schon seit längerem ein Trend abnehmender sportmotorischer Leistungsfähigkeit bei Kindern und Jugendlichen beobachtet wird.

---

1 **Der vestibuläre Analysator** (statico-dynamischer Analysator): Dieses wichtige Organ befindet sich im Innenohr. Er ist verantwortlich für die richtige Raumlage des Körpers bei motorischen Handlungen und informiert über Lage, Richtungs- und Beschleunigungsveränderungen des Kopfes. Einen wichtigen Einfluss hat der Vestibularapparat auf die Augen und auf die Stützmotorik. Der vestibuläre Analysator bildet die Grundlage für die Gleichgewichtserhaltung des menschlichen Körpers.

2 **Der kinästhetische Analysator**: Dieser bewegungsempfindende Analysator hat seine Rezeptoren in den Muskelspindeln, Sehnen, und Gelenken. Sie geben Auskunft über die Änderung von Längen, Spannungs- und Gelenkveränderungen während der Bewegung. Seine hohe Leitungsgeschwindigkeit und Differenzierungsfähigkeit machen ihn für die Bewegungskontrolle besonders wichtig. Der kinästhetische Analysator ist für die Kontrolle der Eigenbewegung des Körpers zuständig und somit bei allen Bewegungen unverzichtbar.

Die Erweiterung der Bewegungserfahrungen hat aber noch eine umfassendere Bedeutung. Über Bewegung werden Beziehungen zu Mitmenschen aufgenommen und Emotionen, Motive, soziale Verhaltensweisen und Sachkompetenz aktualisiert. Eine Erweiterung der Bewegungserfahrungen und eine Verbesserung der Wahrnehmungsfähigkeit ist somit eine unverzichtbare Grundlage für eine **ganzheitliche Erziehung**. Der Einsatz und eine prozessorientierte Reflexion der Bewegungsaufgaben sind besonders geeignet für die Realisierung **sozial-emotionaler Lernziele**. Die Bewältigung sportlicher Herausforderungen vermittelt Selbstvertrauen in die eigenen Fähigkeiten und darüber hinaus wird die persönliche Selbsteinschätzung gefördert und Kinder werden zum eigenständigen Urteilen angeleitet. Kooperations- und Teamfähigkeit werden beim Einhalten von Regeln und bei der Bereitschaft, auf andere Partner und deren Vorschläge Rücksicht zu nehmen, gefordert. Soziale Fähigkeiten werden insbesondere bei Partner- und Gruppenaufgaben geschult. Die Übungsauswahl sollte jedoch unbedingt die Fähigkeiten, Fertigkeiten und psychischen Dispositionen der Lerngruppe zu berücksichtigen.

Einsatz- und Verwendungsmöglichkeiten von Alltagsmaterialien im Sport

Verbesserung sportmotorischer Fähigkeiten
- Kräftigung der Muskeln
- Schulung der Ausdauer
- Training der Beweglichkeit
- Weiterentwicklung der koordinativen Fähigkeiten

Schulung der Wahrnehmungsfähigkeit
- Verbesserung der Leistungsfähigkeit der Analysatoren
- Initiierung vielfältiger materialer Erfahrungen
- Erschließung sinnlicher Wahrnehmungen und Emotionen

Weiterentwicklung kreativen Handelns
- Variation des Materialgebrauchs
- Kombination mit anderen Materialien
- Veränderung bzw. Entwicklung von Spielideen

Förderung sozialer Fähigkeiten
- Weiterentwicklung der Kooperations- und Teamfähigkeit beim gemeinsamen Lösen von Aufgaben
- Förderung der Kommunikationsfähigkeit beim gemeinsamen Verständigen von Zielen und Vorgehensweisen

Einführung

- Verbesserung der Konfliktfähigkeit und Toleranz (z.B. beim sachlichen Formulieren und Annehmen von Vorschlägen und Kritik)

Motivationsaufbau und Einstimmung
- Unkonventionelle Nutzung, um miteinander in Bewegung zu kommen
- Verwendung zum Kennenlernen der Gruppe

Nutzung als Hilfsmittel
- Verwendung als spieltragendes Objekt
- Markierung, Begrenzung und Strukturierung von Spielräumen (Tor, Hindernis …)

Förderung der ästhetischen Erziehung
- Nutzung als musikalische Klanginstrumente
- Schöpferischer, gestalterischer Einsatz als Requisite/Bauteil

Was ist zu beachten?

Die Auswahl und Menge der bereitgestellten Materialien muss sich nach Alter, Entwicklungsstand und der Ausprägung des Verantwortungsbewusstseins der Zielgruppe richten. Im Zweifelsfall sollten die Anforderungen und der Schwierigkeitsgrad eher zu niedrig als zu hoch angesetzt werden. Bei der Übungsauswahl ist nach dem Grundsatz „**vom Leichten zum Schweren**" zu verfahren. Vielfältig angebotene Variationen eröffnen überdies individuelle Differenzierungsmöglichkeiten, so dass alle Teilnehmer Erfolgserlebnisse und Spaß haben.

Beim Einsatz von Alltagsgegenständen im Sport ist auch der **Sicherheitsaspekt** zu berücksichtigen. Die verwendeten Objekte müssen vor der Nutzung auf ihre Funktionstüchtigkeit und äußerlich erkennbare Mängel untersucht und beschädigte Materialien aussortiert und ergänzt werden. Bei der „alternativen" Nutzung von Alltagsgegenständen im Schulsport sind die **gesetzlichen Vorschriften** der Ministerien und der Träger der gesetzlichen Schülerunfallversicherung zu beachten. So wird in den nordrhein-westfälischen Rechtsgrundlagen „Sicherheitsförderung im Schulsport" darauf hingewiesen, „dass Alltagsgeräte und Gebrauchsmaterialien, wie z.B. Hausmeisterleitern und Getränkekisten, keine Sport- und Turngeräte sind. Werden Geräte nicht bestimmungsgemäß eingesetzt, verstößt die Lehrkraft gegen ihre Sorgfalts- und Aufsichtspflicht" *(MSJK 2002, S. 34)*.

Bei der Gestaltung des Sportunterrichts ist die **methodische Verfahrensweise** entscheidend für die Umsetzung der unterschiedlichen Zielsetzungen. Sinnvoll ist ein planvoller Wechsel zwischen dem Regelspiel (klar umrissene Aufgabenstellungen) und dem freien Spiel (Selbstfinden, Probieren, Experimentieren, Auswählen und Entscheidungsfindung). Beim freien Spielen und Erkunden sollte darauf geachtet werden, dass der schmale Grad zwischen ideenreicher Auseinandersetzung mit den Alltagsmaterialien und destruktivem Spielen nicht überschritten wird. Vielfach ist beim freien kreativen Experimentieren mit vertrauten Alltagsgegenständen zudem zu beobachten, dass die entwickelten Spielideen bekannten Bewegungsformen nachempfunden werden.

Neue und unbekannte „Sportgeräte" werden oftmals nur anfänglich vielseitig genutzt, danach kehren die Spieler jedoch häufig zu einer eingeschränkten Nutzung der Materialien zurück. Bei nachlassendem Interesse oder mangelnder Kreativität sind gebundene und freie Bewegungsaufgaben mit dem Auftrag, ein Bewegungsproblem selbstständig zu lösen, hilfreich. Sie motivieren, neue Bewegungsformen zu entwickeln und fördern die Planungs- und Denkfähigkeit. Neue Spielanregungen eröffnen überdies auch motorisch schwächeren Schülern vielfältige Anwendungsmöglichkeiten elementarer Grundbewegungen (Fangen, Werfen, Laufen, Balancieren etc.).

Sinnvoll ist auch die Veränderung der Interaktionsmuster. Zunächst sollten die Schüler in der Einzelarbeit viel Raum und Zeit erhalten, eigenen Ideen nachzugehen und sie auszuprobieren. Daran anschließen können Partner- und Gruppenarbeiten, um die Bewegungssituationen zu modifizieren oder kreativ weiterzuentwickeln.

Für einige Menschen ist es schwierig, ihre persönliche Sicherheitszone zu verlassen und mit den ungewohnten Materialien nach „ver-rückten" Regeln zu spielen oder albern wirkende Bewegungsaufgaben auszuführen. Wirkt ein Spiel lächerlich oder bedrohlich, sollte der Spielleiter die Bewegungsaufgabe vormachen oder mitspielen. Seine Aufgabe ist es, nicht nur die optimalen Bedingungen der Spiele zu sichern, sondern auch für eine Atmosphäre zu sorgen, in der sich alle wohl fühlen.

Übungssammlung

Die nachfolgende Ideensammlung erhebt keinen Anspruch auf Vollständigkeit. Die Spielideen und Bewegungsaufgaben für die jeweiligen Materialien sind nach der Sozialform bzw. der Spieleranzahl in Einzelaufgaben (EA), Partneraufgaben (PA), Gruppenaufgaben (GA) und Spiele (SP) unterteilt. Bei den angegebenen Variationsmöglichkeiten werden vor allem Hinweise zur Leistungsdifferenzierung gegeben. Diese Differenzierungsmaßnahmen zeigen Möglichkeiten auf, mit denen den unterschiedlichen Bewegungsbedürfnissen sowie den unterschiedlichen Erfahrungs- und Könnensständen begegnet werden kann. Eine optimale Passung ist von besonderer Bedeutung, denn eine Überforderung oder Unterforderung führt zu Störungen und verstärkt die Bereitschaft zum Rückzug aus der Gruppe oder zum Streit mit anderen.

Einführung

Der Schwerpunkt der Übungsauswahl in diesem Buch liegt in der vielfältigen und **fantasievollen Schulung der Feinmotorik mit Alltagsmaterialien.** Beim freien Spielen und Experimentieren können die Kinder und Jugendlichen mit den Objekten und Spielmaterialien hantieren, sie anschauen, abtasten oder ihre Funktionen ausprobieren. Dabei fördern die spezifischen Materialeigenschaften die Geschicklichkeit und tragen zur Verfeinerung der Bewegungsqualität bei. Alltagsmaterialien beantworten in solchen offeneren Formen das Bewegungsverhalten in hohem Maße von selbst. Alltagsmaterialien sind aber auch hervorragend für ein zielgerichtetes deduktives Koordinationstraining geeignet. Mit ihnen lassen sich zahlreiche koordinative Aufgabenstellung kreieren bei denen unterschiedliche Sinnesorgane angesprochen werden. Alltagsmaterialien sind schon deshalb für Koordinationstraining besonders zweckmäßig, da sie einen hohen Aufforderungscharakter haben und zum intensiven Üben anregen.

Koordinationsschulung ist immer auch ein Training der Informationsaufnahme und Informationsverarbeitung und somit eng verbunden mit einer **Förderung der Wahrnehmungsfähigkeit**. Die Verbesserung der Wahrnehmungsfähigkeit mit Alltagsmaterialien bildet den zweiten großen Schwerpunkt bei der Übungsauswahl. Insgesamt werden die verschiedenen Bereiche der Wahrnehmung berücksichtigt. Im Mittelpunkt stehen Übungen die sowohl die Förderung der Bewegungswahrnehmung als auch der Raumwahrnehmung anstreben, sowie Aufgaben bei denen die vestibuläre Wahrnehmung (Gleichgewichtssinn) und die kinästhetische Wahrnehmung (Bewegungssinn) trainiert werden. Spiel- und Übungsformen zum Balancieren, Transportieren, Werfen und Fangen ziehen sich daher als roter Faden durch die gesamte Übungssammlung.

Bewegung und Wahrnehmung sind aber nicht nur Säulen für die Entfaltung der biologischen und körperlichen Entwicklung, sie leisten auch einen entschiedenen Beitrag für die **Ausbildung der personal-emotionalen und sozialen Kompetenzen**. So werden beim gezielten engagierten Üben der Bewegungsformen der Einzelaufgaben die Selbstständigkeit und Zuverlässigkeit gefördert. Die bei der Bewältigung der Bewegungsaufgabe gemachten positiven Körpererfahrungen und Könnenserlebnisse stärken das Selbstwertgefühl und unterstützen bei der Entwicklung des Vertrauens in die eigenen Fähigkeiten. Bei der Umsetzung der Partner- und Gruppenaufgaben werden neben den motorischen Aspekten zusätzlich soziale Verhaltensweisen wie Kooperations- und Konfliktfähigkeit sowie Hilfsbereitschaft und Rücksichtnahme geschult.

Das Spiele-Register

Das Spiele-Register erleichtert die Suche nach einem bestimmten Spiel oder einer Bewegungsaufgabe für einen spezifischen Förderschwerpunkt und hilft bei der Planung von Übungssituationen. In der tabellarischen Übersicht sind alle wichtigen Informationen auf einen Blick sichtbar. Durch die fortlaufenden Spielnummern lassen sich die im Register aufgeführten Spiele und Bewegungsaufgaben schnell im Buch finden.

In der Kategorie „Material" werden alle für das jeweilige Spiel benötigten Utensilien aufgeführt. Bei der Übungsauswahl wurde darauf geachtet, dass nur wenige zusätzliche Materialien und Kleingeräte gebraucht werden. Zudem sind die notwendigen Zusatzmaterialien meist problemlos zu beschaffen oder durch andere Gegenstände zu ersetzen. Die Kategorie „Sozialform" gibt an, mit vielen Personen, die die Spiel- und Übungsformen idealerweise gespielt werden sollte. Die meisten Beispiele können jedoch problemlos modifiziert werden. In der Kategorie „Förderschwerpunkt" werden Fertigkeiten und Kompetenzen, die in dem jeweiligen Spiel besonders akzentuiert werden, aufgeführt.

- **Geschicklichkeit** (Koordination): Das Zusammenspiel von Nervensystem, Muskulatur optimieren bzw. die Qualität der Bewegungsabläufe verbessern.
- **Wahrnehmung:** Die Sinne schärfen.
- **Ausdauer:** Die Ermüdungswiderstandsfähigkeit erhöhen.
- **Kraft:** Die Leistungsfähigkeit und Belastbarkeit des Haltungs- und Bewegungsapparates trainieren.
- **Schnelligkeit:** Die Bewegungsaufgabe mit höchstmöglicher Reaktions- und Bewegungsgeschwindigkeit ausführen.
- **Kooperation:** Gemeinsam auf ein Ziel hinarbeiten.
- **Kreativität:** Eigene originelle Ideen schöpferisch nutzen.
- **Problemlösung:** Eine von mehreren Lösungen finden.
- **Vertrauen:** Sich auf andere Menschen verlassen, ihnen offen gegenübertreten und sich den Umständen hingeben.

Bei den physischen Förderschwerpunkten **„Ausdauer"**, **„Kraft"**, **„Schnelligkeit"** liegt ein allgemeines Verständnis zugrunde. Dementsprechend erfolgt keine detaillierte Aufschlüsselung der einzelnen Komponenten. Es wird auch nicht näher auf die Mischformen dieser physischen Leistungsfaktoren eingegangen. Bewegungsaufgaben, die zwei konditionelle Komponenten wie z.B. Kraft und Ausdauer beim Bewältigen eines Hüpfparcours erfordern, sind immer in beiden Förderschwerpunkten aufgeführt. Auf eine detaillierte Differenzierung der sozialen Kompetenzen wird verzichtet und der Begriff **„Kooperation"** für diesen Förderbereich verwendet. Kooperation versteht sich in diesem Zusammenhang als übergeordnete Schlüsselqualifikation beim gegenseitigen Unterstützen zum Erreichen eines gemeinsamen Ziels. Die Kinder und Jugendlichen müssen Lösungsstrategien entwickeln, Rollen einnehmen, Konflikte lösen und Entscheidungen treffen.

In den mit **„Kreativität"** gekennzeichneten Übungen und Spielen können die Spieler ihr eigenes kreatives Potential erproben und so über eine bewegte Selbsterfahrung den Mut zum schöpferischen originellen Verhalten weiterentwickeln. Die Spieler können sich einbringen und mitgestalten, wodurch das Selbstvertrauen und die Motivation gesteigert wird.

Bei den Übungen, bei denen im Förderbereich **„Problemlösung"** aufgeführt ist, wird die Entwicklung realisierbarer Lösungen geschult. Dabei wird die in vielen Bereichen bedeutsame Fähigkeit der Analyse von Bedingungen und Zusammenhängen gefördert. In diesen Aufgaben steht der Prozess im Mittelpunkt, wenn die Spieler ihre Fähigkeiten einbringen, alle Meinungen diskutieren, Lösungen bis zum Ende durchdenken und gemeinsam den Erfolg genießen.

„Vertrauen" wird immer dann als Förderschwerpunkt ausgewiesen, wenn es darum geht körperliche Nähe zulassen, Hilfen zu geben und anzunehmen bzw. Verantwortung für sich und andere zu übernehmen. Vertrauensbildende Aktivitäten sind von besonderer Relevanz, denn Vertrauen ist der Schlüssel für die persönliche Beteiligung, die die Tür zur Experimentierfreude und Risikobereitschaft öffnet. In den so gekennzeichneten Übungen und Spielen erhalten alle Personen Möglichkeiten, sich vertrauenswürdig zu erweisen und somit Vertrauen in der Gruppe zu bilden.

Symbolerklärung:

 Förderbereiche: Fertigkeiten und Kompetenzen, die in dem jeweiligen Spiel besonders akzentuiert werden.

 Zusatzmaterialien: die für das jeweilige Spiel benötigten Gegenstände.

 Sicherheitshinweise/Risikofaktor: Hinweise auf Verletzungsgefahr.
Risikofaktor 1: geringe Verletzungsgefahr
Risikofaktor 2: erhöhte Verletzungsgefahr
Risikofaktor 3: hohe Verletzungsgefahr

Sozialform: Anzahl der Personen, mit der die Aufgabe idealerweise durchgeführt werden sollte:

Einzelaufgabe   **Partneraufgabe**   **Gruppen- und Partneraufgaben**

Gruppenaufgaben   **Spiele**

Spiele-Register

Besen

Nr.	Name	Sozialform	Benötigte Materialien	Förderbereiche
1.	Putten	EA	Besen, Plastikbecher, Tischtennisbälle	Geschicklichkeit, Wahrnehmung
2.	Besenbalance	EA	Besen	Wahrnehmung, Geschicklichkeit, Kreativität
3.	Einmal ganz herum	EA	Besen	Schnelligkeit, Geschicklichkeit, Wahrnehmung
4.	Beinkatapult	EA	Besen	Geschicklichkeit, Wahrnehmung
5.	Hocksprung	EA	Besen	Geschicklichkeit, Wahrnehmung
6.	Stelzenlauf	EA	Besen	Geschicklichkeit, Wahrnehmung
7.	Vorsicht heiß	PA/GA	Besen	Geschicklichkeit, Kooperation
8.	Rücken-Fakir	PA/GA	Besen	Kooperation, Geschicklichkeit
9.	Durchdrehen	PA/GA	Besen	Geschicklichkeit, Kooperation
10.	Besenmassage	PA/GA	Besen	Wahrnehmung, Vertrauen, Kooperation
11.	Blindparcours	PA/GA	Besen, Ball/Karton, Augenbinden	Kooperation, Wahrnehmung
12.	Auf und Zu	PA/GA	Besen	Kooperation, Vertrauen, Ausdauer
13.	Güterstaffel	PA/GA	Besen, verschiedene Alltagsgegenstände	Geschicklichkeit, Schnelligkeit
14.	Drunter und Drüber	PA/GA	Besen, Langbänke	Geschicklichkeit, Wahrnehmung
15.	Namen-los	PA/GA	Besen	Schnelligkeit, Wahrnehmung
16.	Besenwechsel	PA/GA	Besen	Kooperation, Schnelligkeit, Wahrnehmung
17.	Strategietransport	SP	Besen, Tennisbälle	Problemlösung, Geschicklichkeit, Kooperation
18.	Zauberstab	SP	Besen, Zeitungsrolle	Schnelligkeit, Wahrnehmung, Geschicklichkeit
19.	Schrubber-Hockey	SP	Besen, Tuch/Lappen	Schnelligkeit, Geschicklichkeit
20.	Besen-Golf	SP	Besen, Wäscheklammern, Hindernisse	Geschicklichkeit, Problemlösung, Wahrnehmung
21.	Flüchtendes Tor	SP	Besen, (Fuß)Ball	Kooperation, Wahrnehmung, Problemlösung
22.	Verflixtes Straßenkehren	SP	Besen, Luftballons, Kastenteile	Wahrnehmung, Kooperation, Geschicklichkeit
23.	Kostbare Schätze	SP	Besen, verschiedene Alltagsgegenstände	Wahrnehmung, Kooperation, Schnelligkeit
24.	Pferderennen	SP	Besen	Kraft, Schnelligkeit, Kooperation
25.	Zimmer aufräumen	SP	Besen, verschiedene Alltagsgegenstände	Schnelligkeit, Wahrnehmung, Kooperation
26.	Astronautentraining	SP	Besen	Wahrnehmung

Spiele-Register

Bierdeckel

Nr.	Name	Sozialform	Benötigte Materialien	Förderbereiche
27.	Bierdeckelbalance	EA	Bierdeckel	Wahrnehmung, Geschicklichkeit
28.	Bierdeckel-Hüpfparcours	EA	Bierdeckel	Kraft, Ausdauer
29.	Schlittschuhlaufen	EA	Bierdeckel	Geschicklichkeit, Wahrnehmung
30.	Auf allen Vieren	EA	Bierdeckel	Geschicklichkeit, Wahrnehmung
31.	Bierdeckel berühren	EA	Bierdeckel	Wahrnehmung
32.	Pyramidenbau	EA	Bierdeckel	Geschicklichkeit, Kreativität
33.	Deckelsauger	EA	Bierdeckel, Toilettenpapierrolle	Wahrnehmung
34.	Deckel-Hüpfen	EA	Bierdeckel	Wahrnehmung, Kraft, Ausdauer
35.	Deckel-Tablett	EA	Bierdeckel, Tablett (Brett/Pappe)	Geschicklichkeit, Problemlösung
36.	Reaktions-Fangen	EA	Bierdeckel	Schnelligkeit, Wahrnehmung
37.	Saugnäpfe	EA	Bierdeckel	Geschicklichkeit, Problemlösung, Wahrnehmung
38.	Bierdeckelstelzen	EA	Bierdeckel	Geschicklichkeit, Wahrnehmung
39.	Figuren legen	PA	Bierdeckel, Begriffsliste	Kreativität, Wahrnehmung
40.	Bierdeckel stapeln	PA	Bierdeckel	Kooperation, Geschicklichkeit, Problemlösung
41.	Schubkarre	PA	Bierdeckel	Kraft, Geschicklichkeit, Kooperation
42.	Von Stein zu Stein	PA	Bierdeckel	Geschicklichkeit, Kooperation
43.	Bierdeckel-Treiben	PA	Bierdeckel	Geschicklichkeit, Wahrnehmung
44.	Schatz vergraben	PA	Bierdeckel, Geldstücke	Geschicklichkeit, Wahrnehmung
45.	Bierdeckel-Weitwurf	PA	Bierdeckel	Geschicklichkeit, Wahrnehmung
46.	Zwillings-Parcours	PA	Bierdeckel, Hindernisse	Geschicklichkeit, Kooperation, Problemlösung
47.	Personen verkleben	GA	Bierdeckel	Geschicklichkeit, Problemlösung, Kooperation
48.	Autorennen	GA	Bierdeckel, ausgeschnittene Papierautos	Geschicklichkeit, Schnelligkeit, Ausdauer
49.	Bierdeckelübergabe	GA	Bierdeckel	Geschicklichkeit, Kooperation, Wahrnehmung
50.	Erbsen-Transportstaffel	GA	Bierdeckel, Erbsen, Hindernisse	Geschicklichkeit, Schnelligkeit, Wahrnehmung
51.	Deckeldreher	GA	Bierdeckel	Wahrnehmung, Geschicklichkeit, Schnelligkeit
52.	Bierdeckelwurf	GA	Bierdeckel, Langbänke	Geschicklichkeit, Kooperation, Wahrnehmung
53.	Bierdeckel-Transportlauf	GA	Bierdeckel	Ausdauer

54.	Flaschenstapel	SP	Bierdeckel, Plastikflasche	Geschicklichkeit, Wahrnehmung, Problemlösung
55.	Keulenwurf	SP	Bierdeckel, Keulen/Plastikflaschen, Langbank	Geschicklichkeit, Wahrnehmung
56.	Schwimmende Inseln	SP	Bierdeckel	Kooperation, Problemlösung, Geschicklichkeit
57.	Haltet die Seite frei	SP	Bierdeckel, Zauberschnur	Schnelligkeit, Kooperation, Wahrnehmung
58.	Bierdeckel-Tischtennis	SP	Bierdeckel, Seil/Reckstange, Turmmatten, TT-Bälle	Geschicklichkeit, Wahrnehmung
59.	Bierdeckel-Basketball	SP	Bierdeckel, Basketballkörbe	Geschicklichkeit, Kooperation, Wahrnehmung
60.	Bierdeckel-Boule	SP	Bierdeckel, Pappbecher	Geschicklichkeit, Wahrnehmung
61.	Bierdeckel-Hockey	SP	Bierdeckel, Langbänke, kl. Softbälle	Geschicklichkeit, Kooperation, Wahrnehmung
62.	Bierdeckelroller	SP	Bierdeckel, Brettchen	Geschicklichkeit, Problemlösung

Bücher

63.	Büchersaal	EA	Bücher, Musik	Geschicklichkeit, Wahrnehmung
64.	Bücherbalance	EA	Bücher, Langbank	Wahrnehmung, Geschicklichkeit
65.	Inselwandern	EA	Bücher	Geschicklichkeit, Schnelligkeit
66.	Architekt	EA	Bücher, evtl. kl. Kasten	Kreativität, Geschicklichkeit
67.	Känguru	EA	Bücher	Geschicklichkeit, Kraft, Ausdauer
68.	Siamesische Zwillinge	PA/GA	Bücher, Hindernisse	Geschicklichkeit, Kooperation, Problemlösung
69.	Alle auf einem Buch	PA/GA	Gr. Bücher	Geschicklichkeit, Kooperation, Problemlösung
70.	Fließband	PA/GA	Bücher	Geschicklichkeit, Kooperation
71.	Katapult	PA/GA	Bücher, Gymnastikreifen	Geschicklichkeit, Wahrnehmung, Kooperation
72.	Fliegende Bücher	PA/GA	Bücher	Schnelligkeit, Wahrnehmung
73.	Fangspiel mit Freimal	SP	Bücher	
74.	Bücher-Squash	SP	Bücher, TT-Ball oder Tennisball	Geschicklichkeit, Wahrnehmung, Schnelligkeit
75.	Bücher-Tennis	SP	Bücher, Tennisball, Baustellenband/Netz	Geschicklichkeit, Wahrnehmung, Schnelligkeit
76.	Bücher-Reise	SP	Bücher, Musik	Wahrnehmung, Schnelligkeit
77.	Bücher-Boccia	SP	Bücher	Geschicklichkeit, Wahrnehmung
78.	Bücher-Transportstaffel	SP	Bücher	Problemlösung, Kooperation, Geschicklichkeit
79.	Minigolf	SP	Bücher, TT-Ball	Geschicklichkeit, Wahrnehmung, Kreativität

Spiele-Register

Dosen

Nr.	Name	Sozialform	Benötigte Materialien	Förderbereiche
80.	Dosenrollen	EA	Dosen, evtl. Turnmatten	Geschicklichkeit, Wahrnehmung
81.	Dosenstelzen	EA	Konservendosen, Schnüre	Geschicklichkeit, Wahrnehmung
82.	Dosenbalance	EA	Dosen	Geschicklichkeit, Wahrnehmung
83.	Dosenkarussell	EA	Dosen	Schnelligkeit, Wahrnehmung, Geschicklichkeit
84.	Dosenschieben	EA	Dosen, Gymnastikstab	Geschicklichkeit, Wahrnehmung, Schnelligkeit
85.	Dosenturm	EA	Dosen, evtl. kl. Kasten/Stuhl	Geschicklichkeit, Wahrnehmung
86.	Dosenwandern	EA	Konservendosen	Geschicklichkeit, Wahrnehmung
87.	Dosen drehen	EA	Dosen, (TT-)Bälle	Schnelligkeit, Geschicklichkeit, Wahrnehmung
88.	Hör-Memory®	EA	Dosen, Füllungsmaterial (z.B. Erbsen, Reis)	Wahrnehmung
89.	Trommel-Führung	PA/GA	Dosen, Hindernisse, Augenbinde	Wahrnehmung, Kooperation, Problemlösung
90.	Geschickter Dosenpass	PA/GA	Dosen, Hindernisse, TT-Ball	Geschicklichkeit, Wahrnehmung
91.	Birdie	PA/GA	Dosen, Ball	Wahrnehmung, Geschicklichkeit, Kooperation
92.	Geschickte Füße	PA/GA	Dosen	Geschicklichkeit, Wahrnehmung, Kooperation
93.	Dosenstange	PA/GA	Dosen, evtl. Getränkekisten	Kooperation, Wahrnehmung, Kraft
94.	Einer gegen alle	SP	Dosen	Schnelligkeit, Wahrnehmung, Kooperation
95.	Dosenwerfen	SP	Konservend., Tennisb., Kasten/Tisch, Schläger	Geschicklichkeit, Wahrnehmung
96.	Hohe Hausnummer	SP	Konservendosen, Tennisball, Langbänke	Geschicklichkeit, Wahrnehmung, Problemlösung
97.	Dosen-Memory®	SP	Dosen, identische kl. Gegenstände	Kooperation, Problemlösung, Schnelligkeit
98.	Dosenball	SP	Dosen, Baustellenband, TT-Ball	Geschicklichkeit, Wahrnehmung, Kooperation
99.	Dosen-Boccia	SP	Dosen	Geschicklichkeit, Wahrnehmung

Eierkartons

Nr.	Name	Sozialform	Benötigte Materialien	Förderbereiche
100.	Eiermann	EA	Eierkartons	Geschicklichkeit, Wahrnehmung
101.	Tempo nach Musik	EA	Eierkartons, Musik	Wahrnehmung, Geschicklichkeit
102.	Eierkartonkarussell	EA	Eierkartons	Geschicklichkeit, Wahrnehmung
103.	Fußkran	EA	Eierkartons	Geschicklichkeit, Wahrnehmung, Kreativität
104.	Bauchmuskeltraining	EA	Eierkartons, Turnmatten	Kraft

105.	Rückenmuskeltraining	EA	Eierkartons, Turnmatten	Kraft
106.	Ganzkörperstabilisation	EA	Eierkartons, Turnmatten	Kraft
107.	Zielwerfen	EA	Eierlage, kl. Gegenstände	Geschicklichkeit, Wahrnehmung
108.	Eier blasen	PA/GA	Eierkartons, TT-Bälle	Geschicklichkeit, Wahrnehmung
109.	Eier werfen	PA/GA	Eierlage, kl. Gegenstände	Geschicklichkeit, Wahrnehmung, Kooperation
110.	Dreier-Transport	PA/GA	Eierkartons	Kooperation, Kraft, Wahrnehmung
111.	Eierkarton-Squash	SP	Eierkartons, TT-Ball	Geschicklichkeit, Wahrnehmung, Schnelligkeit
112.	Transport-Staffel	SP	Eierkartons	Probleml., Kooperation, Geschickl., Wahr.
113.	Zielball	SP	Eierkartons, Langbänke, TT-Bälle	Geschickl., Wahr., Probleml., Kooperation
114.	Lauf-Memory®	SP	Eierkartons, identische kl. Gegenstände	Schnelligkeit, Kooperation, Problemlösung
115.	Dynamisches Fließband	SP	Eierkartons	Geschicklichkeit, Wahrnehmung, Kooperation

Fahrräder

116.	Zielgenau	EA	Fahrräder, versch. Gegenstände	Wahrnehmung, Geschicklichkeit
117.	Spur halten	EA	Fahrräder, Kreide/Klebeband, Brett	Wahrnehmung, Geschicklichkeit
118.	Surfen	EA	Fahrräder	Wahrnehmung, Geschicklichkeit
119.	Hecksteuer	EA	Fahrräder, Hütchen	Wahrnehmung, Geschicklichkeit
120.	Schlucht	EA	Fahrräder, Seil/Leine, Hindernisse	Wahrnehmung, Geschicklichkeit
121.	Anhalten	EA	Fahrräder, versch. Gegenstände	Wahrnehmung, Geschicklichkeit
122.	Wheelie	EA	Fahrräder	Geschicklichkeit, Wahrnehmung
123.	Springende Räder	EA	Fahrräder, kl. Gegenstände	Geschicklichkeit; Wahrnehmung
124.	Radball	EA	Fahrräder, Wasserbälle/Luftballons	Geschicklichkeit, Wahrnehmung
125.	Waage	EA	Fahrräder, runder Gegenstand, Brett	Wahrnehmung, Geschicklichkeit
126.	Fahrrad-Dribbling	EA	Fahrräder, Bälle	Wahrnehmung, Geschicklichkeit
127.	Mundraub	EA	Fahrräder, Schnur mit Süßigkeiten	Geschicklichkeit, Wahrnehmung
128.	Einzelakrobatik	EA	Fahrräder	Wahrnehmung, Geschicklichkeit
129.	Fuß-Dribbling	EA	Fahrräder, Bälle	Wahrnehmung, Geschicklichkeit
130.	Anhänger-Slalom	EA	Fahrräder, Seile, Gegenstand	Geschicklichkeit, Wahrnehmung, Problemlösung
131.	Zeitgenau	EA	Fahrräder, Uhr	Wahrnehmung, Geschicklichkeit

Spiele-Register

Nr.	Name	Sozialform	Benötigte Materialien	Förderbereiche
132.	Bike-Graffiti	EA	Fahrräder, Kreide	Geschicklichkeit, Wahrnehmung, Kreativität
133.	Lancelot	EA	Fahrräder, Stangen, Gegenstand	Geschicklichkeit, Wahrnehmung
134.	Doppelte Vorderräder	EA	Fahrräder, Rollbretter	Geschicklichkeit, Wahrnehmung
135.	Abschleppdienst	EA	Fahrräder	Wahrnehmung, Geschicklichkeit, Kooperation
136.	Blindenführer	PA	Fahrräder, Augenbinden	Wahrnehmung, Kooperation, Vertrauen
137.	Tandem	PA	Fahrräder	Kooperation, Wahrnehmung, Geschicklichkeit
138.	Werfen und Fangen	PA	Fahrräder, kl. Gegenstände, Eimer/Karton	Wahrnehmung, Kooperation, Geschicklichkeit
139.	Partnerakrobatik	PA	Fahrräder	Kooperation, Wahrnehmung, Geschicklichkeit
140.	Stillstehen	PA	Fahrräder	Kooperation, Wahrnehmung, Geschicklichkeit
141.	Ohne Treten	PA	Fahrräder	Kooperation, Geschicklichkeit, Wahrnehmung
142.	Kleidertausch	PA	Fahrräder	Kooperation, Wahrnehmung, Geschicklichkeit
143.	Luftballon-Volley	PA	Fahrräder, Luftballons	Wahrnehmung, Geschicklichkeit, Kooperation
144.	Durch das Fahrrad	PA	Fahrräder, Bälle	Kooperation, Wahrnehmung, Geschicklichkeit
145.	Troika	GA	Fahrräder	Kooperation, Geschicklichkeit, Wahrnehmung
146.	Schneckenrennen	GA	Fahrräder	Geschicklichkeit, Wahrnehmung
147.	Drei und ein Fahrrad	GA	Fahrräder	Ausdauer, Problemlösung, Kooperation
148.	Sprint	GA	Fahrräder	Schnelligkeit
149.	Handicap-Sprint	GA	Fahrräder	Problemlösung, Schnelligkeit, Kooperation
150.	Mannschaftssprint	GA	Fahrräder, Kreide	Schnelligkeit, Problemlösung, Kooperation
151.	Verfolgung	GA	Fahrräder	Ausdauer
152.	Turmbau	GA	Fahrräder, Dosen/Kartons, Tisch	Wahrnehmung, Geschicklichkeit
153.	Rasender Karton	GA	Fahrräder, Seile, Kartons, versch. Gegenstände	Schnelligkeit, Wahrnehmung, Geschicklichkeit
154.	Teamfahren	GA	Fahrräder	Ausdauer, Kooperation
155.	Flinke Sammler	SP	Fahrräder, Alltagsgegenstände	Wahrnehmung, Schnelligkeit, Geschicklichkeit
156.	Bänderjagd	SP	Fahrräder, Parteibänder	Wahrnehmung, Schnelligkeit, Geschicklichkeit
157.	Strafrunden-Fangen	SP	Fahrräder	Wahrnehmung, Schnelligkeit, Geschicklichkeit
158.	Fahrrad-Basketball	SP	Fahrräder, Basketball, Basketballkörbe	Geschicklichkeit, Wahrnehmung, Kooperation
159.	Luftballon-Staffel	SP	Fahrräder, Luftballons, ggf. Brett, Kreide	Wahrnehmung, Geschicklichkeit

160.	Fahrrad-Polo	SP	Fahrräder, Hockeyschläger, Ball	Wahrnehmung, Schnelligkeit, Geschicklichkeit
161.	Wasserschlacht	SP	Fahrräder, Kunststoffflasche	Wahrnehmung, Geschicklichkeit, Schnelligkeit
162.	Würfel-Radfahren	SP	Fahrräder, Würfel	Ausdauer

Fahrradschläuche

163.	Rudern	EA	Fahrradschläuche	Kraft
164.	Bizepscurl	EA	Fahrradschläuche, kl. Kästen	Kraft
165.	Kickback	EA	Fahrradschläuche	Kraft
166.	Schulterziehen	EA	Fahrradschläuche	Kraft
167.	Crunches	EA	Fahrradschläuche, Sprossenwand	Kraft
168.	Rückenzug	EA	Fahrradschläuche, Sprossenwand	Kraft
169.	Becken heben	EA	Fahrradschläuche	Kraft
170.	Fußstreckung	EA	Fahrradschläuche, Sprossenwand	Kraft
171.	Innenseitpass	EA	Fahrradschläuche, Sprossenwand	Kraft
172.	Kicken	EA	Fahrradschläuche, Sprossenwand	Kraft
173.	Baumstamm ziehen	PA/GA	Fahrradschläuche	Kraft, Kooperation
174.	Skippings	PA/GA	Fahrradschläuche	Schnelligkeit, Kooperation
175.	Kräfte messen	PA/GA	Fahrradschläuche	Kraft
176.	Nackenziehen	PA/GA	Fahrradschläuche	Kraft, Wahrnehmung
177.	Schlauchführung	PA/GA	Fahrradschläuche, Augenbinden	Wahrnehmung, Kooperation, Vertrauen
178.	Elastische Fesseln	PA/GA	Fahrradschläuche, Turnmatten	Geschicklichkeit, Wahrnehmung, Kraft
179.	Zwille	PA/GA	Fahrradschläuche, kl. Gegenst., evtl. kl. Kästen	Kooperation, Geschicklichkeit
180.	Seilschaften	PA/GA	Fahrradschläuche, Hindernisse	Kooperation, Geschicklichkeit, Wahrnehmung
181.	Geschickte Knie	PA/GA	Fahrradschläuche, Stühle	Geschicklichkeit, Wahrnehmung, Problemlösung

Kartons und Schachteln

182.	Schiebebahnhof	EA	Kartons	Wahrnehmung, Geschicklichkeit
183.	Kartonschuhlaufen	EA	Kartons	Wahrnehmung, Geschicklichkeit
184.	Tunnel	EA	Kartons	Wahrnehmung, Geschicklichkeit

Spiele-Register

Nr.	Name	Sozialform	Benötigte Materialien	Förderbereiche
185.	Schmale Gasse	EA	Kartons	Wahrnehmung, Geschicklichkeit
186.	Karton-Rolle	EA	Kartons, Turnmatte	Wahrnehmung, Geschicklichkeit
187.	Bewegliche Hürde	EA	Kartons	Wahrnehmung, Geschicklichkeit
188.	Fummelkiste	EA	Kartons, Alltagsgegenstände	Wahrnehmung
189.	Rein in den Karton	EA	Kartons, Bälle/Alltagsgegenstände	Geschicklichkeit, Wahrnehmung
190.	Minischachtel pusten	EA	Kl. Schachteln	Wahrnehmung, Geschicklichkeit
191.	Schachtel-Transport	PA	Kartons	Kooperation, Geschicklichkeit, Wahrnehmung
192.	Fallobst	PA	Kartons, Langbänke	Geschicklichkeit, Wahrnehmung
193.	Zielkarton	PA	Kartons, (Tennis)Bälle	Kooperation, Wahrnehmung, Geschicklichkeit
194.	Sprungbahn-Architekten	GA	Kartons	Kreativität, Kooperation, Kraft, Ausdauer
195.	Auto fahren	GA	Gr. Umzugskartons	Kreativität, Wahrnehmung
196.	Paketband	GA	Kartons	Kooperation, Geschicklichkeit
197.	Die große Mauer	GA	Kartons	Problemlösung, Kooperation, Vertrauen, Wahrn.
198.	Abrissunternehmen	GA	Kartons, Bälle	Kooperation, Geschicklichkeit, Wahrnehmung
199.	Ruhestations-Fangen	GA	(Bananen)Kartons, Parteiband	Schnelligkeit, Wahrnehmung
200.	Karton-Squash	GA	Kartons, (Tennis)Bälle	Geschicklichkeit, Wahrnehmung, Schnelligkeit
201.	Karton-Boccia	GA	Kartons	Geschicklichkeit, Wahrnehmung
202.	Ab zur Sprungbahn	GA	Kl. Schachteln, Zeitungsrollen	Schnelligkeit, Wahrnehmung
203.	Hochstapler	GA	Kartons	Wahrnehmung, Schnelligkeit
204.	Mobiler Karton	GA	Kartons, Zeitungsbälle/Tennisbälle	Kooperation, Wahrnehmung, Geschicklichkeit
205.	Kartonball	GA	Kartons, Tore	Kooperation, Geschicklichkeit, Wahrnehmung
206.	Puzzlestaffel	GA	Kartons, Puzzle	Schnelligkeit, Kooperation
207.	Karton-Transportlauf	GA	Kartons	Kooperation, Geschicklichkeit, Wahrnehmung
208.	Treffball	GA	Kartons, Langbänke, weiche Bälle	Geschicklichkeit, Wahrnehmung, Kooperation
209.	Rikscha	GA	Kartons, Teppichfliese	Kooperation, Kraft
210.	Hü-Hüpf	GA	Kartons	Kraft, Ausdauer, Geschicklichkeit
211.	Pyramidenlauf	GA	Kartons	Schnelligkeit, Ausdauer
212.	Kettenlaufen	GA	Kartons	Schnelligkeit, Ausdauer, Kooperation

213.	Karton-Springen	GA	Kartons	Geschicklichkeit, Schnelligkeit
214.	Reitturnier	GA	Kartons	Schnelligkeit, Kraft, Geschicklichkeit
215.	Nashorn-Staffel	GA	Streichholzschachteln	Kooperation, Wahrnehmung, Geschicklichkeit
216.	Kartonwandern	GA	Kartons	Geschicklichkeit, Kooperation

Korken

217.	Goldsieben	EA	Korken, Teller/Tablett	Geschicklichkeit, Wahrnehmung
218.	Rutsch und Bums	EA	Korken, Dosen/Schachteln	Wahrnehmung, Geschicklichkeit
219.	Korken-Artist	EA	Korken	Wahrnehmung, Geschicklichkeit
220.	Drehwurm	EA	Korken	Wahrnehmung, Geschicklichkeit, Schnelligkeit
221.	Korkenwandern	EA	Korken	Wahrnehmung, Geschicklichkeit
222.	Gefühlssache	PA	Korken	Wahrnehmung
223.	Korkenkleber	PA	Korken, Hindernisse	Kooperation, Geschicklichkeit
224.	Korken-Jongleure	PA	Korken	Kooperation, Wahrnehmung, Geschicklichkeit
225.	Korken-Zwille	PA	Korken, Thera-Band/Fahrradschlauch	Kooperation, Kraft, Geschicklichkeit
226.	Wurf- und Fangaufgaben	PA	Korken, Langbänke	Kooperation, Wahrnehmung, Geschicklichkeit
227.	Geschickte Füße	GA	Korken, Tücher	Kooperation, Geschicklichkeit, Wahrnehmung
228.	Stirnkreis-Werfen	GA	Korken	Kooperation, Wahrnehmung, Geschicklichkeit
229.	Korken-Treibball	GA	Korken, Tennisbälle/Murmeln	Kooperation, Wahrnehmung, Problemlösung
230.	Korken-Boccia	GA	Korken	Kooperation, Wahrnehmung, Geschicklichkeit
231.	Dazu oder Buh	GA	Korken	Kooperation, Wahrnehmung, Geschicklichkeit
232.	Zielwurf	GA	Korken, Eierlage	Geschicklichkeit, Wahrnehmung
233.	Mondfahrt	GA	Korken, kl. Kästen, Seile, Langb., Hindern.	Kooperation, Wahrnehmung, Vertrauen
234.	Korken-Golf	GA	Korken, Hindernisse	Geschicklichkeit, Wahrnehmung
235.	Korkentanz	GA	Korken, Musik	Kooperation, Geschickl., Wahrn., Kreativität
236.	Mäusejagd	GA	Korken, Schnüre, Plastikbecher	Wahrnehmung, Schnelligkeit
237.	Sitz-Karawane	GA	Korken	Kooperation, Wahrnehmung, Problemlösung
238.	Fliegende Korken	GA	Korken, Tücher	Kooperation, Wahrnehmung, Geschicklichkeit
239.	Überholverbot	GA	Korken	Kooperation, Wahrnehmung, Schnelligkeit

Spiele-Register

Nr.	Name	Sozialform	Benötigte Materialien	Förderbereiche
240.	Flugverkehr	GA	Korken, 2 Weichböden, Hütchen	Kooperation, Wahrnehmung, Geschicklichkeit

Luftballons

Nr.	Name	Sozialform	Benötigte Materialien	Förderbereiche
241.	Kreuz und quer	EA	Luftballons, Musik	Wahrnehmung, Geschicklichkeit
242.	Luftballon treiben	EA	Luftballons	Wahrnehmung, Geschicklichkeit
243.	Handicap-Ankleiden	EA	Luftballons, Kleidungsstücke	Wahrnehmung, Geschicklichkeit, Schnelligkeit
244.	Originelles Hochhalten	EA	Luftballons	Kreativität, Geschicklichkeit, Wahrnehmung
245.	Luftballons jonglieren	EA	Luftballons	Wahrnehmung, Geschicklichkeit, Schnelligkeit
246.	Windmaschine	EA	Luftballons	Wahrnehmung
247.	Der größte Luftballon	EA	Luftballons	Lungen-Kraft, Wahrnehmung
248.	Körperbildende Übungen	EA	Luftballons, Turnmatten	Kraft
249.	Straßenkehrer	EA	Luftballons, Besen	Wahrnehmung, Geschicklichkeit, Problemlösung
250.	Blasebalg	EA	Luftballons, Wattebausch/TT-Ball, Gegenstand	Problemlösung, Schnelligkeit
251.	Kontaktdrehung	PA/GA	Luftballons	Kooperation, Wahrnehmung, Geschicklichkeit
252.	Ballonzwillinge	PA/GA	Luftballons, Hindernisse	Kooperation, Wahrnehmung, Geschicklichkeit
253.	Gruppenjongleure	PA/GA	Luftballons	Kooperation, Wahrnehmung, Geschicklichkeit
254.	Reifenball	PA/GA	Luftballons, Gymnastikreifen	Kooperation, Wahrnehmung, Geschicklichkeit
255.	Luftballonbett	PA/GA	Luftballons	Problemlösung, Kooperation, Wahrnehmung
256.	Fuß-Fließband	PA/GA	Luftballons	Kooperation, Geschicklichkeit, Wahrnehmung
257.	Teamwork	PA/GA	Luftballons	Kooperation, Wahrnehmung
258.	Knackwurst	SP	Luftballons	Wahrnehmung, Geschicklichkeit, Problemlösung
259.	Treibjagd	SP	Luftballons, Softbälle, Langbänke	Kooperation, Wahrnehmung, Problemlösung
260.	Knallerbse	SP	Luftballons, Schnüre	Wahrnehmung, Geschicklichkeit, Schnelligkeit
261.	Kapitänsballon	SP	Luftballons	Kooperation, Wahrnehmung, Geschicklichkeit
262.	Schätze sammeln	SP	Luftballons, Alltagsgegenstände	Kooperation, Wahrnehmung, Geschicklichkeit
263.	Tunnelarbeiter	SP	Luftballons	Schnelligkeit, Geschicklichkeit
264.	Mein Schatz	SP	Luftballons, Zeitungsrollen	Wahrnehmung, Schnelligkeit
265.	Fußballon	SP	Luftballons, Tore	Kooperation, Wahrnehmung, Geschicklichkeit

Sport & Spiel mit Alltagsmaterial

266.	Sitzfußballon	SP	Luftballons, Teppichfliesen, Tore	Kooperation, Geschicklichkeit, Wahrnehmung
267.	Handball	SP	Luftballons	Kooperation, Wahrnehmung, Geschicklichkeit
268.	Luftballon-Hockey	SP	Runde und längliche Luftballons	Kooperation, Geschicklichkeit, Wahrnehmung
269.	Ohne Hände	SP	Luftballons	Kooperation, Geschickl., Wahrn., Schnelligkeit
270.	T-Shirt-Staffel	SP	Luftballons, T-Shirts	Wahrnehmung, Geschicklichkeit
271.	Die menschliche Nadel	SP	Wassergefüllte Luftballons, Kappe mit Dorn	Geschicklichkeit, Wahrnehmung
272.	Knallbonbons	SP	Luftballons, Stühle/kl. Kästen	Schnelligkeit, Geschicklichkeit
273.	Sitzenbleiber	SP	Luftballons, Stühle/kl. Kasten	Schnelligkeit, Wahrnehmung
274.	Luftballonraupe	SP	Luftballons, Hindernisse	Kooperation, Wahrnehmung, Geschicklichkeit
275.	Hin und Her	SP	Luftballons	Kooperation, Wahrnehmung
276.	Eiertransport	SP	Luftballons, Seile	Problemlösung, Kooperation, Geschickl., Wahrn.
277.	Wasserballon-Staffel	SP	Wassergefüllte Luftballons	Kooperation, Geschicklichkeit, Wahrnehmung
278.	Rad-Volleyball	SP	Luftballons, Fahrräder	Wahrnehmung, Kooperation, Geschicklichkeit
279.	Wasserbomben-Angriff	SP	Wassergefüllte Luftballons, Gabel	Kooperation, Geschicklichkeit, Wahrnehmung

Papprollen

280.	Über die Rolle	EA	Papprollen	Geschicklichkeit
281.	Rollkommando	EA	Papprollen, Hindernisse, Stab	Geschicklichkeit
282.	Gepäckträger	EA	Papprollen	Wahrnehmung, Geschicklichkeit
283.	Fernrohrkarussell	EA	Papprollen	Wahrnehmung
284.	Staubsauger	EA	Papprollen, Bierdeckel	Wahrnehmung
285.	Papprollenbalance	EA	Papprollen	Wahrnehmung, Geschicklichkeit
286.	Rückenschaukel	EA	Papprollen, Turnmatten, kl. Kasten, Schachteln	Wahrnehmung, Geschicklichkeit
287.	Fangsicher	EA	Lange Papprollen	Wahrnehmung, Geschicklichkeit, Schnelligkeit
288.	Pappmaschine	PA/GA	Papprollen	Geschicklichkeit, Wahrnehmung
289.	Kreisverkehr	PA/GA	Papprollen	Wahrnehmung, Kooperation
290.	Ringender Kreis	PA/GA	Papprollen	Kraft, Geschicklichkeit, Wahrnehmung
291.	Roboter	PA/GA	Papprollen, Augenbinden	Wahrnehmung, Kooperation, Vertrauen
292.	Berührungsfrei	PA/GA	Lange Papprollen	Geschicklichkeit, Wahrnehmung, Kooperation

Spiele-Register

Nr.	Name	Sozialform	Benötigte Materialien	Förderbereiche
293.	Schneller Kreis	PA/GA	Papprollen	Kooperation, Wahrnehmung, Schnelligkeit
294.	Fakir	PA/GA	Toilettenpapierrollen	Problemlösung, Kooperation, Wahrnehmung
295.	Murmelbahn	PA/GA	Küchenpapierrollen, Murmeln	Kooperation, Wahrnehmung, Geschicklichkeit
296.	Chaos-Kegeln	SP	Pappstollen, Bälle	Geschicklichkeit, Schnelligkeit, Kooperation
297.	Fliegende Pappstollen	SP	Küchenpapierrollen	Problemlösung, Geschicklichkeit, Wahrnehmung
298.	Frisbee-Kegeln	SP	Pappstollen, Frisbee-Scheiben	Geschicklichkeit, Wahrnehmung
299.	Liliputaner-Minigolf	SP	Pappstollen, Murmeln/TT-Bälle	Kreativität, Geschicklichkeit, Wahrnehmung
300.	Papprollen-Hockey	SP	Lange Pappstollen, TT-Bälle	Kooperation, Geschicklichkeit, Wahrnehmung

Pappteller

Nr.	Name	Sozialform	Benötigte Materialien	Förderbereiche
301.	Pappschlittschuhe	EA	Pappteller	Wahrnehmung, Geschicklichkeit
302.	Pirouette	EA	Pappteller	Kreativität, Wahrnehmung, Geschicklichkeit
303.	Fangsicher	EA	Pappteller	Wahrnehmung, Geschicklichkeit, Schnelligkeit
304.	Pappteller-Balance	EA	Pappteller	Wahrnehmung, Geschicklichkeit
305.	Transportstäbe	EA	Pappteller, Zeitungsrollen, Augenbinden	Wahrnehmung, Geschicklichkeit
306.	Essstäbchen	EA	Pappteller, Zeitungsrollen	Geschicklichkeit, Wahrnehmung
307.	Pappteller werfen	EA	Pappteller, kl. Kästen, Turnmatte, Reifen	Geschicklichkeit, Wahrnehmung
308.	Pappteller-Frisbee	PA	Pappteller	Geschicklichkeit, Wahrnehmung, Kooperation
309.	Pappteller stapeln	PA	Pappteller	Kooperation, Wahrnehmung, Problemlösung
310.	Chinesen-Fangen	SP	Pappteller, Gummiband	Schnelligkeit, Wahrnehmung
311.	Chinesen-Staffel	SP	Pappteller, Tennisbälle, Wollfäden, TT-Bälle	Geschicklichkeit, Wahrnehmung
312.	Transport-Staffel	SP	Pappteller, Zeitungsrollen	Geschicklichkeit, Wahrnehmung
313.	Oberkellner	EA	Pappteller, TT-Bälle, Hindernisse	Wahrnehmung, Geschicklichkeit
314.	Pappteller-Segler	EA	Pappteller, TT-Bälle	Geschicklichkeit
315.	Pappstellerbecher	EA	Pappteller, TT-Bälle, Plastikbecher, Tesakrepp	Geschicklichkeit, Wahrnehmung, Schnelligkeit
316.	Volley spielen	EA	Pappteller, TT-Bälle	Wahrnehmung, Geschicklichkeit
317.	Tischtennisball treiben	EA	Pappteller, TT-Bälle	Geschicklichkeit, Wahrnehmung, Ausdauer
318.	Pappteller-Dribbling	EA	Pappteller, TT-Bälle	Wahrnehmung, Geschicklichkeit

319.	Spirale	EA	Pappteller, TT-Bälle	Geschicklichkeit, Wahrnehmung
320.	Treppenspringen	GA	Pappteller, TT-Bälle	Kooperation, Kreativität, Schnelligkeit
321.	Ballübergabe	GA	Pappteller, TT-Bälle	Kooperation, Geschicklichkeit, Wahrnehmung
322.	Pappteller-Tischtennis	SP	Pappteller, TT-Bälle, Turnmatten, Seile	Geschicklichkeit, Wahrnehmung
323.	Pappteller-Tennis	SP	Pappteller, TT-Bälle, Netz/Schnur	Geschicklichkeit, Wahrnehmung, Schnelligkeit
324.	Pappteller-Squash	SP	Pappteller, TT-Bälle	Geschicklichkeit, Wahrnehmung, Schnelligkeit
325.	Ball über die Schnur	SP	Pappteller, TT-Bälle, Netz/Schnur	Kooperation, Geschickl., Wahrnehmung, Schnelligk.

Plastikbecher

326.	Bechertransport	EA	Plastikbecher, Bierdeckel	Geschicklichkeit, Wahrnehmung
327.	Gefühlvolle Beine	EA	Plastikbecher, Stuhl/kl. Kasten	Wahrnehmung, Geschicklichkeit
328.	Umgedrehter Becher	EA	Plastikbecher, Tennisbälle, Hindernisse	Wahrnehmung, Geschicklichkeit
329.	Rattenjagd	EA	Plastikbecher, TT-Bälle	Schnelligkeit, Wahrnehmung
330.	Einlochen	EA	Plastikbecher, TT-Bälle	Wahrnehmung, Geschicklichkeit
331.	Treff den Becher	EA	Plastikbecher, TT-Bälle, Langbank	Geschicklichkeit, Wahrnehmung
332.	Becherpendel	EA	Plastikbecher, Schnur, TT-Bälle, Tesakrepp	Geschicklichkeit, Wahrnehmung, Schnelligkeit
333.	Kegeln	EA	Plastikbecher, Tennisbälle	Geschicklichkeit, Wahrnehmung
334.	Becherwurf	EA	Plastikbecher, TT-Ball	Wahrnehmung, Geschicklichkeit, Schnelligkeit
335.	Rollball	PA	Plastikbecher, Tisch, TT-Bälle	Wahrnehmung, Geschicklichkeit, Schnelligkeit
336.	Geschickte Übergabe	PA/GA	Plastikbecher, TT-Bälle	Kooperation, Wahrnehmung, Geschicklichkeit
337.	Partnerwurf	PA/GA	Plastikbecher, TT-Bälle	Kooperation, Wahrnehmung, Geschicklichkeit
338.	Übergabestaffel	PA/GA	Plastikbecher, TT-Bälle	Geschicklichkeit, Kooperation, Schnelligkeit
339.	Synchron-Maschine	PA/GA	Plastikbecher, TT-Bälle	Kooperation, Wahrnehmung, Geschicklichkeit
340.	Liliputaner-Basketball	SP	Plastikbecher, TT-Bälle, kl. Gegenstände	Geschicklichkeit, Wahrnehmung
341.	Becherturmball	SP	Plastikbecher, (TT-)Bälle, kl. Kasten	Kooperation, Wahrnehmung, Schnelligkeit
342.	Haltet das Feld frei	SP	Plastikbecher, Langbänke, kl. Bälle	Wahrnehmung, Schnelligkeit, Kooperation
343.	Wurfbude	SP	Plastikbecher, Kasten/Tisch, Tennisbälle	Geschicklichkeit, Wahrnehmung
344.	Bechertennis	SP	Plastikbecher, Bauband, TT-Bälle	Kooperation, Wahrnehmung, Geschickl., Schnelligk.
345.	Zahn-Technik	SP	Plastikbecher, Eimer, Wasser	Geschicklichkeit, Wahrnehmung

Spiele-Register

Nr.	Name	Sozialform	Benötigte Materialien	Förderbereiche
346.	Kellner-Staffel	SP	Plastikbecher, Servietten, Tabletts, Wasser	Wahrnehmung, Geschicklichkeit
347.	Wasserleitung	SP	Plastikbecher, Eimer, Wasser	Kooperation, Geschicklichkeit, Wahrnehmung
348.	Fontaine	SP	Plastikbecher, Plastikflaschen, Wasser	Wahrnehmung, Geschicklichkeit
349.	Wasserschützen	SP	Plastikbecher, Spritzflaschen, Wasser, Bretter	Geschicklichkeit, Wahrnehmung

Plastikflaschen

Nr.	Name	Sozialform	Benötigte Materialien	Förderbereiche
350.	Flaschenwurf	EA	Plastikflaschen	Geschicklichkeit, Wahrnehmung
351.	Flaschenturm	EA	Plastikflaschen	Wahrnehmung, Geschicklichkeit
352.	Fußwurf	EA	Plastikflaschen	Geschicklichkeit, Wahrnehmung, Schnelligkeit
353.	Freier Fall	EA	Plastikflaschen, Erbsen	Wahrnehmung
354.	Gefühlvoller Po	EA	Plastikflaschen, Stifte, Fäden, Stuhl/kl. Kasten	Wahrnehmung, Geschicklichkeit
355.	Flaschen stellen	EA	Plastikflaschen	Kraft, Problemlösung, Geschicklichkeit
356.	Jonglieren	EA	Plastikflaschen	Geschicklichkeit, Wahrnehmung
357.	Fußpass	PA/GA	Plastikflaschen	Geschicklichkeit, Kooperation, Wahrnehmung
358.	Schnapp den Ball	PA/GA	Plastikflaschen, TT-Bälle	Wahrnehmung, Schnelligkeit
359.	Kreisende Flasche	PA/GA	Plastikflaschen	Kooperation, Geschicklichkeit, Wahrnehmung
360.	Flaschentreff	PA/GA	Plastikflaschen, Tennisbälle, Bänke, Reifen	Problemlösung, Kooperation, Geschickl., Wahrn.
361.	Känguru-Staffel	PA/GA	Plastikflaschen, Besen/Stäbe	Geschicklichkeit, Kraft, Ausdauer
362.	Ringender Kreis	PA/GA	Plastikflaschen	Kraft, Geschicklichkeit, Wahrnehmung
363.	Flaschen-Hockey	SP	Plastikflaschen, Tennisbälle	Geschicklichkeit, Wahrnehmung, Kooperation
364.	Flaschenkegeln	SP	Plastikflaschen, Bälle	Geschicklichkeit, Wahrnehmung
365.	Pendelflaschenball	SP	Plastikflaschen, Fäden, Schachteln/Bälle, Tore	Kooperation, Geschicklichkeit, Wahrnehmung
366.	Blinder Barkeeper	SP	Plastikbecher, Wasser, Augenbinden	Kooperation, Wahrnehmung
367.	Flaschen leer schießen	SP	Plastikflaschen, Bälle, Wasser	Wahrnehmung, Schnelligkeit, Geschicklichkeit
368.	Flaschen-Fußball	SP	Plastikflaschen, Softbälle	Wahrnehmung, Geschicklichkeit, Schnelligkeit
369.	Mundwasser	SP	Plastikflaschen, Wasser	Wahrnehmung, Geschicklichkeit, Schnelligkeit
370.	Geschicktes Befüllen	SP	Plastikflaschen, Tesakrepp	Kooperation, Problemlösung, Wahrnehmung
371.	Flaschenwächter	SP	Plastikflaschen, Bälle	Wahrnehmung, Schnelligkeit, Kooperation

Sport & Spiel mit Alltagsmaterial

Schwämme

372.	Flaschen-Drehen	SP	Plastikflaschen	Wahrnehmung
373.	Schwamm-Transport	EA	Schwämme	Wahrnehmung, Geschicklichkeit
374.	Pflastersteine	EA	Schwämme, Musik	Wahrnehmung, Geschicklichkeit
375.	Ganz schön schwammig	EA	Schwämme	Wahrnehmung
376.	Schwammturm	EA	Schwämme, kl. Kasten	Geschicklichkeit, Wahrnehmung
377.	Hockwenden-Olympiade	EA	Schwämme, Langbänke	Geschicklichkeit, Kraft
378.	Balancieren und Werfen	EA	Schwämme, Langbänke	Wahrnehmung, Geschicklichkeit
379.	In der Klemme	EA	Schwämme	Geschicklichkeit, Wahr., Kraft, Ausdauer
380.	Bodenreinigung	EA	Schwämme	Kraft, Ausdauer
381.	Schwammschlittschuhe	EA	Schwämme	Wahrnehmung, Geschicklichkeit
382.	Fang den Schwamm	EA	Schwämme	Geschicklichkeit, Wahrnehmung, Schnelligkeit
383.	Schwammwandern	EA	Schwämme	Geschicklichkeit, Schnelligkeit
384.	Blind-Fangen	EA	Schwämme, Augenbinden	Wahrnehmung, Geschicklichkeit
385.	Von rechts nach links	EA	Schwämme	Wahrnehmung, Geschicklichkeit, Schnelligkeit
386.	Kollisionsalarm	PA	Schwämme	Wahrnehmung, Geschicklichkeit
387.	Kuriose Fangbereitschaft	PA	Schwämme	Wahrnehmung, Geschicklichkeit, Schnelligkeit
388.	Synchronwurf	PA	Schwämme	Kooperation, Wahrnehmung, Schnelligkeit
389.	Schwammkleber	PA	Schwämme, Hindernisse	Kooperation, Wahrnehmung, Geschicklichkeit
390.	Kissenschlacht	PA	Schwämme, Kissenbezüge, Schwebebalken	Geschicklichkeit, Ausdauer
391.	Reaktions-Fangen	PA	Schwämme	Kooperation, Wahrnehmung
392.	Schwammschlacht	SP	Schwämme	Wahrnehmung, Schnelligkeit, Geschicklichkeit
393.	Flinke Architekten	SP	Schwämme	Schnelligkeit, Wahrnehmung, Kooperation
394.	Soft-Schwammball	SP	Schwämme	Wahrnehmung, Schnelligkeit, Geschicklichkeit
395.	Schwamm-Basketball	SP	Schwämme, Basketballkörbe	Kooperation, Wahrnehmung, Schnelligkeit
396.	Schwamm-Besenhockey	SP	Schwämme, Besen, Tore	Geschicklichkeit, Wahrnehmung, Kooperation
397.	Wechsel-Fangen	SP	Schwämme	Wahrnehmung, Schnelligkeit
398.	Schwamm-Fußball	SP	Schwämme, Tore	Kooperation, Geschicklichkeit, Schnelligkeit

Spiele-Register

Nr.	Name	Sozialform	Benötigte Materialien	Förderbereiche
399.	Wasserträger	SP	Schwämme, Behälter, Wasser	Schnelligkeit, Geschicklichkeit
400.	Nasser Schwamm	SP	Schwämme, Behälter, Wasser	Schnelligkeit, Geschicklichkeit, Wahrnehmung

Seile

Nr.	Name	Sozialform	Benötigte Materialien	Förderbereiche
401.	Sprung-Artist	EA	Springseile	Geschicklichkeit, Kraft, Ausdauer
402.	Lasso-Schwingen	EA	Springseile	Geschicklichkeit, Kraft, Ausdauer
403.	Sprungkreuz	EA	(Spring)seile	Geschicklichkeit, Kraft, Ausdauer
404.	Muckies	EA	Springseile	Kraft
405.	Zahlen legen	EA	(Spring)seile, Musik	Geschicklichkeit, Wahrnehmung, Kreativität
406.	Barfuß-Irrgarten	EA	Lange Seile/Schnüre, Augenbinden	Wahrnehmung, Kooperation, Vertrauen
407.	Seilsteuerung	PA	Springseile, Augenbinden	Kooperation, Wahrnehmung, Vertrauen
408.	Zugmaschine	PA	Spring(Seile), Teppichfliesen, Rollbretter	Kooperation, Kraft
409.	Wörter schreiben	PA	Springseile	Kreativität, Kooperation, Geschicklichkeit
410.	Synchron-Springen	PA	Springseile	Kooperation, Wahrnehmung, Kraft, Ausdauer
411.	Seilgräben	PA	Spring(Seile)	Kooperation, Geschicklichkeit, Kraft, Ausdauer
412.	Blinde Mathematiker	GA	Seile/Schnüre (5 m), Augenbinden	Kooperation, Problemlösung, Wahrnehmung
413.	Schwungseil	GA	Springseile	Geschickl., Wahr., Koop., Kraft, Ausdauer
414.	Kooperations-Springen	GA	Springseile	Kooperation, Geschicklichkeit, Kraft, Ausdauer
415.	Freihängende Seilbrücke	GA	(Kletter)Seil (50 m)	Problemlösung, Kooperation, Geschicklichkeit,
416.	Durch die Kleidung	SP	Seile/Schnüre (5 m), Löffel	Kooperation, Geschicklichkeit, Vertrauen
417.	Seilkreis	GA	(Spring)seile	Kooperation, Vertrauen, Kraft
418.	Seil-Ball-Transportstaffel	SP/ST	(Spring)seile, Bälle	Kooperation, Problemlösung, Geschicklichkeit
419.	Das laufende A	GA	Seile/Schnüre (4 m), Holzkonstruktion	Kooperation, Problemlösung, Wahrnehmung
420.	Übergabe-Stafette	SP	(Spring)seile	Geschicklichkeit, Schnelligkeit, Wahrnehmung
421.	Das Spinnennetz	SP	Seile/Schnüre, Pfosten	Problemlösung, Kooperation, Vertrauen
422.	Seil-Grummeln	SP	Seile/Schnüre (10 m)	Kooperation, Probleml., Wahrnehmung, Geschickl.
423.	Skyball	SP	Seile/Schnüre, Pfosten, Wasserball	Kooperation, Wahrnehmung, Geschicklichkeit

Stühle

424.	Stuhlkontakt	EA	Stühle, Musik	Wahrnehmung, Geschicklichkeit
425.	Stuhlstelzen	EA	Stühle	Geschicklichkeit
426.	Liegestütz	EA	Stühle	Kraft
427.	Stühleparcours	EA	Stühle	Geschicklichkeit, Kraft, Schnelligkeit
428.	Sitzgelegenheiten	EA	Stühle	Kreativität, Geschicklichkeit
429.	Rasenmäher	EA	Stühle, (Tennis)Ball	Geschicklichkeit, Wahrnehmung
430.	Crunches	EA	Stühle	Kraft
431.	Schwebender Stuhl	EA	Stühle	Geschicklichkeit, Wahrnehmung, Kraft
432.	Riesen-Schlittschuhe	EA	Stühle, Teppichfliesen/Tücher	Geschicklichkeit, Wahrnehmung
433.	Über die Stuhllehne	EA	Stühle	Geschicklichkeit, Ausdauer
434.	Treppen steigen	EA	Stühle	Kraft, Ausdauer
435.	Flitzen und Sitzen	EA	Stühle	Schnelligkeit, Geschicklichkeit
436.	Stuhltanz	EA	Stühle, Musik	Kreativität, Wahrnehmung, Geschicklichkeit
437.	Stuhlbeinschuhe	PA	Stühle, Schuhe, Augenbinden/Tücher	Kooperation, Wahrnehmung, Vertrauen
438.	Stuhl-Doppelpass	PA	Stühle, Bälle	Kooperation, Wahrnehmung, Geschicklichkeit
439.	Stuhlwandern	PA	Stühle	Kooperation, Geschicklichkeit
440.	Bälletausch	PA	Stühle, Bälle	Kooperation, Wahrnehmung, Geschicklichkeit
441.	Wer hat schon mal …?	GA	Stühle	Schnelligkeit, Wahrnehmung
442.	Stuhl-Mikado	GA	Stühle	Wahrnehmung, Problemlösung, Geschicklichkeit
443.	Polarexpedition	GA	Stühle, Tische	Problemlösung, Kooperation, Geschicklichkeit
444.	Brückenbauen	GA	Stühle	Kooperation, Schnelligkeit
445.	Obstsalat	GA	Stühle	Wahrnehmung, Schnelligkeit
446.	Ringe werfen	GA	Stühle, kl. (Wurf)Ringe	Geschicklichkeit, Wahrnehmung
447.	Tic Tac Toe	GA	Stühle	Problemlösung, Kooperation, Wahrnehmung
448.	Schnelligkeits-Seilziehen	GA	Stühle, Seile	Schnelligkeit
449.	Knallbonbon-Staffel	GA	Stühle, Luftballons	Schnelligkeit, Geschicklichkeit
450.	Lappenhockey	GA	Stühle, Stäbe/Besen, Lappen/Tücher	Schnelligkeit, Wahrnehmung, Geschicklichkeit
451.	Heinz	GA	Stühle	Wahrnehmung, Geschicklichkeit

Spiele-Register

Nr.	Name	Sozialform	Benötigte Materialien	Förderbereiche
452.	Schwebebahn	SP	Stühle, Schnüre, Filtertüte/Bierdeckel	Geschicklichkeit, Wahrnehmung
453.	Stuhl-Fußball	SP	Stühle, (Fuß)Ball	Kooperation, Geschicklichkeit, Wahrnehmung
454.	Reise nach Jerusalem	SP	Stühle, Musik	Wahrnehmung, Schnelligkeit

Teppichfliesen

Nr.	Name	Sozialform	Benötigte Materialien	Förderbereiche
455.	Lückenteppich	EA	Teppichfliesen, Musik	Kreativität, Wahrnehmung, Geschicklichkeit
456.	Fliesenwandern	EA	Teppichfliesen	Geschicklichkeit
457.	Eingeklemmte Fliese	EA	Teppichfliesen	Geschicklichkeit, Kraft, Ausdauer
458.	Spediteur	EA	Teppichfliesen	Wahrnehmung, Geschicklichkeit
459.	Fliesenwurf	EA	Teppichfliesen	Geschicklichkeit, Wahrnehmung
460.	Ruderboot	EA	Teppichfliesen	Geschicklichkeit, Kraft
461.	Kreisel	EA	Teppichfliesen	Geschicklichkeit, Wahrnehmung
462.	Rollerfahren	EA	Teppichfliesen	Geschicklichkeit, Kraft, Ausdauer
463.	Skilanglauf	EA	Teppichfliesen	Geschicklichkeit, Wahrnehmung
464.	Boden reinigen	EA	Teppichfliesen	Kraft, Ausdauer
465.	Raupe	EA	Teppichfliesen	Geschicklichkeit, Kraft, Wahrnehmung
466.	Gassi gehen	EA	Teppichfliesen	Geschicklichkeit, Kraft, Wahrnehmung
467.	Schlittenfahren	EA	Teppichfliesen, Langbänke, Turnmatten	Wahrnehmung
468.	Verklebte Füße	EA	Teppichfliesen	Geschicklichkeit, Problemlösung
469.	Fliesen-Gleiten	EA	Teppichfliesen	Geschicklichkeit, Wahrnehmung
470.	Twisten	EA	Teppichfliesen, Musik	Kreativität, Wahrnehmung, Geschicklichkeit
471.	Fähre	EA	Teppichfliesen, Taue/Seile	Kraft, Geschicklichkeit
472.	Wasserski	PA/GA	Teppichfliesen, evtl. Seile, Stäbe	Kooperation, Kraft, Wahrnehmung
473.	Schiebung	PA/GA	Teppichfliesen	Kooperation, Geschicklichkeit, Kraft
474.	Schubkarre	PA/GA	Teppichfliesen	Kooperation, Kraft, Geschicklichkeit
475.	Kutsche	PA/GA	Teppichfliesen, Kl. Kasten, Seile	Kooperation, Kraft
476.	Tandemroller	PA/GA	Teppichfliesen	Kooperation, Geschicklichkeit, Kraft
477.	Kontaktfliese	PA/GA	Teppichfliesen	Kooperation, Wahrnehmung, Geschicklichkeit

Nr.	Name	Form	Material	Fähigkeiten
478.	Bobfahren	PA/GA	Teppichfliesen, Kastendeckel, Seile	Kooperation, Kraft
479.	Riesenraupe	PA/GA	Teppichfliesen	Kooperation, Geschickl., Kraft, Wahrnehmung
480.	Flussüberquerung	PA/GA	Teppichfliesen	Problemlösung, Kooperation, Geschicklichkeit
481.	Fliesenfreimal	SP	Teppichfliesen	Schnelligkeit, Wahrnehmung
482.	Rettungsinseln	SP	Teppichfliesen	Wahrnehmung, Schnelligkeit
483.	Fliesendrehen	SP	Teppichfliesen	Schnelligkeit, Wahrnehmung, Kooperation
484.	Fliesen-Eishockey	SP	Teppichfliesen, Gymnastikstab/Besen, Tore	Kooperation, Geschicklichkeit, Wahrnehmung
485.	Teppichfliesenball	SP	Teppichfliesen, Ball	Kooperation, Wahrnehmung, Schnelligkeit
486.	Zwei-Spiele-Ball	SP	Teppichfliesen	Kooperation, Wahrnehmung, Schnelligkeit

Tücher/Decken

Nr.	Name	Form	Material	Fähigkeiten
487.	Körperbildende Übungen	EA	Tücher	Geschicklichkeit, Kraft
488.	Alles im Griff	EA	Tücher, Musik	Wahr., Geschickl., Kooperation, Problemlösung
489.	Blind-Gänger	EA	Tücher	Wahrnehmung, Vertrauen
490.	Klebriges Tuch	EA	Tücher	Schnelligkeit, Wahrnehmung, Geschicklichkeit
491.	Pirouette	EA	Tücher	Wahrnehmung, Kreativität, Geschicklichkeit
492.	Tücherwandern	EA	Tücher	Geschicklichkeit
493.	Tuchkarussell	EA	Tücher	Wahrnehmung, Geschicklichkeit
494.	Tücher-Schlittschuhe	EA	Tücher	Geschicklichkeit, Wahrnehmung
495.	Ohne Beine	EA	Tücher	Kraft, Ausdauer, Geschicklichkeit
496.	Seilchen springen	EA	Tücher	Geschicklichkeit, Kraft, Ausdauer
497.	Rutsche	EA	Tücher, Langbänke, Turnmatten	Wahrnehmung
498.	Fangtastisch	EA	Tücher	Wahrnehmung, Geschicklichkeit
499.	Putztuch	EA	Tücher	Kraft
500.	Wäsche falten	EA	Tücher	Geschicklichkeit, Wahrnehmung
501.	Körper-Landeplatz	EA	Tücher	Geschicklichkeit, Wahrnehmung, Schnelligkeit
502.	Hunderennen	EA	Tücher	Geschickl., Wahrnehmung, Kraft, Ausdauer
503.	Fußgymnastik	EA	Tücher	Geschicklichkeit, Wahrnehmung
504.	Tuchraupe	EA	Tücher	Kraft, Geschicklichkeit, Wahrnehmung

Spiele-Register

Nr.	Name	Sozialform	Benötigte Materialien	Förderbereiche
505.	Windmaschine	EA	Tücher, TT-Bälle, Hindernisse	Geschicklichkeit, Wahrnehmung, Ausdauer
506.	Flatternde Tücher	PA/GA	Tücher	Wahrnehmung, Schnelligkeit
507.	Tauziehen	PA/GA	feste Tücher	Kraft
508.	Glatteis	PA/GA	Tücher	Kooperation, Geschicklichkeit, Problemlösung
509.	Halstuch binden	PA/GA	Tücher	Problemlösung, Kooperation, Geschicklichkeit
510.	Kräftigungsübungen	PA/GA	Tücher	Kraft, Kooperation
511.	Tuch-Schubkarre	PA/GA	Tücher	Kraft, Kooperation
512.	Taxi	PA/GA	Tücher, Seile/Stäbe	Kraft, Kooperation
513.	Füßeln	PA/GA	Tücher	Kooperation, Wahrnehmung, Geschicklichkeit
514.	Tüchertausch	PA/GA	Tücher	Wahrnehmung, Schnelligkeit, Geschicklichkeit
515.	Transportunternehmen	PA/GA	Tücher, Ball/Karton/Schuh	Kooperation, Problemlösung, Geschicklichkeit
516.	Bewegter Ball	PA/GA	Decken/große Tücher	Kooperation, Wahrnehmung
517.	Fußkampf	PA/GA	Tücher	Geschicklichkeit, Wahrnehmung, Kraft
518.	Vulkanausbruch	PA/GA	Decken/große Tücher, (Soft)Bälle	Wahrnehmung, Geschicklichkeit
519.	Schleudertuch	PA/GA	Tücher, Bälle	Kooperation, Geschicklichkeit, Wahrnehmung
520.	Synchronfangen	PA/GA	Tücher	Kooperation, Wahrnehmung, Geschicklichkeit
521.	Chaoswechsel	PA/GA	Tücher	Wahrnehmung, Geschicklichkeit
522.	Decke wenden	PA/GA	Decken/große Tücher	Problemlösung, Kooperation, Geschicklichkeit
523.	Tunneltuch	SP	Tücher, Toilettenpapierrollen	Wahrnehmung, Geschicklichkeit
524.	Tücherjagd	SP	Tücher	Schnelligkeit, Wahrnehmung, Kooperation
525.	Abtuchen	SP	Farbige Tücher	Schnelligkeit, Wahrnehmung, Kooperation
526.	Güterstaffel	SP	Tücher, Alltagsgegenstände	Kooperation, Wahrnehmung, Geschicklichkeit
527.	Wäsche aufhängen	SP	Tücher, Leine/Sprossenwand, kl. Kasten	Schnelligkeit
528.	Drachenschwanzjagd	SP	Tücher	Kooperation, Wahrnehmung, Schnelligkeit
529.	Am laufenden Band	SP	Tücher	Kooperation, Geschicklichkeit, Wahrnehmung
530.	Menschlicher Schrubber	SP	Tücher	Kraft, Schnelligkeit
531.	Handtuch-Volleyball	SP	Tücher, Volleybälle	Kooperation, Wahr., Geschickl., Schnelligkeit
532.	Stierkampf	SP	Farbige Tücher	Wahrnehmung, Geschicklichkeit, Schnelligkeit

533.	Rollerstaffel	SP	Tücher, Gymnastikreifen/Schachtel	Schnelligkeit, Geschicklichkeit, Wahrnehmung
534.	Monsterjagd	SP	Tücher	Kooperation, Wahr., Geschickl., Schnelligkeit
535.	Tuch-Hockey	SP	Tücher, Luftballons	Schnelligkeit, Wahrnehmung, Geschicklichkeit
536.	Römisches Wagenrennen	SP	Tücher, Seile/Bänder	Schnelligkeit, Kraft, Kooperation

Wäscheklammern

537.	Bauarbeiter	EA	Wäscheklammern	Kreativität, Geschicklichkeit, Wahrnehmung
538.	Flohspringen	EA	Wäscheklammern, flache Schachteln	Geschicklichkeit, Wahrnehmung
539.	Klammertanz	EA	Wäscheklammern, Musik	Wahrnehmung, Geschicklichkeit, Schnelligkeit
540.	Blind aufsammeln	PA	Wäscheklammern, Augenbinden	Kooperation, Wahrnehmung, Vertrauen
541.	Wegbegrenzung	EA	Wäscheklammern, Augenbinden	Wahrnehmung
542.	Zusammengeheftet	PA	Wäscheklammern, Hindernisse	Kooperation, Wahrnehmung, Geschicklichkeit
543.	Wäscheklammern finden	PA	Wäscheklammern, Augenbinden	Vertrauen, Wahrnehmung, Kooperation
544.	Marionette	PA	Wäscheklammern, Augenbinden	Wahrnehmung, Vertrauen, Kooperation
545.	Spürfix	GA	Wäscheklammern	Wahrnehmung, Vertrauen
546.	Klammerndieb	SP	Wäscheklammern	Wahrnehmung, Schnelligkeit, Geschicklichkeit
547.	Wäscheklammerkreis	GA	Wäscheklammern	Kooperation, Wahrnehmung, Geschicklichkeit
548.	Drei Leben	SP	Wäscheklammern	Wahrnehmung, Schnelligkeit, Geschicklichkeit
549.	Klammer-Boccia	SP	Wäscheklammern, Alltagsgegenstände	Geschicklichkeit, Wahrnehmung
550.	Pendelwurf	SP	Wäscheklammern, Seil, Eimer, Schaukelringe	Wahrnehmung, Geschicklichkeit
551.	Waschtag	SP	Wäscheklammern, Leine, Alltagsgegenstände	Schnelligkeit
552.	Schwertkämpfer	SP	Klammern, Augenbinde, Zeitungsrolle/Schlauch	Wahrnehmung, Geschicklichkeit
553.	Strategie-Werfen	SP	Wäscheklammern, Kartons	Problemlösung, Kooperation, Geschickl., Wahrn.

Zeitungsbälle

554.	Ball-Balance	EA	Zeitungsbälle	Wahrnehmung, Geschicklichkeit
555.	Volley spielen	EA	Zeitungsbälle	Wahrnehmung, Geschicklichkeit
556.	Wurf- und Fangübungen	EA	Zeitungsbälle, evtl. Matte	Wahrnehmung, Geschicklichkeit
557.	Ball-Pusten	EA	Zeitungsbälle	Wahrnehmung, Geschicklichkeit

Spiele-Register

Nr.	Name	Sozialform	Benötigte Materialien	Förderbereiche
558.	Abwurf	EA	Zeitungsbälle, kl. Kästen/Kartons/Eimer	Geschicklichkeit, Wahrnehmung
559.	Fuß-Weitwurf	EA	Zeitungsbälle	Geschicklichkeit, Wahrnehmung
560.	Fangbereitschaft	PA	Zeitungsbälle, Turnmatten	Kooperation, Wahrnehmung, Geschicklichkeit
561.	Zappel-Fangen	PA	Zeitungsbälle, evtl. Gymnastikreifen	Geschicklichkeit, Wahrnehmung, Kooperation
562.	Peripheres Sehen	PA	Zeitungsbälle	Wahrnehmung, Geschicklichkeit
563.	Blindes Huhn	PA	Zeitungsb., Augenb., Schnüre/Seile, Ständer	Kooperation, Wahrnehmung, Geschicklichkeit
564.	Zeitdruck	PA	Zeitungsbälle	Kooperation, Wahrnehmung, Geschicklichkeit
565.	Fußkatapult	PA	Zeitungsbälle	Kooperation, Wahrnehmung, Geschicklichkeit
566.	Handicap-Dribbeln	PA	Zeitungsbälle, Basketbälle	Wahrnehmung, Geschicklichkeit, Kooperation
567.	Zwei oben, ein unten	PA	Zeitungsbälle, Fußbälle	Kooperation, Wahrnehmung, Geschicklichkeit
568.	Trampolin-Schleudern	GA	Zeitungsbälle, Tücher, Zeitungsbl., Gegenst.	Kooperation, Wahrnehmung, Geschicklichkeit
569.	Stirnkreis-Werfen	GA	Zeitungsbälle	Kooperation, Wahrnehmung, Geschicklichkeit
570.	Haltet den Kasten frei	SP	Zeitungsbälle, kl. Kästen	Schnelligkeit, Wahrnehmung, Kooperation
571.	Kontaktball	SP	Zeitungsbälle	Kooperation, Schnelligkeit, Wahr., Geschickl.
572.	Zeitungsschlacht	SP	Zeitungsbälle	Wahrnehmung, Geschicklichkeit, Kooperation
573.	Eimerball	SP	Zeitungsb., Seil, Eimer, Ringe, Alltagsgegenst.	Wahrnehmung, Geschicklichkeit, Kooperation
574.	Ferngesteuert	SP	Zeitungsbälle, Augenbinden	Kooperation, Wahrnehmung, Vertrauen

Zeitungsblätter

Nr.	Name	Sozialform	Benötigte Materialien	Förderbereiche
575.	Fitnesstraining	EA	Zeitungsblätter	Kraft, Ausdauer
576.	Zeitungsflattern	EA	Zeitungsblätter, Musik	Wahrnehmung, Schnelligkeit
577.	Gegen den Wind	EA	Zeitungsblätter, evtl. Hindernisse, Seile	Schnelligkeit, Wahrnehmung, Geschicklichkeit
578.	Riesenschlange	EA	Zeitungsblätter	Problemlösung, Geschicklichkeit
579.	Magische Bewegung	EA	Zeitungsblätter	Problemlösung, Geschicklichkeit, Wahrnehmung
580.	Zeitungstransport	EA	Zeitungsblätter	Geschicklichkeit, Wahrnehmung
581.	Reißwolf	EA	Zeitungsblätter	Geschicklichkeit, Wahrnehmung
582.	Magneten	EA	Zeitungsblätter	Geschicklichkeit, Wahrnehmung
583.	Schangeln	EA	Zeitungsblätter, Münzen	Geschicklichkeit, Wahrnehmung

Sport & Spiel mit Alltagsmaterial

#	Name	Form	Material	Förderung
584.	Zeitung abhängen	EA	Zeitungsblätter, Tennisb., Wäschekl., Leine	Geschicklichkeit, Wahrnehmung
585.	Zeitungs-Schlittschuhe	EA	Zeitungsblätter	Wahrnehmung, Geschicklichkeit
586.	Sortiermaschine	EA	Diverse Papiermaterialien, Augenbinden	Wahrnehmung
587.	Papier-Marionette	PA/GA	Zeitungsblätter	Kreativität, Kooperation, Wahrnehmung
588.	Gefangenentransport	PA/GA	Zeitungsblätter, Hindernisse	Kooperation, Wahrnehmung, Geschicklichkeit
589.	Blindenführung	PA/GA	Zeitungsblätter, Hindernisse, Augenbinden	Kooperation, Wahrnehmung, Vertrauen
590.	Zwillinge	PA/GA	Zeitungsblätter, Hindernisse	Kooperation, Wahrnehmung, Geschicklichkeit
591.	Zeitungsmumie	PA/GA	Zeitungsblätter, (Zauber)Schnüre	Kooperation, Problemlösung, Kreativität
592.	Hilfreiche Füße	PA/GA	Zeitungsblätter	Wahrnehmung, Geschicklichkeit
593.	Zeitungswandern	PA/GA	Zeitungsblätter	Kooperation, Geschicklichkeit
594.	Modenschau	PA/GA	Zeitungsblätter	Kreativität
595.	Das Zeitungs-Orchester	PA/GA	Zeitungsblätter, Musik	Kreativität, Kooperation
596.	Autoslalom	PA/GA	Zeitungsblätter	Kreativität, Wahrnehmung
597.	Wörter-Laufen	SP	Zeitungsblätter, Musik	Ausdauer, Kooperation, Kreativität
598.	Eisschollen und Pinguine	SP	Zeitungsblätter, Musik	Wahrnehmung, Schnelligkeit, Kreativität
599.	Titanic	SP	Zeitungsblätter/Pappen, Musik	Kooperation, Schnelligkeit, Geschicklichkeit
600.	Nachrichtensauger	SP	Zeitungsblätter, Trinkhalme	Wahrnehmung, Geschicklichkeit
601.	Gut behütet	SP	Zeitungsblätter, Hindernisse	Problemlösung, Geschicklichkeit, Wahrnehmung
602.	Parkplatzsuche	SP	Zeitungsblätter	Schnelligkeit, Wahrnehmung
603.	Papierinsel	SP	Zeitungsblätter, Musik	Schnelligkeit, Wahrnehmung
604.	Zeitungstanz	SP	Zeitungsblätter, Musik	Geschicklichkeit, Kooperation, Kreativität
605.	Unterschriftenaktion	SP	Zeitungsblätter, kl. Kästen	Wahrnehmung
606.	Fragen-Staffel	SP	Zeitungsblätter	Schnelligkeit, Wahrnehmung
607.	ABC-Suchlauf	SP	Zeitungsblätter, Stifte	Schnelligkeit, Wahrnehmung
608.	Schokoladen-Wettessen	SP	Zeitungen, Schokolade, Messer, Gabel, Würfel, Schal, Handschuhe, Mütze, Schnur	Geschicklichkeit, Schnelligkeit, Wahrnehmung
609.	Die Zeitungsmacher	SP	Zeitungsblätter, Zeitungsbälle	Schnelligkeit, Wahr., Probleml., Kooperation

Spiele-Register

Nr.	Name	Sozialform	Benötigte Materialien	Förderbereiche
Zeitungsrollen				
610.	Balanceakt	EA	Zeitungsrollen	Wahrnehmung, Geschicklichkeit
611.	Pustefix	EA	Zeitungsrollen, TT-Bälle, Hindernisse	Geschicklichkeit, Wahrnehmung
612.	Luftballon-Treiben	EA	Zeitungsrollen, Luftballons, Hindernisse	Wahrnehmung, Geschicklichkeit
613.	Zeitung-Tragen	EA	Zeitungsrollen, Zeitungsblätter, Alltagsgegenst.	Geschicklichkeit, Wahrnehmung
614.	Pappteller drehen	EA	Zeitungsrollen, Pappteller	Geschicklichkeit, Wahrnehmung, Problemlösung
615.	Blinden-Fechtkampf	PA/GA	Zeitungsrollen, Augenbinden	Wahrnehmung, Vertrauen
616.	Gordischer Knoten	PA/GA	Zeitungsrollen	Problemlösung, Kooperation, Geschicklichkeit
617.	Popo klopfen	PA/GA	Zeitungsrollen	Geschicklichkeit, Wahrnehmung, Vertrauen
618.	Kennenlernspiel	SP	Zeitungsrollen, Stühle	Wahrnehmung, Schnelligkeit
619.	Der Wächter	SP	Zeitungsrollen, kl. Kästen, Langbänke Augenbinden	Wahrnehmung, Problemlösung
620.	Fußstaffel	SP	Zeitungsrollen, kl. Kasten	Kooperation, Geschicklichkeit, Wahrnehmung
621.	Hexenfangen	SP	Zeitungsrollen, Gymnastikstab	Schnelligkeit, Wahrnehmung, Geschicklichkeit
Zeitungsschwungtücher				
622.	Rettungsinseln	GA	Zeitungsschwungtücher	Schnelligkeit, Wahrnehmung, Geschicklichkeit
623.	Wellenreiter	GA	Zeitungsschwungtücher, Bälle	Kooperation, Wahrnehmung
624.	Plane wenden	GA	Zeitungsschwungtücher, Bierdeckel	Problemlösung, Kooperation, Geschicklichkeit
625.	Platzwechsel	GA	Zeitungsschwungtücher	Kooperation, Schnelligkeit, Wahrnehmung
626.	Schwungtuch-Volleyball	GA	Zeitungsschwungtücher, leichte Bälle	Kooperation, Wahrnehmung
627.	Katz und Maus	GA	Zeitungsschwungtücher, Bälle	Wahrnehmung, Geschicklichkeit
628.	Schwungtuch-Golf	GA	Zeitungsschw., Murmeln, TT-Bälle, Plastikbe.	Kooperation, Wahrnehmung, Geschicklichkeit
629.	Raus gegen Rein	GA	Zeitungsschwungtücher, Alltagsgegenstände	Schnelligkeit, Kooperation
630.	Urknall	GA	Zeitungsschwungtücher, Alltagsgegenstände	Kooperation, Wahrnehmung, Geschicklichkeit

Besen

Neben handelsüblichen großen Besen können auch Schrubber verwendet werden.
Für einige Spiele ist auch der Einsatz (oder die Kombination) von Handfegern eine sinnvolle Erweiterung.
Grundsätzlich sollten vorsichtige, partnerschaftliche Verhaltensweisen angestrebt und gemeinsam mit der Gruppe Sicherheitsaspekte vereinbart werden.

Putten

 Förderbereiche: Geschicklichkeit, Wahrnehmung

 Zusatzmaterialien: Plastikbecher, Tischtennisbälle

Ein Plastikbecher wird seitlich auf den Hallenboden gelegt, sodass die Öffnung zum Spieler zeigt. Der Spieler versucht nun einen Tischtennisball mit dem Besen in den Plastikbecher zu schlagen oder zu schieben. Wer trifft aus der größten Entfernung?

Besenbalance

 Förderbereiche: Wahrnehmung, Geschicklichkeit, Kreativität

Eine Person versucht einen Besen auf verschiedenen Körperteilen (z.B. Hand, Finger, Fuß, Kinn, Stirn etc.) möglichst lange in Balance halten.

Variation:
Die Person versucht den Besen mit geschlossen Augen auf den verschiedenen Körperteilen zu balancieren.

Einmal ganz herum

 Förderbereiche: Schnelligkeit, Geschicklichkeit, Wahrnehmung

Ein Besen wird mit dem Stiel senkrecht auf den Boden gestellt. Nachdem der Spieler den Besen losgelassen hat, führt er eine Drehung um die eigene Achse aus und versucht den Besen zu erfassen, bevor er auf den Boden fällt. Beim Üben Drehungen in beide Richtungen ausprobieren.

Variation 1:
Wer kann zwei Drehungen ausführen oder andere Zusatzaufgaben erledigen?

Variation 2:
Wer kann einmal ganz um den Besen herumlaufen und ihn wieder festhalten, bevor er auf den Boden fällt.

Beinkatapult

 Förderbereiche: Geschicklichkeit, Wahrnehmung

Eine Person sitzt auf dem Boden mit nach vorn gestreckten Beinen. Auf den Unterschenkeln liegt ein Besen. Der Sportler schleudert nun mit den Beinen den Besen hoch und versucht ihn in der Vorhalte sitzend wieder aufzufangen.

Hocksprung

 Förderbereiche: Geschicklichkeit, Wahrnehmung

 Sicherheitshinweis/Risikofaktor 3: Motorisch sehr anspruchsvolle Übung; es besteht die Gefahr, mit den Füßen hängen zu bleiben und zu stürzen!

Eine Person springt im Hocksprung über den waagerecht vor dem Körper gehaltenen Besen, ohne dabei den Besen loszulassen.

Variation:
Profis können versuchen, auch wieder zurückzuspringen.

Stelzenlauf

 Förderbereiche: Geschicklichkeit, Wahrnehmung

Eine Person stellt sich mit jeweils einem Fuß auf einen Besen, hält die Hände an den beiden Besenstielen fest und bewegt sich wie auf Stelzen durch den Raum.

Variation:
Rückwärts bewegen oder einen kleinen Hindernisparcours bewältigen.

Vorsicht heiß   7

 Förderbereiche: Geschicklichkeit, Kooperation

Eine Person befindet sich im Kniestand und hält den Besen an den Enden fassend mit gestreckten Armen waagerecht vor den Körper. Sein Partner steigt ohne Berührung zwischen Körper und Besen hindurch.

Variation:
Der Besen wird mit gestreckten Armen senkrecht vor dem Körper gehalten.

Rücken-Fakir   8

 Förderbereiche: Kooperation, Geschicklichkeit

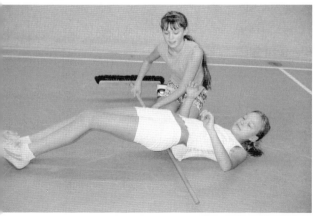

Eine Person liegt gestreckt auf dem Rücken. Der Partner führt langsam einen waagerecht gehaltenen Besen, bei den Füßen beginnend, quer zum Körper unter ihm hindurch. Der auf dem Boden Liegende hebt zuerst die Beine an, dann das Becken und zum Schluss den Kopf. Dabei darf er sich nicht vom Besen berühren lassen.

Durchdrehen   9

 Förderbereiche: Geschicklichkeit, Kooperation

Zwei Partner stehen mit den Gesichtern zueinander und halten gemeinsam einen Besen in Tiefhalte an den Enden gefasst und schwingen den Besen. Ohne die Hände zu lösen, führen beide beim Rückschwung gleichzeitig eine ganze Drehung aus und stehen anschließend wieder in der Ausgangsstellung.

Besenmassage 10

 Förderbereiche: Wahrnehmung, Vertrauen, Kooperation

Eine Person legt sich auf den Bauch und schließt die Augen. Der Partner massiert ihn vorsichtig mit einem Besen. Die auf dem Boden liegende Person gibt dem Masseur Anweisung über die Festigkeit der Berührung.

Variation:
Es werden verschiedene Besenarten benutzt. Der Massierte versucht die verwendeten Besenarten zu unterscheiden und zu benennen.

Blindparcours 11

 Förderbereiche: Kooperation, Wahrnehmung

 Zusatzmaterialien: Ball/Karton, Augenbinden

 Sicherheitshinweis/Risikofaktor 1: Unfallrisiko bei mangelnder Teamarbeit durch Stolpern bzw. Zusammenstöße!

Zwei Partner stehen an der Startlinie. Einer Person werden die Augen verbunden, sie erhält einen Besen und wird dreimal um ihre eigene Achse gedreht. Mit dem Besen soll der „blinde" Spieler einen Ball (oder Karton) durch einen Hütchen-Parcours hin- und zurücktreiben. Dabei wird er von seinem „sehenden" Partner nur durch Zuruf gelotst. Nach Beendigung des Parcours tauschen die Partner die Rollen. Gestoppt wird die Zeit, die jeder Spieler für den Parcours benötigt. Die beiden Einzelzeiten ergeben die Gesamtzeit.

Variation 1:
Die Aufgabe wird als Gruppenwettkampf mit mehreren Spielern durchgeführt. Welche Mannschaft benötigt die geringste Zeit?

Variation 2:
Ein Medizinball wird mit dem Besenstil durch den Parcours getrieben.

Variation 3:
Einer Person werden die Augen verbunden. Mit dem Besen muss der „blinde" Spieler mehrere Bälle gleichzeitig durch den Hütchen-Parcours hin- und zurücktreiben. Sein „sehender" Partner lotst ihn duch Zuruf.

Auf und Zu   12

 Förderbereiche: Kooperation, Vertrauen, Ausdauer

 Sicherheitshinweis/Risikofaktor 3: Bei mangelnder Abstimmung besteht Verletzungsgefahr!

A und B knien auf dem Boden und fassen die beiden waagerecht gehaltenen Besen. C stellt sich im Grätschstand über die beiden eng gehaltenen parallelen Besenstile. Auf Kommando führen A und B die Besen nach außen und C springt in die Mitte. Direkt danach springt C wieder in den Grätschstand und die beiden knienden Partner führen die Besenstile wieder zusammen usw. Welches Team schafft die meisten Sprünge in 1 Minute?

Güterstaffel   13

 Förderbereiche: Geschicklichkeit, Schnelligkeit

 Zusatzmaterialien: verschiedene Alltagsgegenstände (Bälle, Bierdeckel, Papierschnipsel, Teppichfliesen etc.)

In Form einer Pendelstaffel müssen verschiedene Gegenstände nur mithilfe des Besens hin- und hertransportiert werden.

Drunter und Drüber   14

 Förderbereiche: Geschicklichkeit, Wahrnehmung

 Zusatzmaterialien: Langbänke

 Sicherheitshinweis/Risikofaktor 1: Es besteht die Gefahr, mit dem Füßen hängen zu bleiben!

Die Besen werden über zwei Langbänke gelegt. Die Personen springen rhythmisch über die Hindernisse.

Variation 1:
Zwei miteinander verbundene Partner bewältigen gemeinsam den Hindernisparcours.

Variation 2:
Die Personen kriechen unter oder springen über die Hindernisse hinweg. Die Bewegungsart wird durch die Lagerungsrichtung oder mittels farbiger Parteibänder gekennzeichnet.

Namen-los

 Förderbereiche: Schnelligkeit, Wahrnehmung

Eine Anzahl von Spielern steht im Kreis um einen Besen herum. Eine Person steht in der Mitte und hält einen umgedrehten, senkrecht stehenden Besen. Während er den Namen eines Mitspielers aus dem Kreis nennt, lässt er den Besen los. Der genannte Spieler versucht den Besenstiel aufzufangen, bevor er den Boden berührt.

Besenwechsel

 Förderbereiche: Kooperation, Schnelligkeit, Wahrnehmung

Eine beliebige Anzahl von Spielern stellt sich mit jeweils einem umgedrehten, senkrecht stehenden Besen im Kreis auf. Auf ein Kommando lässt jeder Spieler seinen Besen los, läuft zum Besen seines linken Nachbarn und versucht dessen Besen zu fangen, bevor dieser auf den Boden fällt. Wie viele korrekte Wechsel schafft die gesamte Gruppe?

Variation 1:
Wer den Besen seines Nebenmanns nicht fängt, scheidet aus. Die übrigen Spieler bilden einen kleineren Kreis. Wer bleibt als Letzter übrig?

Besen

Variation 2:
Als Partneraufgabe: Zwei Partner stehen sich gegenüber und versuchen auf Kommando den Stab des Partners aufzufangen. Gelingt dies, werden die Besen 1 m weiter auseinandergestellt. Welches Paar schafft die größte Entfernung zwischen den Besen?

Strategietransport

 Förderbereiche: Problemlösung, Geschicklichkeit, Kooperation

 Zusatzmaterialien: Tennisbälle

Mehrere Mannschaften versuchen gleichzeitig möglichst schnell eine Strecke zu überwinden, ohne den Boden zu berühren. Als Hilfsmittel erhält jede Gruppe eine Anzahl von Tennisbällen und Besen, über die sie bei der Bewältigung der Aufgabe frei verfügen kann: Jeder Spieler erhält vier Tennisbälle und immer drei Personen erhalten einen Besen. Betritt ein Spieler den Boden, muss er vom Ausgangspunkt aus erneut beginnen. In diesem Fall darf er nur die Bälle bzw. Besen, die er unmittelbar vorher benutzt hatte, mit zurücknehmen. Die Besen dürfen nur direkt übergeben, aber nicht geworfen werden. Die Tennisbälle können jedoch den Partnern zugerollt werden. Vor dem Start erhalten die Mannschaften eine Planungszeit, in der sie eine Lösungsstrategie entwickeln.

Zauberstab

 Förderbereiche: Schnelligkeit, Wahrnehmung, Geschicklichkeit

 Zusatzmaterialien: Zeitungsrolle

Eine „Hexe" reitet auf ihrem zwischen den Oberschenkeln mit einer Hand festgehaltenen Besen durch die Halle und versucht mit dem in der anderen Hand festgehaltenen „Zauberstab" (Zeitungsrolle) die anderen Personen zu berühren. Gelingt dies, wird der Verzauberte zur neuen Hexe.

Schrubber-Hockey 19

 Förderbereiche: Schnelligkeit, Geschicklichkeit

 Zusatzmaterialien: Tuch/Lappen

Es werden zwei Mannschaften gebildet, die sich an den Längsseiten des Raumes gegenüberstehen. Jeder Spieler jedes Teams bekommt eine Nummer. In der Spielfeldmitte liegen ein Tuch und zwei Schrubber, an den Stirnseiten stehen zwei Tore. Der Schiedsrichter nennt eine Zahl, worauf die beiden betreffenden Spieler zu ihrem Schrubber laufen und versuchen, das Tuch mit dem Schrubber in das gegnerische Tor zu befördern, ohne es mit dem Fuß festzuhalten. Welches Team erzielt die meisten Tore?

Besen-Golf 20

 Förderbereiche: Geschicklichkeit, Problemlösung, Wahrnehmung

 Zusatzmaterialien: Wäscheklammern, Hindernisse (z.B. Dosen, Schachteln, Stühle)

Eine Wäscheklammer muss mit einem Besen mit möglichst wenig Versuchen durch einen Hindernisparcours geschoben werden.

Variation:
Berührt die eigene angeschobene Wäscheklammer eine bereits im Parcours liegende Klammer, muss der Spieler die berührte Klammer entfernen und wieder vom Start beginnen.

Flüchtendes Tor 21

 Förderbereiche: Kooperation, Wahrnehmung, Problemlösung

 Zusatzmaterialien: (Fuß)Ball

Zwei Mannschaften spielen gegeneinander Fußball auf zwei mobile „flüchtende Tore". Das „flüchtende Tor" wird durch einen von zwei Mannschaftsmitgliedern waagerecht gehaltenen Besen gebildet und kann von der gegnerischen Mannschaft

Besen

von allen Seiten beschossen werden. Der Besen muss an den Enden gefasst werden und darf nicht unterhalb der Kniehöhe gehalten werden.

Verflixtes Straßenkehren 22

 Förderbereiche: Wahrnehmung, Kooperation, Geschicklichkeit

 Zusatzmaterialien: Luftballons, Kastenteile

In den Hallenecken werden vier Tore aufgebaut und auf dem Hallenboden eine Anzahl von aufgeblasenen Luftballons verteilt. Vier Mannschaften versuchen die Luftballons ihrer Mannschaftsfarbe mithilfe des Besens in ihr Tor zu befördern. Der Besen muss dabei immer Bodenkontakt behalten.

Kostbare Schätze 23

 Förderbereiche: Wahrnehmung, Kooperation, Schnelligkeit

 Zusatzmaterialien: verschiedene Alltagsgegenstände (z.B. Tennisbälle, Korken, Bierdeckel, Luftballons)

Zwei (oder vier) Mannschaften versuchen mithilfe von Besen die im Raum verteilten unterschiedlichen Gegenstände in ihr Tor zu befördern. Die Gegenstände haben eine unterschiedliche Wertigkeit. Der Besen muss immer Bodenkontakt behalten. Gegenstände, die im eigenen Tor liegen, dürfen nicht mehr gestohlen werden.

Sport & Spiel mit Alltagsmaterial

Pferderennen 24

 Förderbereiche: Kraft, Schnelligkeit, Kooperation

 Sicherheitshinweis/Risikogefahr 2: Bei mangelnder Kraft in den Arme bzw. zu hohem Tempo besteht die Gefahr mit dem Kopf aufzuschlagen!

Drei Spieler bilden zusammen ein Pferdegespann mit zwei „Pferden" und einem Wagenlenker. Der Wagenlenker hält an den Enden einen Besen waagerecht in Hüfthöhe. Die beiden „Pferde" begeben sich in die Liegestützposition und legen ihre Füße über den Besenstiel. Auf Kommando starten die „Pferde" und stützeln in dieser Position durch einen Slalomparcours. Welches Gespann hat als Erstes den Parcours bewältigt?

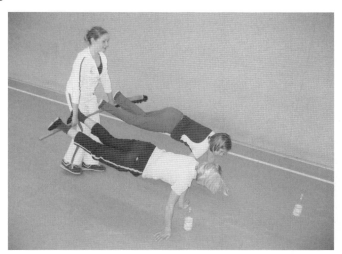

Zimmer aufräumen 25

 Förderbereiche: Schnelligkeit, Wahrnehmung, Kooperation

 Zusatzmaterialien: verschiedene Alltagsgegenstände

Die Halle wird in vier gleich große „Zimmer" unterteilt. In jedem Feld liegt eine Anzahl von unterschiedlichen Gegenständen. Jede der vier Mannschaften versucht mit ihren Besen ihr „Zimmer" aufzuräumen und die Gegenstände in die anderen „Zimmer" zu kehren. Welche Gruppe hat nach Ablauf der vorher vereinbarten Zeit das sauberste „Zimmer"?

Besen

Astronautentraining 26

 Förderbereiche: Wahrnehmung

 Sicherheitshinweis/Risikofaktor 3: Verletzungsgefahr durch Stürze! Da bei den Drehungen dem Spieler schwindlig und die Koordination stark beeinträchtigt wird, sollten alle verletzungsträchtigen Gegenstände aus dem Weg geräumt werden.

Jede Mannschaft hat 8–10 m von der Startlinie entfernt einen Besen auf dem Boden liegen. Auf ein Startsignal läuft das jeweils erste Mannschaftsmitglied zu seinem Besen und hebt ihn auf. Nun muss die Stirn an den Stiel gebracht werden und der Spieler sich zehn Mal in dieser Position um den Besen drehen. Danach läuft er zu seiner Gruppe zurück und „schlägt" den nächsten Spieler ab. Besonders viel Spaß macht die Durchführung im Sand oder im Schnee.

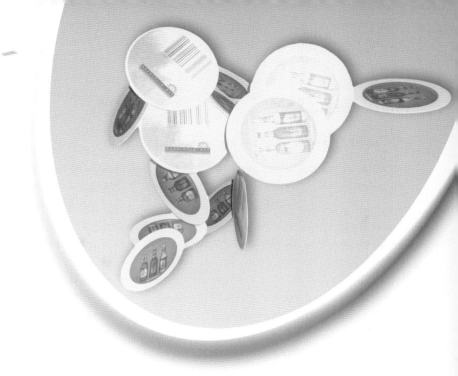

Bierdeckel

Bierdeckel sind vergleichsweise einfach
auch in großer Stückzahl kostenlos in Brauereien
oder Gaststätten zu besorgen.
Zur Vergrößerung der Übungsvielfalt ist eine Auswahl
von unterschiedlichen Formen und Farben sinnvoll.
Runde Bierdeckel eignen sich besonders
als Wurfobjekte, eckige eher zum Bauen.

Bierdeckelbalance 27

Förderbereiche: Wahrnehmung, Geschicklichkeit

Jede Person läuft mit einem Bierdeckel auf dem Kopf durch den Raum, ohne dass dieser herunterfällt. Dabei soll das Tempo und die Richtung variiert werden.

Variation:
Andere Mitspieler dürfen die Balancierenden ablenken und stören, so dass sie ihre Bierdeckel verlieren. Sie dürfen die Spieler jedoch nicht berühren.

Bierdeckel-Hüpfparcours 28

Förderbereiche: Kraft, Ausdauer

Ein Springer hüpft beidbeinig über die in der Halle ausgelegten Bierdeckel.

Variation 1:
Mit möglichst wenigen Sprüngen von Bierdeckel zu Bierdeckel hüpfen.

Variation 2:
Abwechselnd mit links und rechts den Bierdeckel-Parcours (zwei enge, leicht versetzte Reihen) abspringen.

Variation 3:
Beidbeinig den Bierdeckel-Parcours mit geschlossenen Augen abhüpfen und dabei so viele Bierdeckel wie möglich treffen.

Schlittschuhlaufen

 Förderbereiche: Geschicklichkeit, Wahrnehmung

Eine Person stellt sich auf zwei Bierdeckel und schiebt diese, ohne den Kontakt zu verlieren, abwechselnd nach vorne und gleitet wie ein „Schlittschuhläufer" vorwärts und rückwärts durch die Halle.

Auf allen Vieren

 Förderbereiche: Geschicklichkeit, Wahrnehmung

Eine Person bewegt sich im Vierfüßlergang mit jeweils einem Bierdeckel unter den Händen und Füßen vorwärts und rückwärts durch die Halle. Alle vier Bierdeckel müssen während der gesamten Fortbewegung immer unter den Händen bzw. Füßen bleiben.

Variation:
Ausführung im Krebsgang. Profis versuchen einen Gegenstand auf dem Bauch zu transportieren.

Bierdeckel berühren

 Förderbereiche: Wahrnehmung

Alle Spieler laufen kreuz und quer durch auf dem Hallenboden liegenden Bierdeckel.

Pyramidenbau

 Förderbereiche: Geschicklichkeit, Kreativität

Es wird eine Pyramide gebaut, indem immer zwei Bierdeckel schräg gegeneinander gestellt werden. Nachdem eine lange Pyramidenreihe aufgestellt wurde, wird mit waagerecht gelegten Bierdeckeln eine Plattform für eine neue Etage geschaffen. Wer kann die höchste Pyramide aus Bierdeckeln bauen?

Deckelsauger — 33

Förderbereiche: Wahrnehmung

Zusatzmaterialien: Toilettenpapierrolle

Einen Bierdeckel ohne die Hände zu benutzen nur durch Luft ansaugen und zu einer entfernten Ablagestelle transportieren.

Variation:
Den Bierdeckel mit einer Toilettenpapierrolle ansaugen.

Deckel-Hüpfen — 34

Förderbereiche: Wahrnehmung, Kraft, Ausdauer

Der Spieler hüpft beidbeinig mit einem zwischen den Füßen eingeklemmten Bierdeckel durch die Halle, ohne ihn zu verlieren.

Variation 1:
Mit einem zweiten Bierdeckel zwischen den Knien hüpfen.

Variation 2:
Beliebig viele Bierdeckel beim Transport einklemmen.

Deckel-Tablett — 35

Förderbereiche: Geschicklichkeit, Problemlösung

Zusatzmaterialien: Tablett (Brett/Pappe)

Auf einem Tablett wird eine Anzahl von Bierdeckeln nebeneinander mit der gleichen Seite nach oben gelegt. Der Spieler fasst das Tablett mit beiden Händen, schleudert die Deckel hoch und versucht möglichst viele Deckel in umgedrehter Richtung aufzufangen. Wer hat die meisten umgedrehten Bierdeckel auf dem Tablett?

Variation:
Jeder Spieler kann bis zu dreimal hintereinander die Deckel hochwerfen. Er bestimmt selbst, ob nach dem ersten, zweiten oder dritten Versuch gewertet werden soll.

Reaktions-Fangen

 Förderbereiche: Schnelligkeit, Wahrnehmung

Ein Bierdeckel wird so auf den Tisch gelegt, dass er ein Stück über die Tischkante hervorragt. Der Spieler schlägt von unten mit den Fingerspitzen (Handrücken nach oben) gegen diesen überstehenden Teil des Deckels. Danach versucht er, den Deckel nach einer halben Drehung mit derselben Hand in der Luft zu fangen.

Variation:
Eine Person versucht mehrere übereinander gestapelte Bierdeckel hochzuschlagen und wieder zu fangen.

Saugnäpfe

 Förderbereiche: Geschicklichkeit, Problemlösung, Wahrnehmung

Eine Person klemmt an vier Körperteilen jeweils einen Bierdeckel an der Wand ein (z.B. Stirn, Hand, Knie). Die Aufgabe besteht nun darin, an der Wand entlangzugehen und diese „Saugnäpfen" ständig an die Wand zu drücken, so dass sie nicht herunterfallen. Durch die freie Hand kann zunächst immer ein Bierdeckel verschoben werden und mit dem entsprechenden Körperteil danach wieder an die Wand gepresst werden.

Bierdeckelstelzen

 Förderbereiche: Geschicklichkeit, Wahrnehmung

Eine Person versucht möglichst schnell die andere Hallenseite zu erreichen, ohne den Boden zu berühren. Hilfsmittel sind drei Bierdeckelstapel von ca. zehn Deckeln.

Variation:
Der Spieler versucht, sich nur auf zwei Bierdeckelstapeln stehend vorwärts zu bewegen.

Figuren legen 39

 Förderbereiche: Kreativität, Wahrnehmung

 Zusatzmaterialien: Begriffsliste (z.B. Haus, Auto, Pferd)

Ein Spieler versucht die verschiedenen Figuren, die von seinem Partner erraten werden sollen, durch geschicktes Legen der Bierdeckel zu gestalten. Wer errät als Erster alle Figuren?

Variation:
Als Gruppenwettbewerb: Ein Spieler jeder Mannschaft läuft zu den auf der gegenüberliegenden Seite verdeckt auf dem Hallenboden liegenden Spielkarten.
Er kehrt mit einer Spielkarte zurück und legt die darauf genannte Figur mit den Bierdeckeln. Die anderen Mannschaftsmitglieder raten so lange, bis die Figur enträtselt ist. Dann startet der nächste Spieler usw. Welche Mannschaft errät die meisten Figuren in der festgelegten Zeit?

Bierdeckel stapeln 40

 Förderbereiche: Kooperation, Geschicklichkeit, Problemlösung

Eine Person stellt sich ganz ruhig hin. Sein Partner versucht auf dessen Kopf, Schulter, Armen und Füßen möglichst viele Bierdeckel zu stapeln, ohne dass sie herunterfallen.

Variation:
Die Bierdeckel dürfen nicht übereinander gelegt werden.

Schubkarre 41

 Förderbereiche: Kraft, Geschicklichkeit, Kooperation

 Sicherheitshinweis/Risikofaktor 2: Bei mangelnder Kraft in den Armen bzw. zu hohem Tempo besteht die Gefahr mit dem Kopf aufzuschlagen!

Abwechselnd einen Partner in der Schubkarrenposition durch die Halle ziehen. Dabei befinden sich unter den Händen der „Schubkarre" zwei Bierdeckel.

Von Stein zu Stein

 Förderbereiche: Geschicklichkeit, Kooperation

Zwei Partner versuchen mit fünf Bierdeckeln möglichst schnell die andere Hallenseite zu erreichen, ohne den Boden zu berühren. Der freie Bierdeckel wird dabei jeweils von hinten zum vorderen Partner übergeben und der nächste Schritt auf den freien Deckel zum Ziel ist geschafft. Berührt ein Spieler den Boden, muss das Team wieder von vorne beginnen.

Bierdeckel-Treiben

 Förderbereiche: Geschicklichkeit, Wahrnehmung

Zwei Spieler stehen sich in einem markierten Feld gegenüber und werfen sich abwechselnd einen Bierdeckel zu. Jeder muss nun versuchen, den Deckel so weit wie möglich in das gegnerische Feld zu werfen. Dort, wo er landet, muss er aufgenommen und zurückgespielt werden. Wer treibt den Gegner zuerst über die vereinbarten Endlinien?

Schatz vergraben

 Förderbereiche:
Geschicklichkeit, Wahrnehmung

 Zusatzmaterialien:
Geldstücke

Fünf Geldstücke werden auf den Boden gelegt. Von einer Linie aus versuchen die beiden Partner die Geldstücke mit möglichst wenigen Bierdeckeln „abzudecken".

Bierdeckel

Bierdeckel-Weitwurf 45

 Förderbereiche: Geschicklichkeit, Wahrnehmung

Jedes Paar hat einen Bierdeckel, der abwechselnd geworfen werden muss. Der Partner wirft immer von der Stelle, an der der Deckel gelandet ist, weiter. Welches Team benötigt die wenigsten Würfe, um den Deckel in dem gegenüberliegenden Zielkreis landen zu lassen?

Zwillings-Parcours 46

 Förderbereiche: Geschicklichkeit, Kooperation, Problemlösung

 Zusatzmaterialien: Hindernisse

Zwei Partner müssen einen Bierdeckel über einen Hindernisparcours transportieren. Der Bierdeckel darf dabei nicht mit den Händen berührt, sondern nur mit den vorher festgelegten Körperteilen eingeklemmt und gehalten werden: z.B. Kopf, Füße, Bauch, Knie, Handballen, Ferse.

Variation:
Als Staffelwettbewerb.

Personen verkleben 47

 Förderbereiche: Geschicklichkeit, Problemlösung, Kooperation

Zwei Personen werden von einem dritten Partner „zusammengeklebt". Dabei sind die Bierdeckel die Punkte, an denen die Personen zusammengeklebt werden. Die „Verklebten" müssen in dieser Position bleiben. Welche Gruppe schafft die meisten Klebepunkte?

Variation 1:
Klebt die Partner in ungewöhnlich verschlungenen Positionen zusammen.

Variation 2:
Es wird eine ganze Gruppe zu einem Kunstwerk zusammengeklebt.

Autorennen

 Förderbereiche: Geschicklichkeit, Schnelligkeit, Ausdauer

 Zusatzmaterialien: ausgeschnittene Papierautos

Die auf einem Papier aufgezeichneten Rennautos werden ausgeschnitten und auf den Boden gelegt. Die Autos werden durch Luftzirkulation angetrieben. Dazu erhält jeder Spieler zwei Bierdeckel als Fächer. Durch kräftiges Wedeln mit den beiden Deckeln versucht jeder, sein Auto schnellstmöglich ins Ziel zu befördern.

Bierdeckelübergabe

 Förderbereiche: Geschicklichkeit, Kooperation, Wahrnehmung

Die Gruppe sitzt im Kreis zusammen. Die Aufgabe besteht darin, einen Bierdeckel an den jeweiligen Nebenmann nur mit den Füßen weiterzugeben.

Variation:
Bierdeckel dürfen nur zwischen die Zehen geklemmt werden und auch nur mit den Zehen übergeben werden.

Erbsen-Transportstaffel

 Förderbereiche: Geschicklichkeit, Schnelligkeit, Wahrnehmung

 Zusatzmaterialien: Erbsen, Hindernisse

Die Mannschaften müssen in einer Umkehrstaffel möglichst viele Erbsen auf einem Bierdeckel in ein Ziel transportieren. Jedes Mannschaftsmitglied darf immer nur eine Erbse auf einem Bierdeckel durch einen Hindernisparcours transportieren. Jeder Spieler entscheidet jedoch selber, ob er nur einen Bierdeckel, oder zwei Bierdeckel in zwei Händen mit je einer Erbse balancieren will. Fällt eine Erbse herunter, darf sie nicht mehr aufgelesen werden und der Spieler läuft zurück und schlägt den nächsten Mitspieler ab. Welche Mannschaft bringt die meisten Erbsen in der vorgegebenen Zeit ins Ziel?

Bierdeckel

Deckeldreher 51

 Förderbereiche: Wahrnehmung, Geschicklichkeit, Schnelligkeit

Jede Person versucht möglichst viele Deckel durch geschicktes schnelles Drehen in eine Trudelbewegung zu bringen. Sieger ist derjenige, der die meisten Deckel gleichzeitig in Bewegung hält.

Bierdeckelwurf 52

 Förderbereiche: Geschicklichkeit, Kooperation, Wahrnehmung

 Zusatzmaterialien: Langbänke

Vier Spieler einer Mannschaft stehen sich paarweise auf einer Langbank gegenüber. Die beiden Langbänke sind in einer V-Form aufgestellt. Der Abstand am vorderen Ende beträgt 4 m und am hinteren Ende 6 m. Die beiden Partner am äußeren bzw. das Paar am vorderen Ende der Bank versuchen in einer vorgegebenen Zeit möglichst viele Bierdeckel zu ihrem jeweiligen Partner zu werfen. Die Mannschaftsmitglieder entscheiden vor Spielbeginn selbst, wer auf welcher Position steht und als Werfer bzw. Fänger agiert. Die beiden weiter voneinander entfernt stehenden Partner erhalten pro gefangenen Bierdeckel zwei Punkte, das näher zusammenstehende Team für jeden gefangenen Bierdeckel einen Punkt. Die Gesamtpunktzahl beider Paare bildet das Endergebnis.

Bierdeckel-Transportlauf 53

 Förderbereiche: Ausdauer

Auf der 400 m Rundbahn werden im Abstand von 100 m vier Stationen aufgebaut. Jede Station besteht aus zwei 5 m voneinander entfernt stehenden Kartons, einer „Entnahmestelle" und einer „Zählstation". Jeder Mannschaft werden zwei gegenüberliegende Stationen zugeordnet, Station 1 und 2. Zu Beginn des Laufes stellt sich jede Mannschaft an ihre „Entnahmestelle" der Station eins. Innerhalb von 10 Minuten müssen die Bierdeckel von ihren „Entnahmestellen" zu den gegenüberliegenden „Zählstationen" transportiert werden. Dabei darf immer nur ein Bierdeckel transportiert werden. Der Bierdeckel wird also immer in den jeweiligen ersten Kas-

ten (Zählstation) gelegt. Anschließend rennt jeder Läufer zum 5 m entfernten zweiten Kasten (Entnahmestelle), entnimmt dort einen neuen Bierdeckel und begibt sich auf die nächste halbe Runde. Welche Mannschaft hat in 10 Minuten die meisten Bierdeckel transportiert?

Flaschenstapel 54

 Förderbereiche: Geschicklichkeit, Wahrnehmung, Problemlösung

 Zusatzmaterialien: Plastikflasche

Alle Spieler erhalten 20 Bierdeckel und setzen sich um eine in der Mitte stehende Flasche. Auf deren Hals sollen nun die Spieler der Reihe nach die Bierdeckel stapeln. Jeder Spieler darf zwei Bierdeckel legen, kann aber auch nur einen Deckel auflegen. Die Bierdeckel müssen immer seitwärts versetzt werden. Man darf auch Deckel zwischen andere schieben oder einklemmen. Fallen beim Stapeln ein oder mehrere Deckel herunter, muss der Spieler diese herabgefallenen Deckel an sich nehmen und der nächste Spieler kommt an die Reihe. Wer hat als Erster alle seine Bierdeckel auf der Flasche gestapelt?

Bierdeckel

Keulenwurf   55

 Förderbereiche: Geschicklichkeit, Wahrnehmung

 Zusatzmaterialien: Keulen/Plastikflaschen, Langbank

Zwei Mannschaften stellen sich einander gegenüber auf. In der Mitte steht eine Langbank, auf der Keulen (oder andere Gegenstände) stehen. Jeder versucht nun mit seinen zehn Bierdeckeln möglichst viele Keulen umzuwerfen.

Schwimmende Inseln   56

 Förderbereiche: Kooperation, Problemlösung, Geschicklichkeit

Mehrere Mannschaften mit mindestens sechs Personen spielen gegeneinander. Jede Mannschaft erhält einen Bierdeckel weniger als die Zahl ihrer Mannschaftsmitglieder. Die Gruppen bekommen folgende Geschichte beschrieben: In einer Chemiefabrik ist ein Unfall passiert: Es strömt eine ätzende Flüssigkeit aus. In einem Raum hat sich ein kleiner giftiger See gebildet. Das Absperrventil befindet sich am anderen Ende des Raumes. Einzige Möglichkeit zum Ventil auf der anderen Seite zu gelangen, sind die säurebeständigen Schwimmkörper (Bierdeckel). Diese Schwimmkörper sind jedoch sehr flüchtig und müssen festgehalten werden, sonst schwimmen sie davon. Sollte jemand aus Versehen die Säure (d.h. den Boden) berühren, so muss er möglichst schnell zurück zum Ausgangspunkt, um entgiftet zu werden, und anschließend neu starten. Aus Sicherheitsgründen müssen sich auch alle Personen ständig festhalten. Wer den Kontakt verliert, muss ebenfalls neu beginnen.

Haltet die Seite frei   57

 Förderbereiche: Schnelligkeit, Kooperation, Wahrnehmung

 Zusatzmaterialien: Zauberschnur

Die Halle wird mit einer Zauberschnur unterteilt. In jeder Hälfte befindet sich eine Mannschaft mit derselben Anzahl von Bierdeckeln. Es gilt, alle Bierdeckel aus dem eigenen Feld möglichst schnell in das gegnerische Feld zu werfen. Gewonnen hat die Mannschaft, die keine oder nach einer festgelegten Zeit, weniger Bierdeckel im eigenen Feld hat.

Bierdeckel-Tischtennis 58

 Förderbereiche: Geschicklichkeit, Wahrnehmung

 Zusatzmaterialien: Seil/Reckstange, Turnmatten, Tischtennisbälle

Die Spielidee entspricht einem Tischtennisspiel ohne Tisch. Als Spielfläche dient ein markiertes Feld auf dem Boden, das durch eine Reckstange oder ein Seil halbiert wird. Das Feld ist 1 m lang und wird am Ende durch eine Turnmatte begrenzt. Sie gibt nicht nur die Spielfeldbreite an, sondern dient auch als weiche Unterlage für die Spieler. Ein (oder zwei übereinander liegende) Bierdeckel fungieren als Schläger. Gespielt wird analog zu den Tischtennisregeln. Als Turnierform ist z.B. das „Kaiserturnier" geeignet.

Bierdeckel-Basketball 59

 Förderbereiche: Geschicklichkeit, Kooperation, Wahrnehmung

 Zusatzmaterialien: Basketballkörbe

Zwei Mannschaften versuchen einen Bierdeckel in die gegnerischen Basketballkörbe zu werfen. Dabei darf mit dem Bierdeckel jedoch nicht gelaufen werden und die Gegenspieler dürfen nicht berührt werden.

Bierdeckel

Bierdeckel-Boule   60

 Förderbereiche: Geschicklichkeit, Wahrnehmung

 Zusatzmaterialien: Pappbecher

Ein umgedrehter Pappbecher wird 3–5 m entfernt von einer Abwurflinie in den Raum gestellt. Jeder Mitspieler versucht nacheinander seine Bierdeckel so dicht wie möglich an den Pappbecher zu werfen.

Bierdeckel-Hockey   61

 Förderbereiche: Geschicklichkeit, Kooperation, Wahrnehmung

 Zusatzmaterialien: Langbänke, kleine Softbälle

Zwei Mannschaften mit jeweils fünf bis sechs Spielern spielen gegeneinander Hockey. Die Spieler haben in jeder Hand zwei übereinander gelegte Bierdeckel als „Hockeyschläger" und versuchen einen kleinen Softball in das Tor zu befördern. Als Tore dienen zwei Langbänke, die an den Stirnseiten der Halle aufgestellt sind. Ein Tor ist erzielt, wenn die Sitzfläche der umgelegten Bank getroffen wird.

Bierdeckelroller   62

 Förderbereiche: Geschicklichkeit, Problemlösung

 Zusatzmaterialien: Brettchen

Jeder Spieler hat fünf runde Bierdeckel. Nacheinander lassen die Spieler jeweils einen ihrer Deckel von einer Schräge rollen. Die schiefe Ebene wird durch ein beliebig schräg gehaltenes Brettchen gebaut. Die Deckel werden nach dem Rollen an der Stelle, an der sie hingerollt sind, liegen gelassen. Diese Stelle markiert den Auflagepunkt für das Brettchen, wenn man wieder an der Reihe ist. Berührt ein Deckel eines Spielers einen anderen Deckel, so darf er diesen fremden Deckel aus dem Spiel nehmen. Ziel ist es, die Deckel über eine 5–10 m entfernte Ziellinie rollen zu lassen. Für jeden Deckel, der im Ziel ist, erhält man einen Punkt.

Bücher

Für die Bewegungsaufgaben und Spiele sollten alte aussortierte Bücher verwendet werden. Es können z.B. alte Schulbücher gesammelt werden oder man fragt in einer Bibliothek nach ausrangierten Exemplaren. Geeignet sind auch Kataloge von Versandhäusern, Ausstellungen und Messen oder alte Telefonbücher.

Bücher

Büchersaal 63

Förderbereiche: Geschicklichkeit, Wahrnehmung

Zusatzmaterialien: Musik

Die Bücher werden kreuz und quer (mit unterschiedlichem Abstand) im Raum verteilt. Einige werden zu kleinen Hindernissen (Türme, Mauern) gestapelt. Die Personen bewegen sich frei im Raum und führen die vom Spielleiter genannten Aufgaben aus:
a) Umlaufen der Bücher.
b) Überspringen der Bücher,
c) Um die Bücher laufen und bei Musikstopp ein Buch mit einem (angesagten) Körperteil bedecken.
d) Umlaufen der Bücher und sich bei Musikstopp schnell auf eine genannten Büchersorte (nur Telefonbücher, nur die auf dem Buchrücken liegenden etc.) stellen.
e) Nur über die Bücher bewegen, ohne den Boden zu berühren.

Bücherbalance 64

Förderbereiche: Wahrnehmung, Geschicklichkeit

Zusatzmaterialien: Langbank

Ein Buch mit verschiedenen Körperteilen durch den Raum transportieren: z.B. auf dem Kopf, unter dem Kinn, mit dem Handrücken, auf dem Ellbogen.
a) Variation der Fortbewegungsart: rückwärts gehen, auf zwei Büchern rutschen, im Vierfüßlergang etc.
b) Das Buch mit geschlossenen Augen auf dem Kopf balancieren.
c) Über eine auf Stäbe gelegte umgedrehte Langbank gehen.
d) Über eine Bankwippe balancieren.

Inselwandern 65

 Förderbereiche: Geschicklichkeit, Schnelligkeit

Der Spieler hat die Aufgabe, über zwei (oder drei) Bücher von A nach B zu wandern. Um weiterzukommen, muss das hintere, frei gewordene Buch immer wieder nach vorne gelegt werden. Der Boden darf während der Wanderung nicht berührt werden.

Variation:
Es muss vor dem Betreten immer eine festgelegte Anzahl von Büchern übereinander gestapelt werden.

Architekt 66

 Förderbereiche: Kreativität, Geschicklichkeit

 Zusatzmaterialien: evtl. kleiner Kasten

Eine Person errichtet ein Bauwerk (z.B. Turm, Mauer, Haus, Pyramide) aus waagerechten, senkrechten oder aufgeklappten Büchern.

Variation:
Das Gebäude darf nur mit den Füßen gebaut werden. Für größere Höhen kann ein kleiner Kasten als Sitzgelegenheit benutzt werden.

Känguru 67

 Förderbereiche: Geschicklichkeit, Kraft, Ausdauer

Ein Spieler klemmt ein Buch zwischen seinen Füßen fest ein und hüpft im Schlusssprung durch die Halle, ohne es zu verlieren.

Variation 1:
Mit einem zweiten Buch zwischen den Knien hüpfen.

Variation 2:
Mehrere Bücher beim Hüpfen einklemmen.

Bücher

Siamesische Zwillinge   68

 Förderbereiche: Geschicklichkeit, Kooperation, Problemlösung

 Zusatzmaterialien: Hindernisse (Kästen, Langbänke etc.)

Ein Paar muss einen Hindernisparcours durchlaufen (z.B. über eine Kastentreppe, auf einer Langbank balancieren etc.), ohne das zwischen den Köpfen eingeklemmte Buch zu verlieren. Fällt das Buch auf den Boden oder wird das Buch mit den Händen festgehalten, muss das Paar wieder von vorne beginnen.

Variation:
Das Buch muss mit anderen Körperteilen eingeklemmt werden: Ellbogen, Knie, Bauch, Rücken etc.

Alle auf einem Buch   69

 Förderbereiche: Geschicklichkeit, Kooperation, Problemlösung

Auf den Boden wird ein großes Buch gelegt. Auf diesem Buch sollen sich möglichst viele Personen stellen, ohne den Boden zu berühren. Die Gruppe muss mindestens 15 Sekunden lang stabil stehen.

Fließband   70

 Förderbereiche: Geschicklichkeit, Kooperation

Eine beliebige Anzahl von Personen sitzt im Kreis. Ein Buch oder mehrere Bücher müssen nur mit den Füßen weitergegeben werden, ohne den Boden zu berühren.

Variation 1:
Den Personen werden die Augen verbunden und ein Buch muss mit den Füßen „blind" weitergegeben werden.

Variation 2:
Als Wettbewerbsform: Welche Gruppe schafft als erste drei Runden? Berührt das Buch den Boden, muss an der jeweiligen Stelle von neuem begonnen werden.

Sport & Spiel mit Alltagsmaterial

Katapult 71

 Förderbereiche: Geschicklichkeit, Wahrnehmung, Kooperation

 Zusatzmaterialien: Gymnastikreifen

Eine Person liegt mit angehockten Beinen auf dem Rücken. Der Partner legt ein Buch auf seine Füße und geht zu einem 2–3 m entfernten Gymnastikreifen. Die liegende Person streckt nun schnellstmöglich die Beine und schleudert das Buch zu seinem im Reifen stehenden Partner. Dieser versucht das Buch, ohne den Reifen zu verlassen, aufzufangen. Welches Team überwindet die größte Distanz?

Fliegende Bücher 72

 Förderbereiche: Geschicklichkeit, Kooperation, Wahrnehmung

Zwei Gruppen mit gleicher Spielerzahl stehen abwechselnd in einer gemeinsamen Kreisaufstellung. Zwei Bücher befinden sich in gegenüberliegenden Positionen. Die beiden Buchbesitzer werfen auf ein Startsignal ihr Buch in dieselbe Richtung zu ihrem nächsten Mitspieler (also zur übernächsten Position). Ziel ist es, das Buch des gegnerischen Teams einzuholen.

Bücher

Fangspiel mit Freimal 73

 Förderbereiche: Schnelligkeit, Wahrnehmung

Zwei bis drei Fänger versuchen die übrigen Mitspieler abzuschlagen.
Die im Raum liegenden Bücher dienen als Freimal.

Bücher-Squash 74

 Förderbereiche: Geschicklichkeit, Wahrnehmung, Schnelligkeit

 Zusatzmaterialien: Tischtennis- oder Tennisball

Zwei Spieler spielen in einem abgegrenzten Feld gegeneinander und schlagen abwechselnd einen Tennisball (oder Tischtennisball) gegen eine Wand. Wenn der Ball zweimal auftippt oder außerhalb des Spielfeldes landet, gilt dies als Fehler. Der Aufschlag erfolgt immer abwechselnd. Wer hat zuerst 21 Punkte?

Variation:
Spielstarke Spieler bekommen kleinere bzw. unhandliche Bücher.

Bücher-Tennis 75

 Förderbereiche: Geschicklichkeit, Wahrnehmung, Schnelligkeit

 Zusatzmaterialien: Tennisball, Baustellenband/Netz

Zwei Spieler stehen sich in einem durch ein Baustellenband geteiltes Feld gegenüber. Jeder Spieler hat ein Buch in der Hand und versucht einen Tennisball mit dem Buch so über das Band zu schlagen, dass er im gegnerischen Feld mehr als einmal auftippt. Der Ball darf entweder direkt oder nach einmaligem Aufspringen zurückgespielt werden. Der Spieler, der keinen Punkt erzielt hat, erhält das Aufschlagrecht. Der Aufschlag erfolgt von unten, hinter der jeweiligen Grundlinie stehend. Welcher Spieler hat zuerst 15 Punkte?

Variation:
In einem großen Volleyball-Feld spielen mehrere Spieler gegeneinander über ein hohes Netz.

Bücher-Reise 76

 Förderbereiche: Wahrnehmung, Schnelligkeit

 Zusatzmaterialien: Musik

In einem markierten Feld liegen Bücher, eines weniger als Spielteilnehmer. Alle Spieler laufen um das Spielfeld und versuchen sich bei Musikstopp möglichst schnell auf ein Buch zu stellen. Derjenige, der kein freies Buch mehr gefunden hat, scheidet aus und bekommt thematisch eingebundene Bewegungsaufgaben (z.B. nur mit den Füßen auf ein senkrecht gestelltes Buch ein zweites Buch waagerecht legen, einen hohen Bücherturm mit den Füßen bauen etc.).

Variation:
Haben die ausgeschiedenen Spieler die Bewegungsaufgabe (oder auch kognitive Aufgabe) erfolgreich gelöst, nehmen sie wieder am Spiel teil.

Bücher-Boccia 77

 Förderbereiche: Geschicklichkeit, Wahrnehmung

Jeder Spieler erhält eine Anzahl von Büchern. Diese sollen von einer Anstoßlinie so dicht wie möglich an eine Markierung herangeschoben werden. Das Werfen der Bücher ist verboten.

Bücher-Transportstaffel 78

 Förderbereiche: Problemlösung, Kooperation, Geschicklichkeit

Mehrere Staffeln versuchen, ohne die Hände zu Hilfe zu nehmen, jeweils 10–20 Bücher auf die andere Seite zu transportieren. Die Spieler transportieren nacheinander immer nur ein Buch. Fällt dabei ein Buch auf den Boden oder ein Spieler berührt das Buch mit den Händen, muss der Spieler zurück zum Startpunkt. Welche Mannschaft hat zuerst ihre Bücher auf die andere Seite transportiert?

Variation:
Fällt ein Buch zu Boden, werden alle bisher schon ins Ziel transportierten Bücher annulliert und müssen erneut transportiert werden.

Bücher

Minigolf 79

 Förderbereiche: Geschicklichkeit, Wahrnehmung, Kreativität

 Zusatzmaterialien: Tischtennisball

Aus aufgeklappten Büchern werden Tore und Tunnelhindernisse für einen Minigolfparcours gebaut. Ein Tischtennisball muss mit den Fingern in möglichst wenigen Versuchen durch die Hindernisse ins Ziel geschnippt werden.

Variation 1:
Der Ball muss mit einem Buch als Schläger gespielt werden.

Variation 2:
Der Tischtennisball muss durch den Parcours gepustet werden.

Dosen

Neben Getränkedosen, Keksdosen und den handelsüblichen Konservendosen können große leere Dosen aus Großküchen eingesetzt werden. Bei Blechdosen, die mit einem Dosenöffner geöffnet wurden, müssen die scharfen Ränder vor der Verwendung beseitigt werden! Sie können entweder glatt gefeilt oder umklebt werden.

Dosen

Dosenrollen 80

 Förderbereiche: Geschicklichkeit, Wahrnehmung

 Zusatzmaterialien: evtl. Turnmatten

Eine Person hat die Aufgabe, eine Dose von einer Abwurflinie möglichst weit rollen zu lassen.

Variation 1:
Die Dose muss durch eine schmale Turnmattengasse gerollt werden.

Variation 2:
Die Dose muss mit dem „schwachen" Arm und/oder verbundenen Augen gerollt werden.

Dosenstelzen 81

 Förderbereiche: Geschicklichkeit, Wahrnehmung

 Zusatzmaterialien: Schnüre

In zwei Konservendosen werden jeweils zwei Löcher gebohrt. (Dabei unbedingt die Ränder glätten oder abkleben, da sonst die Schnüre schnell reißen.) Durch jede Dose wird eine ca. 1,5 m lange Schnur gezogen und zusammengeknotet. Eine Person stellt sich mit je einem Fuß auf eine Dose und hält in den Händen jeweils die Schnur. Die Aufgabe besteht darin, durch abwechselndes Anheben der Füße und der Schnüre mit den Händen auf den Dosenstelzen durch den Raum zu gehen.

Dosenbalance

 Förderbereiche: Geschicklichkeit, Wahrnehmung

Eine Person bewegt sich, eine Dose auf verschiedenen Körperteilen balancierend, durch den Raum:
a) Mit geschlossenen Augen bewegen.
b) Verschiedene Fortbewegungsarten beim Transport ausprobieren (rückwärts gehen, im Vierfüßlergang, auf zwei Fliesen/Tüchern rutschen etc.).
c) Über eine umgedrehte Bank gehen.
d) Über eine Bankwippe balancieren.
e) Unter einem Hindernis hindurch bewegen bzw. ein Hindernis überwinden.

Dosenkarussell

 Förderbereiche: Schnelligkeit, Wahrnehmung, Geschicklichkeit

Im Sitzen die Dose zwischen die Füße klemmen und anheben. Mit den Armen Schwung holen (mit und ohne Abdruck der Hände vom Boden) und sich schnell um die eigene Achse drehen, ohne die Dose zu verlieren.

Dosenschieben

 Förderbereiche: Geschicklichkeit, Wahrnehmung, Schnelligkeit

 Zusatzmaterialien: Gymnastikstab

 Sicherheitshinweis/Risikofaktor 1: Bei mangelnder Teamarbeit und falschem bzw. zu langsamem Umsetzen der Hinweise besteht ein Unfallrisiko durch Stolpern und durch Zusammenstöße!

Ein Spieler muss eine verschlossene Dose nur mithilfe eines Gymnastikstabs möglichst schnell durch einen Hindernisparcours bewegen.
Anmerkung: Bei Verwendung einer offenen Konservendose muss diese seitlich auf den Boden gelegt werden.

Variation:
Aufgabe als Staffelwettbewerb.

Dosen

Dosenturm　　　85

 Förderbereiche: Geschicklichkeit, Wahrnehmung

 Zusatzmaterialien: evtl. kleiner Kasten/Stuhl

Ein Spieler versucht, nur mit den Füßen, einen möglichst hohen Turm zu bauen. Als Hilfsmittel darf ein Kasten/Stuhl als Sitzgelegenheit benutzt werden.

Dosenwandern　　　86

 Förderbereiche: Geschicklichkeit, Wahrnehmung

Eine Person steht auf zwei Konservendosen. Um weiterzukommen, legt er eine dritte Konservendose vor sich auf den Boden und steigt mit einem Fuß darauf. Die frei gewordene Dose wird immer von hinten nach vorne gelegt.
Anmerkung: Über die Dosengröße kann eine Differenzierung erzielt werden.

Dosen drehen　　　87

 Förderbereiche: Schnelligkeit, Geschicklichkeit, Wahrnehmung

 Zusatzmaterialien: (Tischtennis)Bälle

In eine Dose wird ein (Tischtennis)Ball gelegt. Die Dose muss mit dem darin befindlichen Ball schnell um 360 Grad gedreht werden, ohne dass der Ball herausfällt.

Hör-Memory®　　　88

 Förderbereiche: Wahrnehmung

 Zusatzmaterialien: Füllungsmaterial (z.B. Erbsen, Reis)

Jeweils zwei leere, verschließbare, undurchsichtige Dosen (z.B. Filmdöschen, Keksdosen) werden mit dem gleichen Material gefüllt (z.B. Sand, Reiskörner, Erbsen, Büroklammern, Wasser, Mehl, Murmeln etc.). Die Materialien sollen durch Schütteln der Dosen unterschiedliche Geräusche erzeugen. Nur durch Schütteln gilt es, die zueinander gehörenden Dosen herauszufinden.

Trommel-Führung 89

 Förderbereiche: Wahrnehmung, Kooperation, Problemlösung

 Zusatzmaterialien: Hindernisse, Augenbinde

 Sicherheitshinweis/Risikofaktor 1: Bei mangelnder Teamarbeit und falschem Umsetzen der Partnerhinweise besteht ein Unfallrisiko durch Stolpern bzw. Zusammenstöße!

Eine Person führt seinen „blinden" Partner durch einen Slalomparcours, indem er akustische Signale mit der (verschlossenen) Dose erzeugt. Bei Hindernisberührung muss wieder von vorne begonnen werden. Wer führt seinen Partner am schnellsten durch den Parcours?
Anmerkung: Vor der Durchführung der Aufgabe erhalten die Teams Zeit für die Absprache von akustischen Signalen (z.B. vorwärts und rückwärts, schneller und langsamer etc.).

Geschickter Dosenpass 90

 Förderbereiche: Geschicklichkeit, Wahrnehmung

 Zusatzmaterialien: Hindernisse, Tischtennisball

Eine Person wirft eine offene Dose mit einem darin befindlichen Tischtennisball zu seinem Partner, der die Dose auffängt, ohne dass der Ball herausfällt. Welches Team schafft die größte Distanz?

Birdie 91

 Förderbereiche: Wahrnehmung, Geschicklichkeit, Kooperation

 Zusatzmaterialien: Ball

Eine Dose wird von einem Spieler langsam an seinem Partner vorbeigerollt. Dieser versucht einen kleinen Ball in die sich bewegende Dose zu rollen.

Variation:
Der Ball muss mit einem Schläger (Schuh, Besen etc.) gespielt werden.

Dosen

Geschickte Füße 92

 Förderbereiche: Geschicklichkeit, Wahrnehmung, Kooperation

Person A liegt mit angehockten Beinen auf dem Rücken. Partner B stellt eine Dose auf die Füße von A, der versucht die Beine zu strecken und wieder zu beugen, ohne dass die Dose herunterfällt. Gelingt dies, stapelt B eine weitere Dose darauf, und Partner A versucht wieder die Beine mit diesem Turm zu strecken und zu beugen. Welches Team schafft die meisten Dosen?

Dosenstange 93

 Förderbereiche: Kooperation, Wahrnehmung, Kraft

 Zusatzmaterialien: evtl. Getränkekisten

Ein Spieler versucht mithilfe seines Partners möglichst viele Dosen mit seinen Händen waagerecht zu einer Art Stange gegen eine Wand zu drücken. Dabei dürfen die Dosen nur mit den Händen berührt werden. Anschließend muss die Dosestange wieder alleine vom Spieler gehalten werden. Welches Team schafft es, die meisten Dosen einzuklemmen?

Variation:
Zwei Spieler versuchen möglichst viele Dosen waagerecht zwischen den Händen einzuklemmen.

Anmerkung: Eine Alternative ist die Verwendung von Getränkekisten statt der Dosen!

Einer gegen alle 94

 Förderbereiche: Schnelligkeit, Wahrnehmung, Kooperation

 Sicherheitshinweis/Risikofaktor 2: Stolpergefahr (Dosen) und Zusammenstöße der Spieler!

Kreuz und quer im Raum verteilt stehen Dosentürme aus zwei (oder drei) übereinander gestapelten Dosen. Eine Person ist das „Abrissunternehmen" und hat die Aufgabe, alle Türme umzuschmeißen. Die übrigen Mitspieler sind die „Bauarbeiter", die die Türme immer wieder aufbauen. Der „Abrissunternehmer" hat gewonnen, wenn alle Türme kurzzeitig zerstört sind. Während die „Bauarbeiter" einen Turme aufbauen, darf dieser nicht umgeschmissen werden.

Dosenwerfen 95

 Förderbereiche: Geschicklichkeit, Wahrnehmung

 Zusatzmaterialien: Tennisball, Kasten/Tisch, Schläger

Fünfzehn Konservendosen werden zu einer Pyramide auf einem Kasten (oder Tisch) aufgebaut. Von einer 3–4 m davor befindlichen Linie wird der Tennisball mit einem Schläger gespielt, nachdem er auf dem Boden aufgetippt ist. Jeder Spieler hat drei Versuche. Die Dosen müssen völlig vom Kasten abgeräumt werden. Nach jedem Versuch werden die übrig gebliebenen Dosen neu gestapelt.

Hohe Hausnummer 96

 Förderbereiche: Geschicklichkeit, Wahrnehmung, Problemlösung

 Zusatzmaterialien: Tennisball, Langbänke

Von einer Abwurflinie sollen drei Konservendosen mit Tennisbällen von einer schräg zur Abwurflinie gestellten Bank geworfen werfen. Auf der Bank stehen neun Dosen, die mit Wertigkeiten von eins bis neun gekennzeichnet sind. Dose eins steht auf dem vorderen Teil der Bank, Dose neun am Ende der Bank. Für jede heruntergeworfene Dose erhält der Werfer die Punktzahl der jeweiligen Dose. Verfehlt er die Dose, bekommt er keinen Punkt. Ziel ist es, mit drei Würfen eine möglichst hohe dreistellige Zahl zu erwerben. Dabei gilt es, die erzielten Punkte geschickt an die richtige Stelle zu setzen (Einer, Zehner und Hunderter).

Dosen

Dosen-Memory®   97

 Förderbereiche: Kooperation, Problemlösung, Schnelligkeit

 Zusatzmaterialien: mehrere identische kleine Gegenstände

Vier bis sechs Mannschaften stehen hinter einer Startlinie. Auf der anderen Seite befindet sich eine Anzahl von Dosen, unter denen unterschiedliche Gegenstände versteckt sind, wobei jeder Gegenstand jeweils zweimal vorhanden ist. Auf ein Startsignal hin läuft immer ein Gruppenmitglied zu den Dosen, hebt nacheinander zwei Dosen hoch und schaut nach, ob darunter identische Gegenstände liegen. Hat der Spieler zwei gleiche Gegenstände gefunden, sprintet er damit zu seiner Gruppe zurück. Werden zwei unterschiedliche Gegenstände aufgedeckt, müssen beide Dosen wieder darüber gestellt werden. Der Läufer kehrt zurück zu seiner Gruppe und der nächste Spieler startet. Welches Team findet die meisten Gegenstandspärchen?

Dosenball   98

 Förderbereiche: Geschicklichkeit, Wahrnehmung, Kooperation

 Zusatzmaterialien: Baustellenband, Tischtennisball

Zwei Teams mit je zwei bis vier Spielern stehen sich in einem durch ein Baustellenband geteiltes Feld gegenüber. Jeder der Spieler hat eine Dose in der Hand und versucht, damit einen Tischtennisball so über das Band zu schleudern, dass er im gegnerischen Feld mehr als einmal auftippt. Die Spieler der gegnerischen Mannschaft versuchen, den Ball entweder direkt oder nach einmaligem Aufspringen mit der Dose zu fangen. Der Ball wird nach dem erfolgreichen Einfangen von der Fangstelle aus ins gegnerische Feld zurückgeschleudert. Die Mannschaft, die keinen Punkt gemacht hat, bekommt das neue Aufschlagrecht und bringt den Ball aus ihrem Feld ins Spiel. Welche Mannschaft hat zuerst 21 Punkte?

Dosen-Boccia   99

 Förderbereiche: Geschicklichkeit, Wahrnehmung

Ein Zielgegenstand wird 3–5 m entfernt von einer Abwurflinie in den Raum gestellt. Die Mitspieler versuchen nacheinander, ihre Dosen so dicht wie möglich an die Markierung zu rollen oder zu schieben.

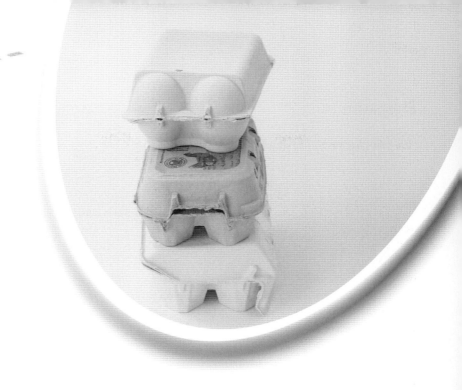

Eierkartons

Da Eierkartons leicht und ungefährlich sind, können sie bedenkenlos für die unterschiedlichsten Aufgaben eingesetzt werden (z.B. zum Werfen und Transportieren, als Hindernisse etc.). Eierpaletten eröffnen weitere Spielmöglichkeiten, insbesondere als Zielscheiben bei Würfen.

Eierkartons

Eiermann 100

 Förderbereiche: Geschicklichkeit, Wahrnehmung

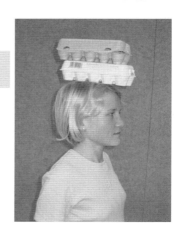

Eine Person versucht möglichst viele Eierkartons gleichzeitig zu transportieren:
a) Mit/auf verschiedenen Körperteilen (Kopf, Schulter, Unterarm etc.).
b) Als Turm auf der Handfläche übereinander gestapelt.

Tempo nach Musik 101

 Förderbereiche: Wahrnehmung, Geschicklichkeit

 Zusatzmaterialien: Musik

Die Eierkartons werden beliebig im Raum verteilt. Einige Eierkartons werden als Hindernisse umgestaltet (z.B. Gräben aus nebeneinander gelegten Kartons). Die Spieler umlaufen bzw. überspringen die Eierkartons. Die Lautstärke der Musik gibt die Bewegungsgeschwindigkeit vor: laut = schnell, leise = langsam.

Variation:
Zwei Personen bilden ein Paar. Abwechselnd gibt immer eine Person den Weg, das Tempo und die Fortbewegungsart vor. Der Partner folgt unmittelbar dahinter und imitiert die Vorgaben.

Eierkartonkarussell 102

 Förderbereiche: Geschicklichkeit, Wahrnehmung

Eine Person stellt einen Eierkarton auf die gestreckten Beine und fährt langsam „Karussell", ohne dass der Karton herunterfällt. Wer kann sich mit mehreren übereinander gestapelten Kartons drehen?

Variation:
Im Sitzen einen Eierkarton zwischen den Füßen einklemmen und anheben. Mit den Armen Schwung holen und sich so schnell wie möglich um die eigene Achse drehen, ohne den Eierkarton zu verlieren. Wer schafft die meisten Drehungen?

Sport & Spiel mit Alltagsmaterial

Fußkran

 Förderbereiche: Geschicklichkeit, Wahrnehmung, Kreativität

Eierkartons nur mit den Füßen zu einem Turm, Haus, einer Pyramide oder anderen Gebäuden stapeln. Um auch in größeren Höhen weiterbauen zu können, dürfen kleine Kästen als Hilfsmittel zum Sitzen genutzt werden.

Bauchmuskeltraining

 Förderbereiche: Kraft

 Zusatzmaterialien: Turnmatten

Die Person liegt auf dem Rücken. Die Beine anheben und im Hüft- und Kniegelenk 90 Grad anwinkeln. Der Eierkarton ist zwischen den Füßen eingeklemmt, die Hände befinden sich hinter dem Kopf. Den Oberkörper anheben und die Stirn langsam in Richtung Knie schieben. Die Hände dürfen dabei nicht am Kopf ziehen und die Position der Beine darf nicht verändert werden.

Variation:
Ausgangsstellung der Beine wie in der Grundübung. Die Hände liegen unterhalb der Lendenwirbelsäule (Handoberflächen drücken die Wirbelsäule). Die Beine aus dem 90-Grad-Winkel langsam nach vorne strecken, bis sich die Lendenwirbelsäule von den Handflächen löst, dann wieder langsam zurückschieben usw.

Rückenmuskeltraining 105

 Förderbereiche: Kraft

 Zusatzmaterialien: Turnmatten

In der Bauchlage ein Bein 90 Grad anwinkeln, den Eierkarton mit beiden Händen vor der Stirn halten. Den Bauch anspannen, der Blick ist zum Boden gerichtet. Die Arme strecken und den Oberkörper etwas anheben. Diese Position abhängig vom Leistungszustand 10–30 Sekunden halten.

Variation:
Den Eierkarton mit gestreckten Armen vom Boden halten. Die Füße sind gestreckt, das Gesäß angespannt, Zehen und Knie drücken gegen den Boden. Den Oberkörper nun abwechselnd nach links und rechts drehen.

Ganzkörperstabilisation 106

 Förderbereiche: Kraft

 Zusatzmaterialien: Turnmatten

Eine Person liegt auf dem Rücken und stellt die Beine an. Dann hebt sie die Hüfte an, so dass Oberschenkel, Becken und Oberkörper eine Linie bilden. In dieser Position den Eierkarton um das Becken kreisen lassen.

Zielwerfen 107

 Förderbereiche: Geschicklichkeit, Wahrnehmung

 Zusatzmaterialien: kleine Gegenstände (z.B. Münze, Korken, Tischtennisball)

Den Feldern einer Eierlage werden Punktzahlen zugeordnet. Von einer Abwurflinie aus sollen Gegenstände in die Eierlage geworfen werden. Wer erreicht die meisten Punkte?

Variation:
Der Werfer kann aus einer Anzahl von Gegenständen mit verschiedenen Eigenschaften und unterschiedlichen Wertigkeiten auswählen (Münze = 1 Punkt, Korken = 2 Punkte, Tischtennisball = 3 Punkte etc.)

Eier blasen 108

 Förderbereiche: Geschicklichkeit, Wahrnehmung

 Zusatzmaterialien: Tischtennisbälle

Ein Tischtennisball wird in einen beschwerten oder befestigten Eierkarton gelegt. Durch Pusten wird der Tischtennisball in den zweiten festen Eierkarton geblasen und von diesem wiederum zurück in den ersten Eierkarton. Welches Zweierteam schafft die meisten Wechsel innerhalb von einer Minute.

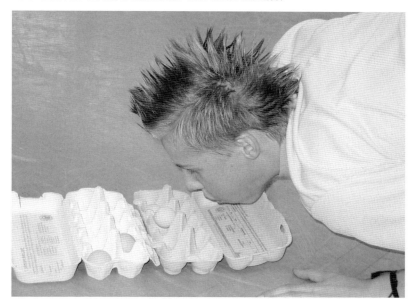

Eier werfen 109

 Förderbereiche: Geschicklichkeit, Wahrnehmung, Kooperation

 Zusatzmaterialien: kleine Gegenstände (Murmeln, Korken, Tischtennisball, Münzen etc.)

Zwei Partner stehen sich im Abstand von 2–3 m gegenüber. Einer wirft verschiedene „Eier", die von seinem Partner mit einer Eierlage aufgefangen werden müssen. Welches Team kann die meisten Gegenstände auf der Eierpalette sammeln. Zuerst gefangene, aber später heruntergefallene Gegenstände werden nicht gewertet.

Eierkartons

Dreier-Transport 110

 Förderbereiche: Kooperation, Kraft, Wahrnehmung

Eine Dreiergruppe muss einen Eierkarton ohne Hände durch die Halle transportieren.
a) Der Eierkarton liegt auf dem Bauch eines Mitspielers, der von seinen beiden Partnern getragen wird.
b) Ein Mitspieler klemmt mit den Füßen den Karton ein. Dieser „Kartonträger" legt seine Hände über die Schultern seiner Partner und wird von ihnen hochgehoben und durch die Halle getragen.

Eierkarton-Squash 111

 Förderbereiche: Geschicklichkeit, Wahrnehmung, Schnelligkeit

 Zusatzmaterialien: Tischtennisball

Zwei Spieler spielen mit den Eierkartons einen Tischtennisball abwechselnd gegen eine Wand. Der Ball darf vor dem Schlag nur einmal auftippen. Er kann aber auch direkt gespielt werden. Die Spieler erhalten immer abwechselnd das Aufschlagrecht. Welcher Spieler hat zuerst 15 Punkte?

Transport-Staffel 112

 Förderbereiche: Problemlösung, Kooperation, Geschicklichkeit, Wahrnehmung

Jede Mannschaft hat sechs Eierkartons (drei Sechserpackungen und drei Zehnerpackungen) vor sich liegen, die um ein Wendemal transportiert werden müssen. Die Gruppe legt vor Spielbeginn fest, welcher Eierkarton für welche der sechs Aufgabenstellungen genutzt werden soll. Alle Mannschaftsmitglieder erfüllen nacheinander jede Transportaufgabe mit dem festgelegten Eierkarton, der danach in einen kleinen Kasten gelegt wird. Während des Transports dürfen die Hände nicht benutzt werden, außerdem darf der Karton nicht auf den Boden fallen. Bei einem Regelverstoß muss der jeweilige Spieler sofort zurücklaufen und diese Teilaufgabe von Beginn an neu bewältigen. Folgende Bewegungsaufgaben sind zu absolvieren:

Karton 1: Den Eierkarton im Krebsgang auf dem Bauch transportieren.
Karton 2: Den auf dem Boden liegenden Eierkarton mit dem Kopf schieben.
Karton 3: Den Eierkarton auf dem Kopf balancieren.
Karton 4: Den Eierkarton im Vierfüßlergang auf dem Rücken befördern.
Karton 5: Den Eierkarton zwischen den Pos zweier Spieler eingeklemmt transportieren.
Karton 6: Die gesamte Gruppe sitzt auf dem Boden und übergibt abwechselnd den Eierkarton nur mit den Füßen zum Hintermann (s. Spiel Nr. 115).

Zielball 113

 Förderbereiche: Geschicklichkeit, Wahrnehmung, Problemlösung, Kooperation

 Zusatzmaterialien: Langbänke, Tischtennisbälle

Eine Vierermannschaft teilt sich in zwei Paare auf. Jedes Pärchen kniet sich, durch eine Langbank getrennt, an einer Abwurfmarkierung gegenüber. Der Abstand der Abwurfmarkierungen zur Bank ist unterschiedlich groß (1 – 4 m). Jeder Spieler versucht, seine fünf Tischtennisbälle mit indirekten Würfen (Bodenkontakt) in die auf der Bank stehenden Eierkartons zu werfen. Entsprechend der Abstandsgröße zählt jeder Treffer ein bis vier Punkte. Vor Spielbeginn entscheiden die Gruppenmitglieder, wer von welcher Abwurfmarkierung aus werfen will.

Variation:
Die Spieler versuchen in einer vorgegebenen Zeit möglichst viele Treffer zu erzielen. Helfer versorgen die Werfer mit neuen Bällen.

Lauf-Memory® 114

 Förderbereiche: Schnelligkeit, Kooperation, Problemlösung

 Zusatzmaterialien: identische kleine Gegenstände

Vier Mannschaften stehen an der Grundlinie des Spielfelds. An der gegenüberliegenden Stirnseite befindet sich eine gerade Anzahl von Eierkartons. Die zugeklappten Kartons sind mit unterschiedlichen Gegenständen gefüllt und stehen wahllos verteilt im Raum. Auf ein Startsignal läuft immer nur ein Gruppenmitglied zu den

Eierkartons

Eierkartons, öffnet nacheinander zwei Kartons und schaut nach, ob darin identische Gegenstände liegen. Hat der Spieler zwei gleiche Gegenstände gefunden, sprintet er mit den beiden Kartons zu seiner Gruppe zurück. Werden zwei unterschiedliche Gegenstände aufgedeckt, müssen beide Eierkartons wieder geschlossen werden und der Läufer kehrt ohne Kartons zurück. Die Läufer sprinten so lange nacheinander zu den Kartons, bis keine Kartons mehr vorhanden sind.

Dynamisches Fließband

 Förderbereiche: Geschicklichkeit, Wahrnehmung, Kooperation

Alle Mannschaftsmitglieder sitzen von der Startlinie aus im Abstand von ca. 1 m hintereinander. Der jeweils erste Spieler greift den auf der Startlinie liegenden Eierkarton mit beiden Füßen, macht eine halbe Drehung zum Hintermann und übergibt ihm den Karton in der Luft. Dieser übergibt nach einer 180-Grad-Drehung den Eierkarton an seinen Hintermann usw. Nachdem jedes Gruppenmitglied den Karton übergeben hat, läuft es zum Ende der Reihe und setzt sich hinter das letzte Mannschaftsmitglied. Sieger ist die Mannschaft, die zuerst eine vorher festgelegte Strecke überwunden hat (oder eine bestimmte Anzahl von geglückten Übergaben erledigt hat).

Variation:
In dem Karton sind Gegenstände (z.B. Tischtennisbälle), die nicht herausfallen dürfen. Fällt ein Gegenstand heraus, muss erneut begonnen werden.

Fahrräder

Will man Fahrräder als „Sportgerät" einsetzen, sind verschiedene Sicherheitsaspekte zu beachten: Der Fahrradzustand ist zu überprüfen, insbesondere Stabilität, Bereifung, angepasste Lenker- und Sattelhöhe. Abhängig vom Übungsplatz (z.B. Schulhof, Rundbahn des Sportplatzes, öffentliche Straßen) müssen mit der Gruppe Regeln für einen sicheren Ablauf vereinbart werden. Wird das Fahrrad im Sportunterricht eingesetzt, sind die amtlichen Bestimmungen der Schulbehörden zu berücksichtigen. Dies gilt besonders für das Tragen eines Fahrradhelms! Beim Befahren öffentlicher Straßen muss das Fahrrad den Anforderungen der StVO entsprechen, außerdem sollten vorab die StVO-Regelungen mit der Gruppe besprochen werden.

Fahrräder

Zielgenau 116

 Förderbereiche: Wahrnehmung, Geschicklichkeit

 Zusatzmaterialien: verschiedene Gegenstände (Bierdeckel, Teppichfliesen, Zeitungen etc.)

Auf dem Boden werden kreuz und quer unterschiedliche Gegenstände ausgelegt. Ein Fahrradfahrer versucht nun möglichst viele dieser Gegenstände zu überfahren.
a) Nur mit dem Vorderrad.
b) Nur mit dem Hinterrad.
c) Mit beiden Rädern.

Spur halten 117

 Förderbereiche: Wahrnehmung, Geschicklichkeit

 Zusatzmaterialien: Brett, Kreide, Klebeband oder Gegenstände zur Markierung

Beidhändiges oder einhändiges Ausführen folgender Übungen:
a) In einer 20 cm breit markierten Spur fahren
b) Auf einem flachen Brett fahren.
c) Über eine Brettwippe fahren.
d) In einer Spur fahren und gleichzeitig durch schnelles Zurückschauen Wörter lesen, die auf neben der Fahrspur stehenden Schildern geschrieben sind.

Surfen 118

 Förderbereiche: Wahrnehmung, Geschicklichkeit

Eine Person läuft mit dem Fahrrad an, stellt einen Fuß auf die Pedale, den anderen auf den Kettenkasten und „surft" auf diese Weise mit dem Fahrrad. Dabei wird das Rad durch Gewichtsverlagerungen schräg gestellt.

Hecksteuer 119

 Förderbereiche: Wahrnehmung, Geschicklichkeit

 Zusatzmaterialien: Hütchen

Eine Person steht hinter ihrem Fahrrad und schiebt es durch einen Slalom-Parcours. Das Fahrrad darf nur am Gepäckträger angefasst und durch geschicktes Seitkippen gesteuert werden.

Schlucht 120

 Förderbereiche: Wahrnehmung, Geschicklichkeit

 Zusatzmaterialien: Seil/Leine und Hindernisse (Papierstreifen, Seilchen, Bänder)

Ein Radfahrer fährt zwischen zwei senkrecht hängenden Hindernissen hindurch, die über eine Leine gehängt werden.

Anhalten 121

 Förderbereiche: Wahrnehmung, Geschicklichkeit

 Zusatzmaterialien: verschiedene Gegenstände (z.B. Baum, Zaun, Stuhl etc.)

Ein Fahrradfahrer versucht an verschiedenen Gegenständen anzuhalten und wieder weiterzufahren, ohne den Boden zu berühren. Zum Abstützen an den Gegenständen dürfen nur die Füße benutzt werden.

Wheelie 122

 Förderbereiche: Geschicklichkeit, Wahrnehmung

Eine Person reißt aus der langsamen Fahrt das Vorderrad hoch und versucht auf dem Hinterrad möglichst weit zu fahren.

Fahrräder

Springende Räder 123

 Förderbereiche: Geschicklichkeit, Wahrnehmung

 Zusatzmaterialien: kleine Gegenstände

a) In langsamer Fahrt das Vorder- oder Hinterrad vom Boden über einen Gegenstand heben.
b) Das Vorder- und Hinterrad seitwärts über eine Linie versetzen.
c) Mit beiden Rädern gleichzeitig ein Seilchen überspringen.

Radball 124

 Förderbereiche: Geschicklichkeit, Wahrnehmung

 Zusatzmaterial: Wasserbälle/Luftballons

Einen auf dem Boden liegenden Wasserball (oder aufgeblasenen Luftballon) nur mit dem Vorderrad zu einem Ziel befördern.

Waage 125

 Förderbereiche: Wahrnehmung, Geschicklichkeit

 Zusatzmaterialien: runder Gegenstand, Brett

Über einen (runden) Gegenstand wird ein Brett gelegt. Der Fahrer hat die Aufgabe, mit seinem Rad auf der Wippe das Gleichgewicht zu halten, so dass beide Enden des Brettes mindestens drei Sekunden in der Luft sind.

Fahrrad-Dribbling 126

 Förderbereiche: Wahrnehmung, Geschicklichkeit

 Zusatzmaterialien: Bälle

Ein Fahrradfahrer prellt während des Fahrens mit der linken und rechten Hand einen Ball.

Variation:
Ohne Unterbrechung des Dribblings die Seiten wechseln (Profis spielen zwischen Vorder- und Hinterrad hindurch).

Mundraub

 Förderbereiche: Geschicklichkeit, Wahrnehmung

 Zusatzmaterialien: Schnur mit Süßigkeiten

An eine Schnur werden Süßigkeiten oder andere Esswaren gebunden. Diese Schnur wird in Kopfhöhe festgebunden bzw. von zwei Personen gehalten. Der Fahrradfahrer versucht während der Fahrt die Delikatessen nur mit den Zähnen abzureißen und zu essen.

Einzelakrobatik

 Förderbereiche: Wahrnehmung, Geschicklichkeit

 Sicherheitshinweis/Risikofaktor 2–3: Motorisch anspruchsvolle Übungen, Sturzgefahr!

Die Übungen können beim Geradeausfahren oder beim Fahren mit Kurven absolviert werden. Die anspruchsvollen Übungen sind für geübte Radfahrer konzipiert.
a) Einhändig fahren mit Zusatzaufgaben: Armkreisen vorwärts und rückwärts, ein Tablett mit gefüllten Plastikbechern balancieren etc.
b) Freihändig fahren mit Zusatzaufgaben: verschränkte Hände im Nacken, gegengleiches Armkreisen, Rumpfdrehen nach links und rechts etc.
c) Auf den Gepäckträger setzen und treten.
d) Mit einem Fuß auf dem Lenker einbeinig weitertreten.
e) Im Damensitz (beide Beine auf der gleichen Fahrradseite) nur mit einem Pedal treten.
f) Standwaage: Einen Fuß (oder Unterschenkel) auf den Sattel stellen bzw. legen und den anderen Fuß nach hinten strecken.
g) Mit gekreuzten Händen fahren.
h) Rückwärts auf dem Lenker sitzend Fahrrad fahren.

Fahrräder

Fuß-Dribbling 129

Förderbereiche: Wahrnehmung, Geschicklichkeit

Zusatzmaterial: Bälle

Während des Fahrens versucht der Radfahrer einen Ball mit den Füßen zu kontrollieren.
a) Den Ball durch einen Parcours führen.
b) Mit einer Wand fortlaufend Doppelpass spielen.

Anhänger-Slalom 130

Förderbereiche: Geschicklichkeit, Wahrnehmung, Problemlösung

Zusatzmaterialien: Seile, Gegenstand (z.B. Karton, Reifen, Dose etc.)

An ein Fahrrad ist ein kurzes Seil gebunden, an dessen Ende ein Gegenstand befestigt ist. Mit dem Fahrrad und diesem „Anhänger" durch einen Slalomparcours fahren, ohne die Markierungen zu berühren.

Zeitgenau 131

 Förderbereiche: Wahrnehmung, Geschicklichkeit

 Zusatzmaterialien: Uhr

Eine Strecke (z.B. Sportplatzrunde) möglichst genau in einer vorgegebenen Zeit (z.B. 30 Sekunden, 1 Minute, 5 Minuten) fahren.

Bike-Graffiti 132

 Förderbereiche: Geschicklichkeit, Wahrnehmung, Kreativität

 Zusatzmaterialien: Kreide

Der Fahrradfahrer hält in einer Hand ein Stück Kreide und versucht im Fahren eine Zeichnung an der Wand (z.B. Haus, Auto, Smily) anzufertigen. Dabei darf er sich nicht an der Wand abstützen oder mit dem Fuß den Boden berühren. Für das Anfertigen der Zeichnung wird eine Zeit vorgegeben, in der der Fahrradfahrer beliebig oft zu seiner Zeichnung fahren kann.

Variation 1:
Den eigenen Namen an die Wand schreiben.

Variation 2:
Profis versuchen ein Bild auf dem Schulhof zu malen.

Lancelot 133

 Förderbereiche: Geschicklichkeit, Wahrnehmung

 Zusatzmaterialien: Stangen, Gegenstand (z.B. Dose, Plastikflasche etc.)

Eine Person fährt mit einer langen Stange unter einem Arm (z.B. Hochsprungstange) auf einen Tisch/eine Mauer zu. Darauf steht ein Gegenstand, der im Vorbeifahren heruntergestoßen werden soll.

Variation:
An dem einen Ende des Stabes wird ein Reißnagel befestigt. Mit dieser Lanze versuchen die Spieler im Vorbeifahren einen Luftballon zu zerstechen.

Fahrräder

Doppelte Vorderräder   134

 Förderbereiche: Geschicklichkeit, Wahrnehmung

 Zusatzmaterialien: Rollbretter

 Sicherheitshinweis/Risikofaktor 2: Motorisch anspruchsvolle Übung, Sturzgefahr!

Eine Person fährt langsam mit dem Fahrrad auf ein Rollbrett zu. Unmittelbar vor dem Rollbrett hebt sie das Vorderrad mit Schwung an und stellt es auf das Rollbrett. In dieser Stellung versucht er weiterzufahren.

Abschleppdienst   135

 Förderbereiche: Wahrnehmung, Geschicklichkeit, Kooperation

Ein Fahrer muss ein zweites Fahrrad durch einen Hindernisparcours führen.

Variation 1:
Auf dem mitzuführenden Rad sitzt ein Partner, der nicht lenken und treten darf.

Variation 2:
Als Staffelwettbewerb: Die Übergabe muss im Laufen erfolgen.

Blindenführer   136

 Förderbereiche: Wahrnehmung, Kooperation, Vertrauen

 Zusatzmaterialien: Augenbinden

Ein Radfahrer fährt mit verbundenen Augen über den Schulhof. Er wird von einem neben ihm hergehenden Partner am Oberarm geführt.

Variation:
Der „blinde" Radfahrer stützt sich mit einer Hand auf die Schulter eines neben ihm fahrenden Partners.

Tandem 137

 Förderbereiche: Kooperation, Wahrnehmung, Geschicklichkeit

Sicherheitshinweis/Risikofaktor 2: Motorisch anspruchsvolle Übung, Sturzgefahr! Insbesondere bei den Aufgaben c und d.

a) Ein Fahrer schiebt seinen neben ihm befindlichen Partner mit einer Hand an der Schulter oder am Sattel.
b) Ein Fahrer lässt sich von seinem Partner durch einen Parcours ziehen, indem er sich am Oberarm festhält.
c) Eine Person steht mit je einem Bein auf den inneren Pedalen zweier nebeneinander stehenden Fahrräder und steuert mit je einer Hand die beiden Lenker. Dieser Tandemlenker wird von seinem Partner am Rücken geschoben.
d) Eine Person steht in der Mitte zweier Fahrräder. Er schiebt und steuert beide Fahrräder, während sein Partner mit je einem Bein auf dem Gepäckträger oder Sattel steht und dabei die Hände auf den Schultern seines Partners aufstützt.

Werfen und Fangen 138

 Förderbereiche: Wahrnehmung, Kooperation, Geschicklichkeit

 Zusatzmaterialien: kleine Gegenstände (Tennisbälle, Korken, Bierdeckel etc.), Eimer/Karton

Ein Fahrradfahrer muss verschiedene Gegenstände während des Fahrens in einen vom Partner gehaltenen Eimer oder Karton werfen. Der Partner hilft die Bälle aufzufangen, darf aber einen markierten kleinen Fangkreis nicht verlassen. Der Fahrradfahrer darf einen um den Fangkreis markierten Bereich nicht befahren. Welches Team erzielt die meisten Treffer in der vorher vereinbarten Zeit?

Variation 1:
Die Gegenstände liegen in einem Karton und müssen vom Fahrer, ohne abzusteigen, während der Fahrt aufgenommen werden.

Variation 2:
Bei einem Fehlwurf muss eine Strafrunde gefahren werden.

Variation 3:
Bei einem Fehlwurf werden die Aufgaben gewechselt. Der Fahrer wird zum Fänger und umgekehrt.

Fahrräder

Partnerakrobatik 139

 Förderbereiche: Kooperation, Wahrnehmung, Geschicklichkeit

 Sicherheitshinweis/Risikofaktor 1: Sturzgefahr bei mangelnder Teamarbeit!

a) Zwei Personen legen sich gegenseitig einen Arm auf die Schulter und fahren in dieser Position kreuz und quer über den Schulhof oder eine große Acht.
b) Zwei Partner fahren nebeneinander. A hat beide Füße auf dem Lenker und wird von B mit einem Bein vorwärts geschoben.
c) A und B befinden sich gemeinsam auf einem Fahrrad. Während A das Rad durch einen Parcours fährt und steuert, versucht B auf dem Sattel sitzend mit beiden Händen ein Tablett, auf dem mehrere Wasserbecher stehen, im Gleichgewicht zu halten.

Stillstehen 140

 Förderbereiche: Kooperation, Wahrnehmung, Geschicklichkeit

a) Zwei parallel zueinander fahrende Partner versuchen, ohne den Boden zu berühren, zehn Sekunden anzuhalten und wieder weiterzufahren. Beim Stillstand dürfen sie sich gegenseitig abstützen. Profis stützen sich nur Schulter an Schulter.
b) Zwei Partner fahren langsam aufeinander zu. Beide fassen bei der Begegnung mit einer Hand den Lenker des anderen und versuchen im Wechsel anzuhalten und wieder weiterzufahren.

Sport & Spiel mit Alltagsmaterial

Ohne Treten 141

 Förderbereiche: Kooperation, Geschicklichkeit, Wahrnehmung

Zwei Partner fahren langsam mit Handfassung nebeneinander und hören dann auf zu treten. Die Partner ziehen sich abwechselnd nach vorne und bewegen sich so, ohne zu treten, nach vorne.

Kleidertausch 142

 Förderbereiche: Kooperation, Wahrnehmung, Geschicklichkeit

Zwei Radfahrer tauschen während des Fahrens die Jacken oder Sweatshirts. Die Kleidungsstücke werden ausgezogen und an den Partner übergeben, der die fremde Bekleidung dann anziehen muss.

Luftballon-Volley 143

 Förderbereiche: Wahrnehmung, Geschicklichkeit, Kooperation

 Zusatzmaterialien: Luftballons

Zwei Partner spielen sich, während sie Fahrrad fahren, einen Luftballon mit verschiedenen Körperteilen (Händen, Füßen, Kopf/Schulter) zu, ohne dass er zu Boden fällt.

Durch das Fahrrad 144

 Förderbereiche: Kooperation, Wahrnehmung, Geschicklichkeit

 Zusatzmaterialien: Bälle

 Sicherheitshinweis/Risikofaktor 3: Motorisch sehr anspruchsvolle Übung, Sturzgefahr bei mangelnder Teamarbeit!

Ein Spieler fährt mit dem Fahrrad. Sein Partner versucht in einer vorgegebenen Zeit möglichst oft einen Ball zwischen den Rädern durchzuspielen. Der Radfahrer muss während der Fahrt immer beide Füße auf den Pedalen haben.

Fahrräder

Troika　　　145

 Förderbereiche: Kooperation, Geschicklichkeit, Wahrnehmung

 Sicherheitshinweis/Risikofaktor 3: Motorisch sehr anspruchsvolle Aufgabe, Sturzgefahr bei mangelnder Teamarbeit!

Drei Partner fahren nebeneinander. Die beiden außen fahrenden Personen greifen mit ihrer jeweiligen Innenhand an den Lenker des in der Mitte Fahrenden. Der mittlere Radfahrer greift mit seinen Händen jeweils die Lenker der Nachbarn. In dieser Position möglichst lange fahren ohne abzusteigen.

Schneckenrennen　　　146

 Förderbereiche: Geschicklichkeit, Wahrnehmung

Mehrere Fahrer versuchen gleichzeitig eine markierte Strecke möglichst langsam in ihrer 2–3 m breiten Fahrspur zurückzulegen. Wer mit dem Fuß absteigt oder die Fahrspur verlässt, scheidet aus.

Drei und ein Fahrrad　　　147

 Förderbereiche: Ausdauer, Problemlösung, Kooperation

Drei Personen müssen eine vorgegebene Strecke möglichst schnell zurücklegen. Zwei Personen müssen immer laufen, eine Person kann zur Erholung auf ein Fahrrad wechseln.

Sprint　　　148

 Förderbereiche: Schnelligkeit

Mehrere Fahrer starten gleichzeitig nebeneinander und versuchen die vorgegebene Strecke möglichst schnell zurückzulegen.

Variation:
Die Fahrer müssen zu ihrem auf dem Boden liegenden Rad laufen und fahren erst dann die Sprintstrecke.

Handicap-Sprint (149)

 Förderbereiche: Problemlösung, Schnelligkeit, Kooperation

Die zu absolvierende Sprintstrecke wird entsprechend dem Leistungsvermögen verkürzt. Die beiden (oder mehrere) Gegner einigen sich auf die jeweiligen Startpunkte. Wer sich stärker einschätzt, gibt seinem Gegner einen Vorsprung.

Mannschaftssprint (150)

 Förderbereiche: Schnelligkeit, Problemlösung, Kooperation

 Zusatzmaterialien: Kreide

Zwei Mannschaften stellen sich hinter den gegenüberliegenden eigenen Grundlinien auf. Die Platzmittellinie wird mit einem Kreidestrich markiert. Die Sprintpaarungen werden zufällig bestimmt. Dazu wird jedem Fahrer eine Karte aus einem Kartenspiel zugeordnet. Der Spielleiter zieht vor jedem Duell aus beiden Stapeln zwei Karten und bestimmt so die jeweiligen Fahrer. Sie sprinten auf ein Kommando zur entgegengesetzten Seite. Sieger ist derjenige, der zuerst die Mitte mit seinem Vorderrad erreicht. Sein Team erhält einen Punkt. Welche Mannschaft erzielt die meisten Punkte bei drei Wertungsdurchgängen?

Variation:
Die Mannschaften bestimmen entsprechend ihrem Leistungsvermögen eigenverantwortlich eine Rangfolge, in der sie sich aufstellen. Es treten immer die beiden Fahrer der gleichen Rangplätze gegeneinander an.

Verfolgung (151)

 Förderbereiche: Ausdauer

Vier gleichmäßig auf der Sportplatzbahn verteilte Personen starten gleichzeitig und versuchen sich einzuholen. Wer eingeholt wird, scheidet aus.

Variation:
Konditionsstarke Person müssen auf der Außenbahn fahren. Wer eingeholt wird, scheidet aus.

Fahrräder

Turmbau 152

 Förderbereiche: Wahrnehmung, Geschicklichkeit

 Zusatzmaterialien: Dosen/Kartons, Tisch

Nacheinander muss jedes Gruppenmitglied im Vorbeifahren von einem Tisch eine Dose oder Karton mitnehmen und auf einem 5 m entfernten zweiten Tisch übereinander stapeln. Welche Gruppe hat zuerst alle Gegenstände übereinander gestapelt?

Variation:
Welche Gruppe baut den höchsten Turm?

Rasender Karton 153

 Förderbereiche: Schnelligkeit, Wahrnehmung, Geschicklichkeit

 Zusatzmaterialien: Seile, Kartons, verschiedene Gegenstände (z.B. Tennisbälle, Bierdeckel, Korken, Dosen etc.)

An ein Fahrrad wird ein 2 m langes Seil mit einem Karton gebunden. Eine Person fährt eine markierte Strecke mit diesem Fahrrad in einer 3–5 m breiten Bahn. Um die Bahn steht die gesamte Gruppe mit jeweils einem Gegenstand. Ohne die Bahn zu betreten, versuchen die Gruppenmitglieder ihren Gegenstand in den „vorbeifahrenden" Karton zu werfen. Welcher Fahrer bringt die wenigsten Gegenstände ins Ziel?

Teamfahren

 Förderbereiche: Ausdauer, Kooperation

 Sicherheitshinweis/Risikofaktor 2: Bei zu dichtem Auffahren bzw. mangelnder Teamarbeit Sturzgefahr!

Eine Gruppe von drei bis fünf Fahrern fährt dicht hintereinander im Windschatten des Vordermanns auf einer Leichtathletikrundbahn. Nach jeder Runde (oder halben Runde) wird die Führung gewechselt. Der vorne fahrende Fahrer schert dann nach außen aus, lässt sich von der Gruppe überholen und reiht sich am Ende der Gruppe wieder ein. Die Gruppe soll die Geschwindigkeit möglichst konstant halten und identische Rundenzeiten fahren.

Variation:
Die Gruppe soll eine vorgegebene Strecke (z.B. 5 000 m) möglichst schnell absolvieren. Die Zeit wird gestoppt, sobald der letzte Fahrer im Ziel ist. Die Führungswechsel werden von der Gruppe eigenverantwortlich gestaltet.

Flinke Sammler

 Förderbereiche: Wahrnehmung, Schnelligkeit, Geschicklichkeit

 Zusatzmaterialien: Alltagsgegenstände (z.B. Kartons, Dosen, Plastikflaschen etc.)

 Sicherheitshinweis/Risikofaktor 2: Sturzgefahr und Gefahr von Zusammenstößen!

Auf dem Schulhof sind Gegenstände verteilt, einer weniger als Teilnehmer. Alle Spieler fahren durcheinander und müssen auf ein Signal zu einem Gegenstand fahren und ihn ohne abzusteigen aufheben. Wer den Boden berührt oder keinen Gegenstand hat, scheidet aus.

Variation:
Die Gegenstände befinden sich in einem markierten Spielfeld. Die Spieler fahren bis zum Signal im Uhrzeigersinn um das Feld herum.

Fahrräder

Bänderjagd 156

 Förderbereiche: Wahrnehmung, Schnelligkeit, Geschicklichkeit

 Zusatzmaterialien: Parteibänder

 Sicherheitshinweis/Risikofaktor 2: Sturzgefahr und Gefahr von Zusammenstößen!

Alle Fahrradfahrer haben am Gepäckträger ein Band eingeklemmt. Zwei bis drei Jäger ohne Band versuchen ein Band vom Gepäckträger eines der Mitspieler zu ziehen. Derjenige, der sein Band verliert, wird zum neuen Fänger. Der alte Fänger klemmt das erbeutete Band auf den Gepäckträger.

Strafrunden-Fangen 157

 Förderbereiche: Wahrnehmung, Schnelligkeit, Geschicklichkeit

 Sicherheitshinweis/Risikofaktor 2: Sturzgefahr und Gefahr von Zusammenstößen!

In einem markierten Spielfeld versuchen ein bis zwei Fänger die übrigen Mitspieler abzuschlagen. Wer gefangen wird, mit dem Fuß den Boden berührt oder das Spielfeld verlässt, muss eine Strafrunde um das Feld fahren. Danach kann er wieder mitspielen. Schaffen es die Fänger, das Feld ganz von Spielern zu befreien?

Fahrrad-Basketball 158

 Förderbereiche: Geschicklichkeit, Wahrnehmung, Kooperation

 Zusatzmaterialien: Basketball, Basketballkörbe

 Sicherheitshinweis/Risikofaktor 2: Sturzgefahr und Gefahr von Zusammenstößen!

Zwei Mannschaften spielen gegeneinander Basketball auf zwei Körbe. Mit dem Ball in der Hand darf nur 2–3 m weit gefahren werden. Bei Verstoß gegen die „Schrittregel" oder Foulspiel muss der Spieler eine Strafrunde um das Spielfeld fahren.

Sport & Spiel mit Alltagsmaterial

Luftballon-Staffel   159

 Förderbereiche: Wahrnehmung, Geschicklichkeit

 Zusatzmaterialien: Luftballons, ggf. Brett, Kreide

Ein Fahrradfahrer transportiert einen Luftballon auf dem Sattel durch vorsichtiges Draufsetzen von A nach B. Der Weg sollte verschiedene Schwierigkeiten aufweisen. Zum Beispiel: Kurvenfahrten, Fahrt durch eine enge Gasse, über eine Wippe oder ein Brett. Der Ballon wird in einer Wechselzone übergeben. Geht der Ballon auf der Fahrt verloren oder zerplatzt er, muss die gesamte Gruppe eine Strafrunde fahren.

Fahrrad-Polo   160

 Förderbereiche: Wahrnehmung, Schnelligkeit, Geschicklichkeit

 Zusatzmaterialien: Hockeyschläger, Ball

 Sicherheitshinweis/Risikofaktor 2: Sturzgefahr und Gefahr von Zusammenstößen; Verletzungsgefahr durch unsachgemäßen Einsatz des Schlägers!

Zwei Mannschaften spielen gegeneinander auf zwei Tore Hockey mit folgenden Regeln: Der Schläger darf nicht über Radhöhe geschwungen werden. Der Fuß darf den Boden berühren. Man darf den Gegner nicht umfahren. Wer gegen die Regeln verstößt, muss eine Strafrunde um das Spielfeld fahren.

Fahrräder

Wasserschlacht 161

 Förderbereiche: Wahrnehmung, Geschicklichkeit, Schnelligkeit

 Zusatzmaterialien: Kunststoffflasche

Alle Fahrer haben eine Wasserflasche und versuchen sich in einem abgesteckten Raum gegenseitig nass zu spritzen.
Anmerkung: Besonders geeignet sind Kunststoffflaschen mit einem Trinkverschluss, mit denen ein Wasserstrahl erzeugt werden kann.

Variation:
Getroffene Spieler scheiden aus.

Würfel-Radfahren 162

 Förderbereiche: Ausdauer

 Zusatzmaterialien: Würfel

Mehrere Mannschaften fahren gegeneinander um einen Rundparcours (z.B. Sportplatzrunde). Jedes Mannschaftsmitglied muss vor der Fahrt zuerst würfeln. Die Zahl gibt an, welche Aufgabe zu erfüllen ist:
1 = Eine Runde fahren.
2 = Zwei Runden fahren.
3 = Auf den Gepäckträger setzen und ein Runde fahren.
4 = Mit einem Partner auf dem Gepäckträger eine Runde fahren.
5 = Eine Runde rollern.
6 = Alle Gruppenmitglieder müssen eine Runde fahren.

Sport & Spiel mit Alltagsmaterial

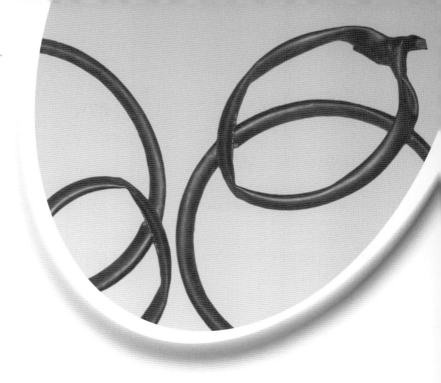

Fahrradschläuche

Fahrradschläuche eignen sich besonders zum Krafttraining und sind eine billige Alternative für ein Thera- oder Deuserband oder ein Tube. Der Widerstand des Schlauches ist durch die verschiedenen Griffbreiten und durch Vervielfältigung der Bahnen beliebig einstellbar. Durch das Zusammenknoten zweier Schläuche kann die Länge variiert werden. Aus sicherheitstechnischen Gründen sollte man den Schlauch am Ventil auseinander schneiden und das Stahlventil entfernen. Einen guten Griff erhält man, wenn man die Enden des Schlauches verknotet.

Fahrradschläuche

Rudern   163
(Schulter- und Rückenmuskulatur)

 Förderbereiche: Kraft

Eine Person sitzt mit leicht angewinkelten Beinen auf dem Boden. Der Rücken ist gerade. Aus dieser Position die Fußsohlen im Sitzen gegen den Schlauch drücken. Für einen besseren Halt kann der Schlauch um die Füße geschlungen werden. Die Hände dicht an den Beinen vorbei nach hinten ziehen. In der Endposition befinden sich die Hände zwischen Brust- und Bauchnabelhöhe dicht am dem Körper.

Bizepscurl   164
(vordere Oberarmmuskulatur)

 Förderbereiche: Kraft

 Zusatzmaterialien: kleine Kästen

Eine Person sitzt mit leicht nach vorne geneigtem Oberkörper auf einem kleinen Kasten. Der rechte Ellbogen liegt auf dem rechten Oberschenkel auf. Mit dem rechten Fuß nun auf ein Schlauchende stellen und das andere Ende mit der rechten Hand fassen. In dieser Position den Unterarm im Ellbogengelenk beugen und strecken.

Kickback   165
(hintere Oberarmmuskulatur)

 Förderbereiche: Kraft

Der Sportler steht in leichter Schrittstellung und beugt den Oberkörper über das vordere Bein, sodass Kopf, Rücken und das hintere Bein eine Linie bilden. Die Hände fassen die Schlauchenden, die Schlauchmitte ist unter dem vorderen Fuß am Boden fixiert. Der Oberarm wird so weit angehoben, dass sich der Ellbogen deutlich hinter dem Rücken befindet, und so weit gestreckt, dass bereits ein leichter Zug zu spüren ist. Den Unterarm nach hinten strecken und wieder zurückführen.

Schulterziehen
(Schultermuskulatur)

166

 Förderbereiche: Kraft

Mit beiden Füßen auf den Schlauch stellen und mit nach unten gerichteten Armen die Schlauchenden mit beiden Händen festhalten. Aus dieser Position die Schultern gleichzeitig hochziehen, wobei die Arme jedoch stets gestreckt bleiben.

Crunches
(Bauchmuskulatur)

167

 Förderbereiche: Kraft

 Zusatzmaterialien: Sprossenwand

Die Enden des Fahrradschlauches werden etwa 20–30 cm über dem Boden an eine Sprossenwand geknotet. Der Sportler legt sich auf den Rücken und drückt die Fersen der leicht angewinkelten Beine auf den Boden. Die Hände der gestreckten Arme umfassen die Schlauchmitte über dem Kopf. Den Schlauch nun langsam nach vorne ziehen und Kopf und Schultern leicht anheben. Anschließend wieder langsam zurückführen.

Rückenzug
(Rücken- und Schultermuskulatur)

168

 Förderbereiche: Kraft

 Zusatzmaterialien: Sprossenwand

Ein Fahrradschlauch wird über kreuz um die Sprosse einer Sprossenwand gelegt. Der Sportler legt sich auf den Bauch und greift mit den Händen die Schlauchenden, so dass die Ellenbogengelenke leicht angewinkelt sind. Mit leicht angespannter Bauch- und Pomuskulatur die beiden Arme gleichzeitig nach hinten ziehen, wobei die Ellbogen parallel zum Boden geführt werden. Den Kopf während der Ausführung nicht in den Nacken nehmen, die Augen schauen immer zum Boden.

Fahrradschläuche

Becken heben
(Gesäß- und Oberschenkelmuskulatur)

 Förderbereiche: Kraft

 Eine Person legt sich auf den Rücken. Ein Bein nun leicht angewinkelt auf den Boden stellen und das andere, im Knie 90 Grad angewinkelte Bein in der Luft halten. Den Schlauch über das Schienbein des in der Luft gehaltenen Beins legen. Die Hände halten die Schlauchenden und liegen seitlich neben dem Körper. Aus dieser Position das Becken gegen den Widerstand anheben (maximal bis Oberschenkel und Oberkörper eine Linie bilden) und wieder senken. Dabei bleibt der 90-Grad-Winkel im Kniegelenk die ganze Zeit erhalten.

Fußstreckung
(Wadenmuskulatur)

 Förderbereiche: Kraft

Eine Person sitzt mit gestreckten Beinen auf dem Boden. Der Fahrradschlauch wird um die Vorderfüße gelegt und mit den Händen gespannt gehalten. In dieser Position die Fußspitzen gegen den Widerstand strecken und anziehen.

Innenseitpass
(Hüftstabilisatoren, Adduktoren)

 Förderbereiche: Kraft

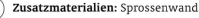 **Zusatzmaterialien:** Sprossenwand

Den Schlauch in Knöchelhöhe um eine Sprossenwand legen und zu einer Schlaufe zusammenknoten. Der Sportler stellt sich nun seitlich neben die Sprossenwand, tritt mit dem inneren Bein in die Schlauchschlaufe und fixiert sie oberhalb des Sprunggelenks. Das innere Bein gegen den Widerstand des Schlauches nach außen zum Standbein ziehen (kein Hohlkreuz).

Kicken 172
(vordere Oberschenkelmuskulatur)

 Förderbereiche: Kraft

 Zusatzmaterialien: Sprossenwand

Der Schlauch wird in Knöchelhöhe um eine Sprossenwand gelegt und zu einer Schlaufe zusammengeknotet. Der Sportler stellt sich dann mit dem Rücken zur Sprossenwand. Ein Bein stellt er in die Schlauchschlaufe und fixiert sie oberhalb des Sprunggelenks. Nun wird der Unterschenkel gegen den Widerstand des Schlauches nach vorne geführt. Bei der Beinbewegung das Becken und die Lendenwirbelsäule anspannen und stabilisieren (kein Hohlkreuz).

Baumstamm ziehen

 Förderbereiche: Kraft, Kooperation

Eine Person legt sich auf den Rücken und fasst mit beiden Händen die Schlauchmitten. Der Partner zieht diesen „Baumstamm" vorsichtig durch den Raum.

Skippings

 Förderbereiche: Schnelligkeit, Kooperation

Der Vordermann hat den Schlauch um die Hüften gelegt und sprintet gegen den leicht nachgebenden Widerstand des Hintermanns nach vorne. Während des Laufs die Oberschenkel mit höchstem Tempo immer bis zur Waagerechten anheben.

Fahrradschläuche

Kräfte messen

➡ **Förderbereiche:** Kraft

Zwei Personen halten einen Fahrradschlauch mit einer Hand (oder beiden Händen) fest und versuchen sich auf ein Startkommando über eine Linie zu ziehen.

Variation 1:
Es werden zwei bis drei Schläuche aneinander geknotet. Die beiden Personen stehen auf zwei Turnmatten und versuchen den Gegner von seiner Matte zu ziehen.

Variation 2:
Ausführung in Bauchlage.

Nackenziehen

➡ **Förderbereiche:** Kraft, Wahrnehmung

Zwei Personen befinden sich gegenüber im Liegestütz. Sie sind durch eine Linie getrennt. Beiden wird ein zusammengeknoteter Fahrradschlauch um den Hals gelegt. Jeder versucht nun, nur mit der Kraft des Nackens, seinen Gegner über die Linie zu ziehen. Gewinner ist auch, wer den Gegner so zieht, dass ihm der Kopf aus der Schlinge rutscht.

Schlauchführung

➡ **Förderbereiche:** Wahrnehmung, Kooperation, Vertrauen

✋ **Zusatzmaterialien:** Augenbinden

Zwei Partner halten zwei Fahrradschläuche parallel, sodass jeder in jeder Hand ein Schlauchende hat. Der hintere Spieler schließt nun die Augen und wird von seinem Partner mithilfe der Schläuche durch den Raum geführt. Der „blinde" Spieler beschreibt, bevor er die Augen wieder öffnet, die momentane Position im Raum.

Variation:
Der vordere Spieler schließt die Augen und wird über Zug und Entspannung des Schlauches geführt.

Elastische Fesseln 178

 Förderbereiche: Geschicklichkeit, Wahrnehmung, Kraft

 Zusatzmaterialien: Turnmatten

Zwei Personen sind mit einem Fahrradschlauch an den Fußgelenken miteinander verbunden. Auf ein Startsignal versuchen beide, ihren Partner durch geschickte, schnelle Beinbewegungen aus dem Gleichgewicht zu bringen und selber stehen zu bleiben.

Variation:
Vier miteinander verbundene Personen kämpfen gegeneinander.

Zwille 179

 Förderbereiche: Kooperation, Geschicklichkeit

 Zusatzmaterialien: kleine Gegenstände (Tischtennisball, Korken etc.), evtl. Kasten

A hält mit gestreckten Armen die Enden eines Fahrradschlauches über den Kopf. B legt einen kleinen Gegenstand in die Rundung und spannt den Schlauch. Welches Team kann am weitesten schießen?

Variation 1:
Mit den Geschossen müssen entweder verschiedene Gegenstände abgeschossen werden oder sie sollen in einem Ziel landen (z.B. Kasten).

Variation 2:
Ausführung im Dreierteam, wobei der Schlauch zwischen zwei Personen gespannt wird.

Fahrradschläuche

Seilschaften 180

 Förderbereiche: Kooperation, Geschicklichkeit, Wahrnehmung

Zusatzmaterialien: Hindernisse

Zwei Schläuche werden zusammengebunden. Zwei Personen steigen in die Schlaufe und spannen den Schlauch ohne Hände nur mit dem Oberkörper. Ohne dass der Schlauch zu Boden rutscht, überwindet das Paar einen Hindernisparcours.

Variation:
Als Fangspiel. Das Pärchen, das von den Fängern berührt wird oder dessen Schlauch zu Boden rutscht, wird zum neuen Fängerpaar.

Geschickte Knie 181

 Förderbereiche: Geschicklichkeit, Wahrnehmung, Problemlösung

 Zusatzmaterialien: Stühle

Eine Gruppe von Spielern sitzt im Kreis auf Stühlen. Die Hände halten sie hinter dem Rücken. Ein Spieler bekommt den Fahrradschlauch auf den Schoß gelegt. Der Schlauch soll ohne Zuhilfenahme der Hände an den jeweils links sitzenden Nachbarn weitergegeben werden. Die Spieler dürfen dabei nicht aufstehen.

Kartons und Schachteln

Pappkartons und Schachteln sind relativ einfach zu beschaffen, etwa im Elektrogroßmarkt oder in Möbelgeschäften. Bananenkisten kann man kostenlos in Supermärkten und kleinere Schuhkartons in Schuhgeschäften bekommen. Eine besondere Alternative stellen stabile Umzugskartons dar, da sie zum Hineinkriechen und Verstecken animieren. Darüber hinaus können sie auch wieder klein zusammengefaltet werden und beanspruchen wenig Lagerplatz.

Kartons und Schachteln

Schiebebahnhof 182

 Förderbereiche: Wahrnehmung, Geschicklichkeit

Eine Person schiebt eine Reihe von unterschiedlichen Kartons gleichzeitig quer durch den Raum. Dabei darf nur der Karton am Ende geschoben werden. Wer schafft es, dass kein Karton „aus der Reihe tanzt"?

Kartonschuhlaufen 183

 Förderbereiche: Wahrnehmung, Geschicklichkeit

Eine Person steht mit jeweils einem Fuß in einem Karton und bewegt sich wie ein Schlittschuhläufer durch die Halle. Dabei sollen Richtung und Geschwindigkeit variiert werden.

Tunnel 184

 Förderbereiche: Wahrnehmung, Geschicklichkeit

Mehrere Kartons werden zu einem niedrigen Tunnel übereinander gestapelt. Die Aufgabe besteht darin, durch diesen engen Schachteltunnel zu kriechen, ohne ihn umzustoßen.

Variation:
Durch hintereinander gereihte (oben und unten geöffnete) Schachteln kriechen.

Schmale Gasse 185

 Förderbereiche: Wahrnehmung, Geschicklichkeit

Zwei Reihen von Kartons werden zu einer verwinkelten, engen Gasse gestapelt. Der Spieler versucht sich durch diese schmale Kartongasse zu bewegen, ohne die Schachteln umzustoßen.

Karton-Rolle 186

 Förderbereiche: Wahrnehmung, Geschicklichkeit

 Zusatzmaterialien: Turnmatte

Eine Person klemmt eine kleine Schachtel mit den Füßen ein und führt damit eine Rolle vorwärts (auf einer Turnmatte) aus, ohne die Schachtel zu verlieren.

Bewegliche Hürde 187

 Förderbereiche: Wahrnehmung, Geschicklichkeit

 Sicherheitshinweis/Risikofaktor 1: Sturzgefahr bei falschem Timing!

Ein Spieler schubst einen Karton kontrolliert nach vorne über den Boden und versucht den Karton während des Rutschens zu überspringen.

Fummelkiste 188

 Förderbereiche: Wahrnehmung

 Zusatzmaterialien: Alltagsgegenstände

In einem verschlossenen Karton mit ein oder zwei Handöffnungen sind verschiedene Gegenstände enthalten. Nur durch Tasten soll erraten werden, um was für Gegenstände es sich handelt. Nach dem ausgiebigen Tasten öffnet jede Person den Karton und kontrolliert, ob sie alle Gegenstände richtig erfühlt hat.

Kartons und Schachteln

Rein in den Karton 189

 Förderbereiche: Geschicklichkeit, Wahrnehmung

 Zusatzmaterialien: Bälle/Alltagsgegenstände

Auf dem Boden/auf einer Langbank stehen Kartons. Der Spieler versucht Bälle (oder andere Gegenstände) hineinzuwerfen. Wer erzielt mit einer bestimmten Anzahl von Würfen die meisten Punkte?

Minischachtel pusten 190

 Förderbereiche: Wahrnehmung, Geschicklichkeit

 Zusatzmaterialien: kleine Schachteln (z.B. Zigarettenschachtel, Streichholzschachtel)

Eine Person versucht kleine Schachteln durch (einmaliges) Pusten so weit wie möglich nach vorne zu treiben.

Variation:
Eine Schachtel mit einmal Blasen in einen Zielkreis mit unterschiedlicher Punktezahl pusten.

Schachtel-Transport 191

 Förderbereiche: Kooperation, Geschicklichkeit, Wahrnehmung

Zwei Personen heben mit je einem Karton gemeinsam einen dritten Karton und transportieren ihn ins Ziel.

Variation:
Als Wettbewerb: Welches Team transportiert in der vorgegebenen Zeit die meisten Kartons?

Fallobst 192

 Förderbereiche: Geschicklichkeit, Wahrnehmung

 Zusatzmaterialien: Langbänke

 Sicherheitshinweis/Risikofaktor 1:
Gefahr durch das Spielgerät bei übermütigem bzw. regelwidrigem Verhalten!

Zwei Langbänke werden umgedreht und im Abstand von 1–2 m parallel zueinander gestellt. Die beiden Personen stehen sich auf den Bänken gegenüber und halten jeweils einen Karton in den Händen. Mithilfe des Kartons wird versucht, den Partner von der Bank zu schieben (nicht zu schlagen!).

Variation 1:
Die umgedrehten Bänke sind auf Stäben gelagert.

Variation 2:
Die Spieler müssen immer beide Hände am Karton haben.

Zielkarton 193

 Förderbereiche: Kooperation, Wahrnehmung, Geschicklichkeit

 Zusatzmaterialien: (Tennis)Bälle

Ein Spieler wirft seinem Partner über eine vorher festgelegte Strecke einen Ball zu. Dieser versucht den Ball mit dem Karton aufzufangen, so dass er darin liegen bleibt.

Variation 1:
Der Ball wird indirekt geworfen.

Variation 2:
Der Werfer muss mit seinem schwachen Arm werfen.

Variation 3:
Der Ball wird rückwärts über Kopf geworfen.

Kartons und Schachteln

Sprungbahn-Architekten 194

 Förderbereiche: Kreativität, Kooperation, Kraft, Ausdauer

 Sicherheitshinweis/Risikofaktor 1: Bei falschem Timing bzw. mangelnder Sprungkraft Sturzgefahr!

Jede Kleingruppe baut eine Sprungbahn aus unterschiedlichen Hindernissen. Dabei sollen sowohl Höhe und Tiefe als auch Anzahl und Abstand der Hindernisse variiert werden. Nachdem die Gruppe ihre Sprungbahn selbst getestet hat, dürfen auch die anderen Sprungbahnen ausprobiert werden.

Auto fahren 195

 Förderbereiche: Kreativität, Wahrnehmung

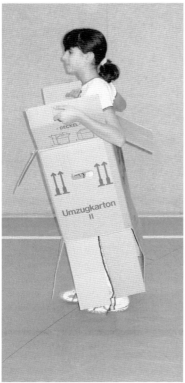

Jeder Spieler zieht sich einen oben und unten geöffneten (Umzugs)Karton über den Körper und hält ihn seitlich mit beiden Händen fest. Mit seinem „Auto" setzt jeder die Bewegungsanweisungen des Spielleiters um:

Motor aus/ein:	In den Karton setzen bzw. den Karton wieder zur Hüfte ziehen
Innenstadt-Fahrt:	Mit vielen Richtungswechseln eckig gehen (90 Grad)
Autobahn-Fahrt:	Schnell rennen
Bergstraße:	In Kurven gehen
Rote Ampel:	Stehen bleiben
Nacht-Fahrt:	Mit geschlossenen Augen vorsichtig bewegen
Stau:	Hintereinander stellen und langsam vorwärts gehen, zwischendurch stehen bleiben. Vorsicht, keine Auffahrunfälle!

Paketband 196

 Förderbereiche: Kooperation, Geschicklichkeit

Mehrere Personen sitzen mit gegrätschten Beinen in Fußreichweite vor einem Karton im Kreis. Vor einem Spieler befinden sich zwei übereinander gestapelte Kartons. Er klemmt nacheinander die Schachteln mit seinen Füßen ein, dreht sich um 180 Grad und übergibt in der Luft die Schachtel zum Nebenmann. Dieser befördert die gelieferte Schachtel mit den Füßen zu seinem Hintermann usw.

Die große Mauer 197

 Förderbereiche: Problemlösung, Kooperation, Vertrauen, Wahrnehmung

 Sicherheitshinweis/Risikofaktor 1–2: Sturzgefahr bei mangelnder Teamarbeit oder ungenügender Körperspannung des zu Transportierenden.

Eine Gruppe von Personen steht rechts und links verteilt um eine hohe Kartonmauer. Ein Gruppenmitglied muss über die Kartonmauer transportiert werden. Dabei darf das Hindernis nicht berührt werden. Wird die Mauer berührt, muss eine weitere Person über die Mauer befördert werden. Die Gruppe entscheidet dabei selbst, welches Mitglied transportiert wird. Die Transporteure dürfen ihre Füße, während sie Kontakt zur transportierenden Personen haben, nicht bewegen.

Abrissunternehmen 198

 Förderbereiche: Kooperation, Geschicklichkeit, Wahrnehmung

 Zusatzmaterialien: Bälle

Jede Mannschaft baut in einen Kreis einen Turm aus 10–15 übereinander gestapelten Kartons. Auf Kommando versuchen die Spieler den gegnerischen Turm mit den zur Verfügung stehenden Bällen umzuwerfen und die Kartons aus dem Kreis zu befördern. Die Bälle dürfen, ohne die Gegner zu berühren und den Kreis zu betreten, abgewehrt werden. Welche Mannschaft hat zuerst die gegnerischen Kartons aus dem Kreis geworfen?

Kartons und Schachteln

Ruhestations-Fangen 199

 Förderbereiche: Schnelligkeit, Wahrnehmung

 Zusatzmaterialien: Parteiband

Mehrere (Bananen)Kartons stehen in einem markierten Spielfeld und dienen als Ruhestationen. Die mit einem Parteiband gekennzeichneten Fänger versuchen die übrigen Spieler abzuschlagen. Steht ein Spieler in einer Ruhestation, darf er nicht abgeschlagen werden. Es darf immer nur eine Person in einer Ruhestation stehen. Wer abgeschlagen wurde, wird zum Fänger und erhält das Parteiband.

Karton-Squash 200

 Förderbereiche: Geschicklichkeit, Wahrnehmung, Schnelligkeit

 Zusatzmaterialien: (Tennis)Bälle

Zwei Personen schlagen abwechselnd einen Ball mit ihren Kartons gegen eine Wand. In dem abgesteckten Feld wird bis 15 Punkte gespielt. Der Ball muss entweder direkt oder nach einmaligem Auftippen gespielt werden.

Karton-Boccia 201

 Förderbereiche: Geschicklichkeit, Wahrnehmung

Die Spieler versuchen ihre eigenen Schachteln möglichst nah an eine Zielmarkierung zu schieben.

Ab zur Sprungbahn 202

 Förderbereiche: Schnelligkeit, Wahrnehmung

Um ein markiertes Spielfeld wird aus Kartons eine Sprungbahn aufgebaut. In dem Spielfeld versucht eine Gruppe von Fängern die übrigen Mitspieler abzuschlagen. Wird ein Spieler abgeschlagen, muss er eine Runde auf der Sprungbahn absolvieren. Nach Beendigung der Runde darf er wieder ins Feld zurück. Schafft es die Fängergruppe, einmal alle Spieler gleichzeitig auf die Runde zu schicken?

Hochstapler 203

Förderbereiche: Wahrnehmung, Schnelligkeit

Zusatzmaterialien: Kleine Schachteln, Zeitungsrollen

Alle Spieler versuchen in zwei Minuten einen Turm aus kleinen Schachteln zu bauen. Mit einer Zeitungsrolle darf jeder Spieler die Türme der anderen Mitspieler während der Bauzeit zum Einsturz bringen. Die Angriffe der anderen darf man mit der Zeitungsrolle auch abwehren. Welcher Turm ist nach der vereinbarten Zeit der höchste?

Mobiler Karton 204

Förderbereiche: Kooperation, Wahrnehmung, Geschicklichkeit

Zusatzmaterialien: Zeitungsbälle/Tennisbälle

Zwei Mannschaften mit sechs bis acht Spielern spielen gegeneinander mit einem „Basketball". Als „Körbe" dienen zwei Kartons, die jeweils von einem Spieler der beiden Mannschaften gehalten werden. Diese Spieler dürfen sich nur in der Zone des Basketballfeldes aufhalten. Die übrigen Spieler dürfen die Zone nicht betreten. Durch geschicktes Agieren der Mannschaftsmitglieder mit ihrem mobilen Korb versuchen sie einen Punkt zu erzielen. Ein Punkt wird erzielt, wenn der Ball mit dem Karton gefangen wird.

Kartons und Schachteln

Kartonball   205

 Förderbereiche: Kooperation, Geschicklichkeit, Wahrnehmung

 Zusatzmaterialien: Tore

Alle Spieler zweier Mannschaften stehen jeweils in einem Karton, den sie während des ganzen Spiels nicht verlassen dürfen. Ziel des Spiels ist es, einen Ball ins gegnerische Tor zu werfen. Da die Spieler ihren Karton nicht verlassen dürfen, müssen sich die Partner den Ball genau zuspielen. Die Spieler können aber durch Hüpfen bzw. Rutschen im Karton ihre Position verändern.

Puzzlestaffel   206

 Förderbereiche: Schnelligkeit, Kooperation

 Zusatzmaterialien: zerschnittenes DIN-A4-Blatt als Puzzle

Die Mannschaftsmitglieder sollen nacheinander einzelne Puzzleteile aus einer gegenüberliegenden Schachtel holen und zusammensetzen. Am Startplatz befindet sich eine Vorlage des zusammenzusetzenden Bildes. In der Schachtel befinden sich als „Nieten" Puzzleteile, die nicht zur Vorlage gehören. Die Läufer der Teams starten, wenn der vorherige zurückgekehrt ist und ein Puzzleteil mitgebracht hat. Bringt ein Läufer eine Niete mit, muss dieses Puzzleteil durch den folgenden Läufer wieder zurückgebracht werden. Dabei darf aber kein neues Puzzleteil mitgebracht werden. Welche Mannschaft hat zuerst ihr Puzzle fertig?

Karton-Transportlauf   207

 Förderbereiche: Kooperation, Geschicklichkeit, Wahrnehmung

Die Gruppen werden durchnummeriert. Spieler eins und Spieler zwei transportieren einen zwischen ihren Köpfen eingeklemmten Karton durch ein Parcour hin und wieder zurück. Die Spieler dürfen den Karton während des Transports nicht mit den Händen berühren. Fällt der Karton zu Boden oder wird er mit den Händen berührt, muss das Team zurück zum Start und von vorne beginnen. Wieder an der Startlinie angekommen übernimmt Spieler drei für Spieler eins und läuft mit Spieler zwei die nächste Strecke. Anschließend transportieren Spieler drei und vier, dann vier und fünf usw.

Treffball 208

 Förderbereiche: Geschicklichkeit, Wahrnehmung, Kooperation

 Zusatzmaterialien: Langbänke, weiche Bälle

Zwischen zwei Mannschaften stehen Langbänke, auf denen eine Reihe von unterschiedlich großen Kartons steht. Jedes Team versucht mit (weichen!) Bällen die Kartons in das gegnerische Feld zu schießen.

Rikscha 209

 Förderbereiche: Kooperation, Kraft

 Zusatzmaterialien: Teppichfliese

Ein Pappkarton wird auf eine Teppichfliese gestellt. Ein Spieler setzt sich in den Karton und wird von einem anderen geschoben. An einer festgelegten Wendemarke wird gewechselt und der Geschobene wird zum Schieber. Wieder an der Startlinie angekommen wird das Pärchen ausgetauscht und es startet das nächste Zweierteam der Gruppe usw.

Variation:
Der im Karton auf der Teppichfliese sitzende (kniende) Spieler hält waagerecht einen Stab und wird von zwei Partnern gezogen.

Kartons und Schachteln

Hü-Hüpf   210

 Förderbereiche: Kraft, Ausdauer, Geschicklichkeit

Alle Spieler springen über eine Kartonreihe. Die Übungsaufgabe kann als Pendel- oder Umkehrstaffel durchgeführt werden:
a) Mit und ohne Zwischensprünge.
b) Mit geschlossenen Beinen.
c) In die Kartons und wieder hinaus.
d) Über eine Hindernisreihe mit wachsenden Hindernissen.

Pyramidenlauf   211

 Förderbereiche: Schnelligkeit, Ausdauer

Alle Mannschaften befinden sich hinter der Startlinie. Vor ihnen stehen im Abstand von 2–3 m fünf bis acht Kartons hintereinander in einer Linie. Auf Kommando rennen die ersten Spieler jeder Mannschaft um den zweiten Karton, laufen danach zurück zum ersten, umrunden diesen, laufen dann um den dritten Karton und wieder zurück zum ersten Karton usw. Nachdem der Spieler die gesamte Strecke absolviert hat, schlägt er den zweiten Läufer ab.

Kettenlaufen   212

 Förderbereiche: Schnelligkeit, Ausdauer, Kooperation

Der ausdauerndste Läufer läuft Slalom um die Karto, Kooperationns und zurück. Dann holt er den zweitstärksten Läufer ab und läuft mit ihm gemeinsam die Slalomstrecke. Beide holen anschließend den dritten Läufer ab usw.

Karton-Springen   213

 Förderbereiche: Geschicklichkeit, Schnelligkeit

Mehrere Kartons werden in einer Reihe aufgestellt (abwechselnd ein geöffneter und ein geschlossener Pappkarton). Jedes Mannschaftsmitglied muss die geschlossenen Kartons überspringen und durch die geöffneten Kartons kriechen.

Reitturnier 214

 Förderbereiche: Schnelligkeit, Kraft, Geschicklichkeit

 Sicherheitshinweis/Risikofaktor 1: Bei falschem Timing bzw. mangelnder Sprungkraft Sturzgefahr!

Ein viereckiger Parcours besteht aus vier verschiedenen Sprüngen: einer „zweifachen Kombination", einer „dreifachen Kombination" (zwei bzw. drei kurz hintereinander gestellte Kartons), einem „Hochweitsprung" (zwei oder drei zusammengestellte Kartons) und einem „Steilsprung" (zwei oder drei übereinander gestapelt Kartons). Pro Bahn wird ein Sprung bzw. eine Sprungkombination aufgebaut. Beim Mannschaftswettbewerb besetzt jedes der vier Teams eine Ecke des abgesteckten „Turnierfeldes". Jedes Mannschaftsmitglied bewältigt nacheinander eine Runde.

Variation:
Auch in Form eines „Sechs-Tage-Rennens" durchführbar.

Nashorn-Staffel 215

 Förderbereiche: Kooperation, Wahrnehmung, Geschicklichkeit

 Zusatzmaterialien: Streichholzschachteln

Eine leere Streichholzschachtel soll von einem Mannschaftsmitglied zum nächsten übergeben werden. Die Schachtel darf jedoch nur mit der Nase weitergegeben werden. Fällt die Schachtel herunter, muss wieder von vorne begonnen werden.

Welche Gruppe ist am schnellsten?

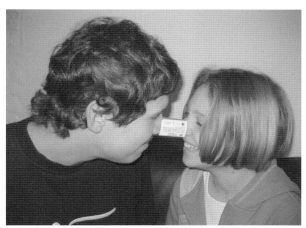

Kartons und Schachteln

Kartonwandern 216

 Förderbereiche: Geschicklichkeit, Kooperation

Jedes Team verteilt ihre Mannschaftsmitglieder gleichmäßig auf beiden Seiten der Halle. Bei dieser Pendelstaffel müssen alle Mannschaftsmitglied nacheinander möglichst schnell mithilfe zweier Kartons die andere Seite erreichen, ohne den Boden zu berühren. Die ersten Spieler jeder Mannschaft stehen an der Startlinie in einem Karton. Neben ihnen steht jeweils ein zweiter Karton. Auf Kommando setzen sie den zweiten Karton vor sich und steigen hinein, nehmen wieder den ersten Karton setzen ihn weiter, steigen hinein usw. Auf der anderen Seite angekommen erfolgt ein Wechsel und der zweite Spieler steigt in die Kartons und startet wieder zurück.

Anmerkung: Durch die Auswahl der Kartons kann eine Differenzierung erzielt werden.

Variation:
Zwei Spieler aus einer Mannschaft müssen gleichzeitig auf die andere Seite gelangen.

Korken

Korken sind leicht, sehr robust und in Restaurants oder Weinhandlungen zu bekommen. Nutzbar sind sowohl Wein- als auch Sektkorken. Naturkorken sind im Gegensatz zu Plastikkorken durch das weichere Material besonders zum Werfen und Fangen geeignet. Bei Wurfspielen, insbesondere beim Werfen aus der Nähe, ist jedoch Vorsicht geboten und mit der Gruppe sind mögliche Gefahren und Verhaltensregeln zu besprechen.

Korken

Goldsieben　　217

 Förderbereiche: Geschicklichkeit, Wahrnehmung

 Zusatzmaterialien: Teller/Tablett

Auf einem Teller oder Tablett liegt eine Anzahl von Korken. Ein Korken ist farbig markiert, der „Goldklumpen". Der Teller wird nun mit beiden Händen gefasst und alle nicht markierten Korken durch Dreh- oder Schüttelbewegungen vom Teller „gesiebt". Sobald der „Goldklumpen" vom Teller fällt, wird die Anzahl der auf dem Teller befindlichen Korken gezählt. Wer schafft es, die meisten Korken auszusieben.

Rutsch und Bums　　218

 Förderbereiche: Wahrnehmung, Geschicklichkeit

 Zusatzmaterialien: Dosen/Schachteln

Eine Schachtel oder ein anderer Alltagsgegenstand rutscht eine Schräge herunter (z.B. auf einer in der Sprossenwand eingehängten Langbank). Während dieser Gegenstand herunterrutscht, muss ein Spieler versuchen ihn mit einem Korken von der Schräge zu werfen.

Korken-Artist　　219

 Förderbereiche: Wahrnehmung, Geschicklichkeit

Ein Spieler hält in jeder Hand einen Korken und wirft sie gleichzeitig in die Luft. Anschließend versucht er, beide Korken wieder aufzufangen.

Variation 1:
Vor dem Fangen sind Zusatzaufgaben zu erledigen (z.B. fünf Mal in die Hände klatschen, mit den Händen den Boden berühren etc.).

Variation 2:
Die Korken müssen über kreuz geworfen und mit der jeweils anderen Hand gefangen werden.

Drehwurm   220

 Förderbereiche: Wahrnehmung, Geschicklichkeit, Schnelligkeit

Eine Person liegt auf dem Rücken und hält in einer Hand einen Korken. Sie hat die Aufgabe, einen nach oben geworfenen Korken nach einer ganzen Drehung um die Körperlängsachse wieder im Liegen aufzufangen.

Korkenwandern   221

 Förderbereiche: Wahrnehmung, Geschicklichkeit

Eine Person steht auf einer hinreichenden Anzahl von Korken, so dass die Füße den Boden nicht berühren. Die Aufgabe besteht darin, sich nur auf den Korken stehend durch den Raum zu bewegen. Dazu werden immer einige Korken für den nächsten Schritt nach vorne gelegt oder mit dem Fuß geschoben und anschließend wird der Fuß darauf gestellt.

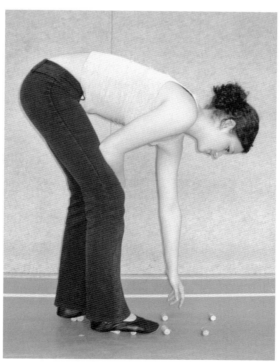

Korken

Gefühlssache 222

 Förderbereiche: Wahrnehmung

Eine Person liegt mit geschlossenen Augen auf dem Bauch oder Rücken. Eine zweite Person legt Korken auf den Körper des Partners. Die auf dem Boden liegende Person muss die Anzahl der Korken erspüren.

Variation:
Eine dritte Person lenkt den auf dem Boden liegenden Partner ab, ohne ihn jedoch zu berühren: durch Singen, Gespräche, akustische Geräusche etc.

Korkenkleber 223

 Förderbereiche: Kooperation, Geschicklichkeit

 Zusatzmaterialien: Hindernisse

Zwei Personen pressen einen Korken zwischen den vom Spielleiter angegebenen Körperteilen (z.B. Rücken, Hüfte, Schulter, Kopf etc.) ein. Diese so „zusammengeklebten" Personen müssen sich, ohne dass der Korken verloren geht und ohne die Hände zu Hilfe zu nehmen, durch einen Hindernisparcours bewegen. Fällt der Korken zu Boden, müssen die beiden wieder von vorne beginnen.

Variation:
Mehrere Korken müssen eingeklemmt werden.

Korken-Jongleure 224

 Förderbereiche: Kooperation, Wahrnehmung, Geschicklichkeit

Die beiden Spieler geben sich die Hand. Ein Spieler hat einen Korken in seiner äußeren Hand und wirft diesen über den Kopf zu seinem Partner, der versucht den Korken aufzufangen. Während des ständigen Wechsels von Fangen und Werfen müssen sich die Spieler weiter an der Hand halten.

Variation:
Beide Spieler haben jeweils einen Korken in der Hand. Auf Kommando werden die Korken gleichzeitig über Kopf zum Partner geworfen.

Korken-Zwille 225

 Förderbereiche: Kooperation, Kraft, Geschicklichkeit

 Zusatzmaterialien: Thera-Band/Fahrradschlauch

Eine Person hält die Enden eines Thera-Bands (oder des Fahrradschlauches) mit gestreckten Armen über Kopf. Sein Partner legt einen Korken in das Band und spannt es. Es kann ein Zielschießen oder ein Weitschusswettbewerb durchgeführt werden.

Variation:
Ausführung im Dreierteam wobei der Schlauch zwischen zwei Personen gespannt wird.

Wurf- und Fangaufgaben 226

 Förderbereiche: Kooperation, Wahrnehmung, Geschicklichkeit

 Zusatzmaterialien: Langbänke

Zwei Spieler stehen sich im Abstand von 3–8 m auf einer umgedrehten Bank gegenüber und werfen sich immer gleichzeitig zwei Korken zu.

Korken

Geschickte Füße 227

 Förderbereiche: Kooperation, Geschicklichkeit, Wahrnehmung

 Zusatzmaterialien: Tücher

Vier Spieler einer Mannschaft erhalten drei Korken und ein Tuch. Auf ein Startsignal transportiert jedes Mannschaftsmitglied des Viererteams einen der vier Gegenstände mit den Füßen zur gegenüberliegenden Wendemarkierung. Dort muss – ebenfalls nur mit den Füßen – zuerst das Tuch ausgebreitet und anschließend der Korken darauf gelegt werden. Danach greift jedes Gruppenmitglied mit den Zehen eine Ecke des Tuches, hebt es leicht an und das Team versucht das Tuch samt Inhalt hüpfend zum Ausgangsort zurückzutransportieren. Fällt ein Korken herunter, muss dieser mit den Zehen wieder auf das Tuch gelegt werden.

Stirnkreis-Werfen 228

 Förderbereiche: Kooperation, Wahrnehmung, Geschicklichkeit

Alle Spieler stellen sich mit dem Gesicht zur Mitte in einem Kreis auf. Auf Kommando werfen alle Spieler ihren Korken senkrecht hoch, gehen einen Schritt nach rechts (oder links) und versuchen den Korken des rechten (linken) Nachbarn zu fangen.

Variation:
Die Spieler müssen den übernächsten (oder dritten) Korken fangen.

Korken-Treibball 229

 Förderbereiche: Geschicklichkeit, Wahrnehmung, Problemlösung

 Zusatzmaterialien: Tennisbälle/Murmeln

Um einen 1 m großen Kreis wird ein zweiter, 3 m großer Kreis markiert. In dem Innenkreis befinden sich nummerierte Korken. Vier Spieler versuchen der Reihe nach die Korken mit einem Tennisball (oder mit einer Murmel) aus dem Innenkreis zu kegeln. Sie dürfen sich dazu frei um die äußere Kreislinie bewegen, den Kreis aber nicht betreten. Für jeden herausgekegelten Korken erhält der Spieler die Punkte, die auf dem Korken stehen. Wer erzielt die meisten Punkte?

Korken-Boccia   230

 Förderbereiche: Geschicklichkeit, Wahrnehmung

Ein Zielgegenstand wird 3–5 m entfernt von einer Abwurflinie in den Raum gestellt. Jeder Mitspieler versucht nacheinander seine Korken so dicht wie möglich an die Markierung zu rollen oder zu schieben.

Dazu oder Buh   231

 Förderbereiche: Geschicklichkeit, Wahrnehmung

Jeder Spieler bekommt fünf Korken. Ein Spieler wirft einen Korken als Ziel etwa 1–2 m weit entfernt auf den Boden. Der Partner versucht diesen Korken mit seinem eigenen zu treffen. Gelingt ihm das, bekommt er den getroffenen Korken. Verfehlt er das Ziel, muss er seinen Korken abgeben. Die Vorlage des Zielkorkens werfen die Spieler immer abwechselnd.

Zielwurf   232

 Förderbereiche: Geschicklichkeit, Wahrnehmung

 Zusatzmaterialien: Eierlage

Den Feldern einer Eierlage werden unterschiedliche Punktzahlen zugeordnet. Die Spieler stehen hinter einer 2–3 m entfernten Abwurflinie und versuchen die Korken in die Eierlage zu werfen. Wer erzielt die meisten Punkte bei drei Versuchen?

Variation 1:
Jeder der Korken hat eine unterschiedliche Wertigkeit. Diese Werte dienen als Multiplikatoren für die getroffenen Werte der Eierlage.

Variation 2:
Den Feldern der Eierlage werden Punktzahlen von eins bis neun zugeordnet. Die Spieler haben die Aufgabe, mit drei Würfen eine möglichst hohe dreistellige Zahl zu erwerben. Dabei gilt es, die erzielten Punkte geschickt an die richtige Stelle zu setzen (Einer, Zehner und Hunderter). Wird kein Feld getroffen, wird dieser Versuch als Null gezählt.

Korken

Mondfahrt 233

 Förderbereiche: Kooperation, Wahrnehmung, Vertrauen

 Zusatzmaterialien: kleine Kästen, Seile, Langbänke, Hindernisse

 Sicherheitshinweis/Risikofaktor 1: Bei mangelnder Teamarbeit und falschen bzw. zu langsamem Umsetzen der Partnerhinweise besteht ein Unfallrisiko durch Stolpern bzw. durch Zusammenstöße!

Am Ende der Halle steht für jede Mannschaft ein umgedrehter kleiner Kasten als „Mond". Um diesen Kasten wird mit Seilen ein etwa 1,5 m großer Kreis gebildet, der „Mondhof". Die Mannschaften stellen sich an die Startlinie, an der zwei Langbänke stehen. Auf jeder Bank steht je ein Spieler jeder Mannschaft als „Leitstelle". Vor ihm sitzt auf einem kleinen Kasten ein weiteres Mannschaftsmitglied mit verbundenen Augen, die „Rakete". Sie trägt einen Korken als „Kapsel". Die „Leitstelle" leitet die „Rakete" nur durch Zuruf durch den mit Hindernissen (= Meteoriten) verstellten Weg zum „Mond". Wenn die „Rakete" den „Mondhof" erreicht hat, erfolgt die Landung der Kapsel auf dem „Mond". Der Korken muss in den umgedrehten kleinen Kasten geworfen werden, ohne den Mondhof zu betreten. Nach dem Wurf des Korkens muss die „Rakete" zurück zum Startplatz, wo eine neue „Rakete" gestartet wird. Welche Mannschaft schafft zuerst eine vorgegebene Anzahl von Landungen auf dem „Mond" (Korkentreffer im Kasten).

Korken-Golf 234

 Förderbereiche: Geschicklichkeit, Wahrnehmung

 Zusatzmaterialien: Hindernisse

Ein Korken soll durch einen Hindernisparcours (um, durch und über Hindernisse) geschnippt werden. Wer benötigt die wenigsten Schnipser, um ins Ziel zu gelangen?

Variation:
Der Korken wird nicht geschnipst. Er muss:
a) Gepustet werden.
b) Mit dem Fuß gekickt werden.
c) Mit einem Brettchen (oder anderen Alltagsgegenstand) gespielt werden.

Sport & Spiel mit Alltagsmaterial

Korkentanz 235

 Förderbereiche: Kooperation, Geschicklichkeit, Wahrnehmung, Kreativität

 Zusatzmaterialien: Musik

Zwei Personen pressen einen Korken mit einem beliebigen (oder vorgegebenen) Körperteil fest ein. Mit dem eingepressten Korken tanzen sie zur Musik. Bei Musikstopp muss jedes Tanzpaar eine angesagte Zusatzaufgabe erfüllen (z.B. einmal gemeinsam um die eigene Achse drehen, mit den Händen den Boden berühren etc.). Fällt der Korken beim Tanzen oder bei der Ausführung der Zusatzaufgabe herunter, scheidet das Team aus.

Mäusejagd 236

 Förderbereiche: Wahrnehmung, Schnelligkeit

 Zusatzmaterialien: Schnüre, Plastikbecher

Vier bis fünf Spieler knoten um ihre Korken einen ca. 50 cm langen Faden. Diese „Mäuse" werden dicht beieinander in die Spielfeldmitte gelegt. Die Fäden werden leicht gespannt von den einzelnen Spielern gehalten. Ein „Mäusejäger" hält in einer Hand einen Würfel und in der anderen einen Plastikbecher. Immer wenn der „Mäusejäger" eine „Sechs" würfelt, versucht er mit dem Plastikbecher eine oder mehrere Mäuse zu fangen. Die gefangenen Mäuse scheiden aus.

Sitz-Karawane 237

 Förderbereiche: Geschicklichkeit, Wahrnehmung, Problemlösung

Alle Spieler sitzen mit ihrem Korken auf dem Boden an der Startlinie. Auf Kommando werfen sie ihren Korken schräg nach oben, rutschen etwas nach vorne und versuchen ihn im Sitzen wieder zu fangen. Kann ein Spieler seinen Korken aus der Luft fangen, darf er an der Fangstelle den Korken abermals hochwerfen, anschließend nach vorne rutschen und versuchen den Korken erneut aufzufangen. Fängt er den Korken nicht, muss er wieder zurück zur Startlinie. Wer hat zuerst die Ziellinie erreicht?

Korken

Fliegende Korken — 238

 Förderbereiche: Kooperation, Wahrnehmung, Geschicklichkeit

 Zusatzmaterialien: Tücher

Zwei Spieler spannen ein Tuch, schleudern den darauf liegenden Korken (mehrere Korken) in die Luft und fangen ihn wieder auf.
a) Veränderung der Ausgangsstellung: im Stehen, Sitzen, Kniestand etc.
b) Einen Korken in ein Ziel (z.B. Karton) schleudern.
c) Mehrere Paare stehen nebeneinander oder mit dem Rücken zueinander und schleudern den Korken zur nächsten Zweiergruppe.

Überholverbot — 239

 Förderbereiche: Kooperation, Wahrnehmung, Schnelligkeit

Zwei Gruppen mit gleicher Spielerzahl stehen abwechselnd in einer gemeinsamen Kreisaufstellung. Zwei Korken befinden sich in gegenüberliegenden Positionen. Die Korkenbesitzer werfen auf ein Startsignal im Uhrzeigersinn zu ihrem nächsten Mitspieler, also zur übernächsten Position. Ziel ist es, den Korken des gegnerischen Teams einzuholen.

Flugverkehr — 240

 Förderbereiche: Kooperation, Wahrnehmung, Geschicklichkeit

 Zusatzmaterialien: 2 Weichböden, Hütchen

 Sicherheitshinweis/Risikofaktor 2: Gefahr von Zusammenstößen bei gleichzeitigem Sprung auf den Weichboden!

In jeder Hälfte eines Spielfelds liegen zwei Weichböden, die von einer markierten Flugzone umgeben sind. Ziel des Spiels ist es, durch Passspiel einen Korken so in die Nähe des gegnerischen Weichbodens zu bringen, dass ein Mitspieler außerhalb der Flugzone abspringt, in der Luft den zugepassten Korken fängt und mit dem Korken auf der Matte landet. Die Spieler dürfen nicht berührt werden und mit dem Korken darf nicht gelaufen werden. Außerdem darf die verteidigende Mannschaft zur Abwehr nicht auf ihren eigenen Weichboden springen.

Luftballons

Luftballons haben einen hohen Aufforderungscharakter. Durch ihre verlangsamten Flugeigenschaften eignen sie sich besonders für die Schulung der visuellen Wahrnehmungsfähigkeit und speziell für die Auge-Hand-Koordination. Die Bewegungsaufgaben und Flugeigenschaften lassen sich über unterschiedliche Größen und Formen variieren. Da Luftballons schnell platzen, sollte immer eine ausreichende Reserve mitgenommen werden.

Luftballons

Kreuz und quer   241

 Förderbereiche: Wahrnehmung, Geschicklichkeit
 Zusatzmaterialien: Musik

Alle Spieler bewegen sich zur Musik und führen die von außen genannten Aufgaben aus:
a) Durch die auf dem Hallenboden liegenden Luftballons laufen, ohne sie zu berühren.
b) Bei Musikstopp einen Hallenboden liegenden Luftballons nehmen und mit verschiedenen Körperteilen balancieren (z.B. Oberschenkel, Kopf, Fuß und Finger).
c) Einen Luftballon zwischen den Knien/Füßen einklemmen und vor-/rück-/seitwärts zur Musik hüpfen.

Luftballon treiben   242

 Förderbereiche: Wahrnehmung, Geschicklichkeit

Eine Person treibt einen Luftballon mit verschiedenen Körperteilen vor sich her. Der Ballon darf dabei den Boden nicht berühren.
a) Nur mit der Schulter, mit dem Brustkorb, mit dem Kopf treiben.
b) Eine feste Reihenfolge einhalten (zwei Mal rechte Hand, ein Mal linker Fuß, ein Mal Kopf usw.).
c) Zusatzaufgaben erfüllen (z.B. Drehungen, Rollen, hinsetzen und aufstehen etc.).
d) Es dürfen immer nur die angesagten Körperteile benutzt werden.
e) Mit einer Hand den Luftballon hochspielen und mit der anderen Hand einen Ball dribbeln.

Handicap-Ankleiden   243

 Förderbereiche: Wahrnehmung, Geschicklichkeit, Schnelligkeit
 Zusatzmaterialien: Kleidungsstücke (Socken, Schuh, Jacke etc.)

Eine Person versucht einen Luftballon in der Luft zu halten und dabei Kleidungsstücke anzuziehen, ohne dass der Ballon auf den Boden fällt.

Originelles Hochhalten 244

 Förderbereiche: Kreativität, Geschicklichkeit, Wahrnehmung

Eine Person versucht einen Luftballon in der Luft zu halten und zwischen zwei Schlägen selbst ausgedachte Zusatzaufgaben zu erledigen.
a) Gymnastische und turnerische Elemente einbauen: Rolle vorwärts, Rad, Liegestütz etc.
b) Freestyle-Figuren erfinden.

Variation:
Ausführung als Partneraufgabe, bei der sich zwei Spieler den Ballon abwechselnd zuspielen.

Luftballons jonglieren 245

 Förderbereiche: Wahrnehmung, Geschicklichkeit, Schnelligkeit

Eine Person hat die Aufgabe, möglichst viele Luftballons gleichzeitig in der Luft zu halten.

Variation:
Die Luftballons müssen immer abwechselnd mit rechts und links geschlagen werden.

Windmaschine 246

 Förderbereiche: Wahrnehmung

Ein Luftballon wird auf den Boden gelegt. Der Spieler versucht den Luftballon, auf allen Vieren laufend, vorsichtig vor sich her zu pusten.

Luftballons

Der größte Luftballon 247

 Förderbereiche: Lungen-Kraft, Wahrnehmung

Eine Person versucht mit fünf Atemzügen einen Luftballon möglichst groß aufzublasen.

Variation 1:
Einen Ballon mit beliebig vielen Atemzügen möglichst groß aufblasen.

Variation 2:
Einen Luftballon mit verbundenen Augen möglichst groß aufblasen.

Körperbildende Übungen 248

 Förderbereiche: Kraft

 Zusatzmaterialien: Turnmatten

a) Eine Person befindet sich in Bauchlage und hält den Luftballon 30 Sekunden mit gestreckten Armen über dem Boden. Die Füße sind dabei gestreckt, das Gesäß angespannt, Zehen und Knie drücken gegen den Boden. **Hinweis:** Kopf nicht in den Nacken, Blick auf den Boden richten.

Variation:
Den Oberkörper abwechselnd nach links und rechts drehen.

b) Eine Person klemmt einen Luftballon zwischen den Füßen ein und hält ihn mit gestreckten Beinen möglichst lange in der Luft.

Variation:
Mit den eingeklemmten Beinen eine Ruderbewegung ausführen (Beine anziehen und strecken).

c) Zwei Partner klemmen einen Luftballon zwischen ihren Köpfen ein und führen gemeinsam Liegestütze aus.

Straßenkehrer 249

 Förderbereiche: Wahrnehmung, Geschicklichkeit, Problemlösung

 Zusatzmaterialien: Besen

Ein „Straßenkehrer" versucht mit einem Besen einen Luftballon in ein Ziel zu fegen. Der Besen darf nicht angehoben werden, sondern muss ständig Bodenkontakt behalten.

Blasebalg 250

 Förderbereiche: Problemlösung, Schnelligkeit

 Zusatzmaterialien: Wattebausch/Tischtennisball, Gegenstand (Tor/Teller/Tasse)

Ein Spieler legt einen Wattebausch oder Tischtennisball auf den Boden, der mithilfe eines Luftballons über eine Strecke in ein Ziel (Tor, Teller, Tasse) geblasen werden soll. Der Spieler bläst dazu zunächst den Ballon auf und lässt dann die Luft kontrolliert vor dem Wattebausch entweichen. Geht dem Ballon die Puste aus, muss nochmals „nachgeladen" werden.

Kontaktdrehung 251

 Förderbereiche: Kooperation, Wahrnehmung, Geschicklichkeit

Zwei Personen klemmen einen Luftballon mit ihren Oberkörpern ein. Anschließend versuchen sie, sich beide gleichzeitig um 360 Grad zu drehen, ohne dass der eingeklemmte Ballon auf den Boden fällt. Während der Drehung dürfen die Partner ihre Hände nicht benutzen.

Variation:
Ausführung mit geschlossenen Augen.

Luftballons

Ballonzwillinge   252

 Förderbereiche: Kooperation, Wahrnehmung, Geschicklichkeit

 Zusatzmaterialien: Hindernisse

Ein Zweierteam muss sich mit einem zwischen den Köpfen (oder dem Bauch) eingeklemmten Luftballon durch einen Hindernisparcours bewegen (z.B. über eine Kastentreppe, auf einer Langbank balancierend etc.). Fällt der Ballon auf den Boden oder wird er mit den Händen berührt, muss das Paar wieder von vorne beginnen.

Gruppenjongleure   253

 Förderbereiche: Kooperation, Wahrnehmung, Geschicklichkeit

Vier bis sechs Personen halten sich an den Händen und bilden einen Kreis. Die Gruppe hat die Aufgabe, einen Luftballon solange wie möglich in der Luft zu halten, ohne dass die Kette getrennt wird. Jede Berührung des Luftballons ergibt einen Punkt. Welche Gruppe erzielt die meisten Punkte?

Variation 1:
Der Ballon darf nur entsprechend einer vorher festgelegten Körperteil-Reihenfolge gespielt werden.

Variation 2:
Bei jedem neuen Versuch wird ein Körperteil gestrichen, mit dem der Ballon gespielt werden darf. Jede Gruppe entscheidet selbst, welcher Körperteil von der (vorbereiteten) Liste gestrichen werden soll.

Reifenball   254

 Förderbereiche: Kooperation, Wahrnehmung, Geschicklichkeit

 Zusatzmaterialien: Gymnastikreifen

Zwei Personen versuchen einen Luftballon möglichst oft durch einen von einem dritten Partner auf Kopfhöhe gehaltenen Reifen zu spielen, ohne dass der Ballon den Boden berührt. Der Ballon muss immer abwechselnd von der einen bzw. anderen Seite durch den Reifen geschlagen werden.

Luftballonbett   255

 Förderbereiche: Problemlösung, Kooperation, Wahrnehmung

Eine vier- bis fünfköpfige Gruppe versucht ein Gruppenmitglied auf die zur Verfügung stehenden Luftballons zu legen und so auszubalancieren, dass es, ohne gestützt zu werden, den Boden nicht mehr berührt.

Variation:
Der auf den Luftballons liegenden Person werden die Augen verbunden.

Fuß-Fließband   256

 Förderbereiche: Kooperation, Geschicklichkeit, Wahrnehmung

Alle Gruppenmitglieder sitzen im Kreis auf dem Boden. Jeder gibt einen Luftballon nur mit Füßen von seinem linken zu seinem rechten Nebenmann weiter. Der Ballon darf den Boden nicht berühren.

Variation 1:
Mehrere Ballons kreisen gleichzeitig durch die Gruppe und von außen werden verschiedene Richtungswechsel angesagt.

Variation 2:
Als Wettbewerbsform: Welche Gruppe schafft als erste drei Runden? Berührt der Luftballon den Boden, muss an der jeweiligen Stelle von neuem begonnen werden.

Teamwork   257

 Förderbereiche: Kooperation, Wahrnehmung

Alle Spieler stehen mit einem Luftballon eng zusammen im Raum. Auf Kommando versuchen sie gemeinsam, alle Luftballons in der Luft zu halten. Dabei darf keiner denselben Ballon zweimal hintereinander hochschlagen.

Variation:
Von außen werden Vorgaben hineingerufen, wie der Ball zu spielen ist.

Luftballons

Knackwurst 258

Förderbereiche: Wahrnehmung, Geschicklichkeit, Problemlösung

Alle Spieler stecken sich jeweils einen aufgeblasenen Luftballon unter ihr T-Shirt. Immer zwei Personen führen einen „Bauch-an-Bauch-Wettkampf" aus. Sie versuchen den gegnerischen Luftballon nur durch Drücken und Drehen im Oberkörper zum Platzen zu bringen. Gelingt es einem Spieler den gegnerischen Ballon zum Platzen zu bringen, ohne dass sein eigener zerstört wird, sucht er sich einen neuen Gegner. Die Spieler, deren Ballons zerplatzen, scheiden aus.

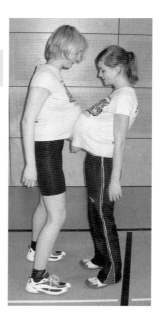

Treibjagd 259

Förderbereiche: Kooperation, Wahrnehmung, Problemlösung

Zusatzmaterialien: Softbälle, Langbänke

Vier Mannschaften versuchen durch Bewerfen mit kleinen Softbällen einen Luftballon in das Lager der gegnerischen Mannschaften zu treiben. Dazu werden vier Langbänke zu einem Quadrat zusammengestellt (seitlich zur Mitte gekippt). Die so entstandenen Begrenzungslinien bilden die jeweiligen Tore zum Lager der sich dort befindlichen Mannschaft. Vor dem Spielbeginn erhält jeder Spieler zwei bis vier Softbälle. Beim Spiel gelten folgende Regeln: Die Spieler dürfen während des Spiels die Position wechseln, Spieler unterschiedlicher Mannschaften dürfen sich nicht berühren. Die Innenfläche des Quadrats darf nicht betreten werden. Herumliegende Bälle darf man wieder einsammeln und erneut benutzen. Der Luftballon darf nicht mit dem Körper berührt werden. Gelangt der Ballon in ein Lager, so erhält das erfolgreiche Team einen Punkt. Nachdem der Ballon herausgespielt wurde, ist die Spielrunde beendet. Danach wird er wieder in die Mitte des Quadrats gelegt, die Bälle werden an alle Spieler verteilt und eine neue Spielrunde beginnt. Welches Team hat zuerst drei Punkte?

Knallerbse 260

 Förderbereiche: Wahrnehmung, Geschicklichkeit, Schnelligkeit

 Zusatzmaterialien: Schnüre

Um den Fußknöchel wird ein Ballon mit einem ca. 30 cm langen Faden angebunden. Jeder versucht nun, die Ballons der Gegenspieler zu zertreten. Wer keinen Ballon mehr hat, scheidet aus.

Variation 1:
Als Mannschaftswettbewerb. Die Mannschaften sind durch unterschiedlich farbige Ballons gekennzeichnet.

Variation 2:
Die Ballons werden auf dem Rücken festgebunden (Hosenbund). Die Spieler versuchen den Ballon der Mitspieler mit der Hand zu zerstören.

Kapitänsballon 261

 Förderbereiche: Kooperation, Wahrnehmung, Geschicklichkeit

Zwei Mannschaften spielen gegeneinander und versuchen einen Luftballon zu ihrem am Spielfeldrand stehenden Kapitän zu spielen, der den Ballon dann zum Platzen bringt. Jeder Kapitän darf sich auf seiner vorher festgelegten Längs- und Querseite frei bewegen. Welche Mannschaft hat nach einigen Spielrunden die meisten Zuspiele geschafft?

Schätze sammeln 262

 Förderbereiche: Kooperation, Wahrnehmung, Geschicklichkeit

 Zusatzmaterialien: Alltagsgegenstände (z.B. Bierdeckel, Bälle etc.)

Zwei Mannschaften sammeln in einem Spielfeld liegende „Schätze". Die „Schätze" müssen von Paaren, die einen Luftballon zwischen der Stirn eingeklemmt haben, eingesammelt und einzeln zur Sammelstelle gebracht werden. Fällt der Ballon beim Einsammeln zu Boden oder sie nehmen unerlaubt die Hände zum Fixieren des Ballons zu Hilfe, scheidet das Zweierteam aus.

Luftballons

Tunnelarbeiter 263

 Förderbereiche: Schnelligkeit, Geschicklichkeit

Jede Gruppe steht eng hintereinander mit gegrätschten Beinen. Vor der Gruppe liegt eine entsprechende Anzahl von Luftballons. Der erste Mitspieler nimmt sich einen Luftballon, dreht sich um und krabbelt durch die Beine der gesamten Gruppe. Am Ende bläst er den Ballon so lange auf, bis dieser zerplatzt. Dies ist das Startsignal für den nächsten Mitspieler. Welche Gruppe ist die schnellste?

Mein Schatz 264

 Förderbereiche: Wahrnehmung, Schnelligkeit

 Zusatzmaterialien: Zeitungsrollen

In einer großen Schatztruhe liegen „Schätze" (Luftballons), die von einem Wächter mit seinem „Zauberstab" (Zeitungsrolle) beschützt werden. Drei bis vier Schatzjäger versuchen dem „blinden" Wächter alle Schätze zu stehlen, ohne von seinem Zauberstab verzaubert zu werden.

Sport & Spiel mit Alltagsmaterial

Fußballon 265

 Förderbereiche: Kooperation, Wahrnehmung, Geschicklichkeit

 Zusatzmaterialien: Tore

Zwei Mannschaften mit jeweils drei Spielern spielen gegeneinander Fußball mit einem Luftballon.

Sitzfußballon 266

 Förderbereiche: Kooperation, Geschicklichkeit, Wahrnehmung

 Zusatzmaterialien: Teppichfliesen, Tore

Zwei Mannschaften mit jeweils drei bis vier Spielern versuchen einen Luftballon ins gegnerische Tor zu schießen. Die Spieler sitzen dabei auf Teppichfliesen, die als Rutschunterlage dienen. Aufstehen ist nicht erlaubt.

Handballon 267

 Förderbereiche: Kooperation, Wahrnehmung, Geschicklichkeit

Zwei Mannschaften mit jeweils drei Spielern versuchen einen Luftballon ins gegnerische Tor zu schlagen. Der Ballon darf nicht getragen, sondern immer nur kurz angetippt werden.

Luftballon-Hockey 268

 Förderbereiche: Kooperation, Geschicklichkeit, Wahrnehmung

 Zusatzmaterialien: Runde und längliche Luftballons

Jeder Spieler zweier Teams erhält einen länglichen Ballon als Schläger. Die Spieler versuchen mit diesem Schläger einen (oder mehrere) rundliche Ballons in ein Ziel zu schlagen.

Luftballons

Ohne Hände

 Förderbereiche: Kooperation, Geschicklichkeit, Wahrnehmung, Schnelligkeit

Mehrere gleich starke Mannschaften versuchen gemeinsam, möglichst viele Luftballons von einer Hallenseite zur anderen zu transportieren. Dazu klemmen sich immer zwei Mannschaftsmitglieder einen Luftballon zwischen Bauch und Rücken. Die Ballons dürfen nicht mit den Händen berührt werden. Pro ins Ziel gebrachten Luftballon gibt es einen Punkt.

T-Shirt-Staffel

 Förderbereiche: Wahrnehmung, Geschicklichkeit

 Zusatzmaterialien: T-Shirts

Jedes Mannschaftsmitglied hält einen Luftballon in der Luft, während es um eine Wendemarkierung läuft. Dabei muss ein T-Shirt angezogen werden, ohne dass der Luftballon herunterfällt. Wieder an der Startlinie angekommen, wird das T-Shirt übergeben und der nächste Spieler startet.

Die menschliche Nadel
(Spiel im Freien)

 Förderbereiche: Geschicklichkeit, Wahrnehmung

 Zusatzmaterialien: Mit Wasser gefüllte Luftballons, Kappe mit Dorn

Mit Wasser gefüllte Luftballons werden aufgehängt. Ein Spieler bekommt einen Helm oder eine Kappe mit einem Dorn aufgesetzt und muss nun versuchen den Ballon zum Platzen zu bringen.

Variation 1:
Dem Spieler mit dem Helm werden die Augen verbunden. Er wird von seinem Partner dirigiert.

Variation 2:
Die Aufgabe wird als Reitergespann durchführt.

Knallbonbons

 Förderbereiche: Schnelligkeit, Geschicklichkeit

 Zusatzmaterialien: Stühle/kleine Kästen

Die Mannschaften sitzen hintereinander auf Stühlen oder kleinen Kästen. Nach dem Start läuft der jeweils Gruppenerste im Uhrzeigersinn um die eigene Reihe herum. Während des Laufs bläst er einen Luftballon auf. Am eigenen Platz angekommen, muss er den Ballon verknoten und, indem er sich auf den Ballon setzt, zum Platzen bringen. Nach dem Knall startet der nächste Spieler. Welche Mannschaft ist die schnellste?

Sitzenbleiber

 Förderbereiche: Schnelligkeit, Wahrnehmung

 Zusatzmaterialien: Stühle/kleiner Kasten

A sitzt auf einem Stuhl oder kleinen Kasten und hat einen Luftballon auf dem Schoß oder auf den Knien liegen. Der gegenüber an der Startlinie stehende Partner B läuft zu ihm und setzt sich auf den Ballon, so dass dieser platzt. Es erfolgt ein Platzwechsel, B setzt sich auf den Stuhl, A läuft zu seiner Gruppe zurück zur Startlinie und schlägt C ab. C läuft zu B und setzt sich auf dessen Ballon. Es erfolgt wieder ein Platzwechsel usw. Welches Team ist am schnellsten?

Luftballonraupe

 Förderbereiche: Kooperation, Wahrnehmung, Geschicklichkeit

 Zusatzmaterialien: Hindernisse

Alle Spieler stehen hintereinander und klemmen einen Luftballon mit ihren Vordermann ein, so dass eine lange „Luftballonraupe" entsteht. Diese „Raupe" muss einen Hindernisparcours überwinden (z.B. über eine Kastentreppe, unter einer Stange hindurch, über eine Langbank etc.). Dabei darf die „Raupe" nicht abreißen.

Luftballons

Hin und Her   275

 Förderbereiche: Kooperation, Wahrnehmung

Immer zwei Personen einer Mannschaft schlagen sich den Ballon über eine festgelegte Strecke abwechselnd hin und her. Fällt der Ballon herunter, müssen sie zurück zum Start.

Eiertransport   276
(Spiel im Freien)

 Förderbereiche: Problemlösung, Kooperation, Geschicklichkeit, Wahrnehmung

 Zusatzmaterialien: Seile

Eine Gruppe von 8–15 Personen versucht eine Anzahl von wassergefüllten Luftballons nur mithilfe von Seilen über eine festgelegte Strecke zu transportieren. Jedes Team erhält genauso viele Seile wie Spieler. Beim Transport der Ballons dürfen keine weiteren Hilfsmittel oder Körperteile benutzt werden. Jeder Spieler darf nur ein Seil in jeder Hand halten. Die Seile dürfen nicht verknotet, sondern allenfalls untereinander verwoben werden. Vor Spielbeginn berät die Gruppe über mögliche Lösungsstrategien.

Variation:
Es wird mit Softbällen gespielt. Dadurch kann das Spiel auch in der Halle durchgeführt werden.

Wasserballon-Staffel   277
(Spiel im Freien)

 Förderbereiche: Kooperation, Geschicklichkeit, Wahrnehmung

 Zusatzmaterialien: Mit Wasser gefüllte Luftballons

Mit Wasser gefüllte Ballons werden als Staffel von Person zu Person geworfen. Die Personen stehen jeweils 3–4 m auseinander. Wer bringt die meisten Ballons heil ins Ziel?

Rad-Volleyballon   278

 Förderbereiche: Wahrnehmung, Kooperation, Geschicklichkeit

 Zusatzmaterialien: Fahrräder

 Sicherheitshinweis/Risikofaktor 1: Gefahr von Zusammenstößen!

Zwei Partner spielen sich, während sie Fahrrad fahren, einen Luftballon mit verschiedenen Körperteilen zu, ohne dass dieser zu Boden fällt.

Wasserbomben-Angriff 279
(Spiel im Freien)

 Förderbereiche: Kooperation, Geschicklichkeit, Wahrnehmung

Zusatzmaterialien: Mit Wasser gefüllte Luftballons, Gabel

 Sicherheitshinweis/Risikofaktor 1: Mit Gabeln können sich die Spieler Verletzungen zufügen!

Eine Anzahl von Spielern wirft sich in einem abgesteckten Feld einen mit Wasser gefüllten Ballon zu. Zwei Fänger versuchen mit einer Gabel den Ballon zu zerstechen. Wie lange benötigen die Fänger, bis sie die „Wasserbombe" erwischen.

Variation:
Es wird die Anzahl der gelungenen Würfe gezählt.

Papprollen

Papprollen gibt es in unterschiedlichen Größen: von kleineren Toilettenpapierrollen, über mittelgroße Küchenpapierrollen bis hin zu langen Geschenkpapierrollen. Die Rollen sind leicht und eignen sich zum Werfen, Bauen und Balancieren. Besondere Möglichkeiten bieten große, stabile Teppichröhren.

Papprollen

Über die Rolle 280

 Förderbereiche: Geschicklichkeit

 Sicherheitshinweis/Risikofaktor 3: Variation motorisch anspruchsvoll; es besteht die Gefahr, mit den Füßen hängen zu bleiben!

Eine Person steigt vorwärts und rückwärts über eine waagerecht gehaltene Geschenkpapierrolle (lange Papprolle), ohne die Hände von der Rolle zu lösen.

Variation:
Überspringen der Rolle.

Rollkommando 281

 Förderbereiche: Geschicklichkeit

 Zusatzmaterialien: Hindernisse (Langbänke, Kartons etc.), Stab

Eine Papprolle wird mit einem Stab durch einen Parcours gerollt. Der Parcours enthält z.B. folgende Anforderungsbereiche: Richtungsänderungen um Markierungen, durch enge Gassen aus Langbänken, über schräge Ebenen aus Pappen, durch Kartons etc.

Variation 1:
Die Papprolle darf nur mit den Füßen bewegt werden. Dabei muss man auf einem Bein hüpfen und mit dem anderen Fuß die Rolle vorwärts rollen.

Variation 2:
Die Papprolle nur durch Pusten durch den Parcours steuern.

Variation 3:
Die Papprolle mit zwei weiteren Papprollen (oder Stäben) schieben.

Gepäckträger 282

 Förderbereiche: Wahrnehmung, Geschicklichkeit

Eine Toilettenpapierrolle muss über eine vorgegebene Strecke auf verschiedenen Körperteilen transportiert werden:
a) Auf dem Handrücken (mit links und rechts).
b) Auf dem Kopf, auf dem Unterarm, auf der Schulter etc.
c) Auf zwei Körperteilen gleichzeitig.
d) Mit geschlossenen Augen.
e) Balancieren im Rückwärtsgehen, im Laufen, im Entengang etc.
f) Auf der Handfläche liegt eine Papprolle, darauf befindet sich ein Pappteller, in dem eine Murmel oder ein Tischtennisball liegt.

Fernrohrkarussell 283

 Förderbereiche: Wahrnehmung

Eine Person liegt auf dem Bauch und hält mit einer Hand die Papprolle als Fernrohr. Sie stößt sich mit der anderen Hand ab und kreiselt, während sie durch das Fernrohr schaut, um die eigene Achse.

Variation:
Die Person muss während der Drehungen die von dem Partner mit den Fingern angezeigten Zahlen erkennen.

Staubsauger 284

 Förderbereiche: Wahrnehmung
 Zusatzmaterialien: Bierdeckel

Eine Person saugt einen Bierdeckel mit einer Papprolle an und legt ihn in ein vorher bestimmtes Ziel.

Variation 1:
Unterschiedliche Gegenstände ansaugen und ablegen.

Variation 2:
Verschiedene Papprollengrößen benutzen.

Papprollen

Papprollenbalance   285

 Förderbereiche: Wahrnehmung, Geschicklichkeit

Eine Person versucht auf einer waagerecht gehaltenen langen Papprolle eine zweite, senkrecht stehende Papprolle zu balancieren.

Variation:
Die Papprollen mit dem „schwachen" Arm balancieren.

Rückenschaukel   286

 Förderbereiche: Geschicklichkeit, Wahrnehmung

 Zusatzmaterialien: Turnmatten, kleiner Kasten, Schachteln

Eine Person liegt mit dem Rücken auf einer Turnmatte, die Arme liegen parallel zum Oberkörper. Hinter dem Kopf der Person befindet sich ein kleiner Kasten, zwischen ihren Beinen steht eine Papprolle. Aus dieser Position wird die Papprolle zwischen den Füßen eingeklemmt, die Beine werden nach hinten geführt und die Rolle wird mit den Füßen auf den Kasten gestellt.

Anmerkung: Die Füße nicht bis zum Boden führen, da sonst das Körpergewicht auf die Halswirbelsäule drückt. Deshalb sollte eine erhöhte Ablagefläche eingeplant werden.

Fangsicher 287

 Förderbereiche: Wahrnehmung, Geschicklichkeit, Schnelligkeit

 Zusatzmaterialien: Lange Papprollen

Für die nachfolgenden Aufgaben sollten Geschenkpapierrollen (Länge ca. 70 cm) verwendet werden bzw. Papprollen mit vergleichbarer Länge.

1. Eine Person sitzt mit gestreckten Beinen auf dem Boden. Die Rolle liegt quer auf den Fußgelenken. Die Beine werden nun schnell gehoben und die Rolle hochgeschleudert. Die Person versucht dann, die Rolle mit den Händen zu fangen.
2. Eine Rolle mit gestreckten Armen nach oben führen und hinter den Rücken fallen lassen. Nach einer schnellen 180-Grad-Drehung versucht die Person die Rolle aufzufangen, bevor sie den Boden berührt.
3. Auf die waagerecht gehaltenen, Arme wird eine Papprolle in der Höhe der Oberarme gelegt. Die Person senkt nun leicht die Arme, so dass die Rolle nach vorne rollt. Nachdem die Rolle über die Hände gerollt ist, versucht der Sportler die Rolle zu fangen, bevor sie auf den Boden fällt:
   a) Fangen im Kammgriff.
   b) Fangen im Ristgriff.
   c) Vor dem Fangen in die Hände klatschen.

Pappmaschine 288

 Förderbereiche: Geschicklichkeit, Wahrnehmung

Zwei Partner sitzen sich im Grätschsitz gegenüber. In der Mitte steht eine Papprolle. Person A nimmt mit den Füßen (ohne Schuhe!) die Papprolle, dreht sich einmal um die eigene Achse und stellt die Rolle wieder in die Mitte. Anschließend führt Person B die Aufgabe aus usw.

Variation:
Bevor der Partner die Rolle übernimmt, muss diese erst einmal hingelegt oder um 180 Grad gedreht werden.

Papprollen

Kreisverkehr 289

 Förderbereiche: Wahrnehmung, Kooperation

Zwei Personen stehen mit verbundenen Augen Rücken an Rücken. Aus dieser Position übergeben sie eine Papprolle durch die gegrätschten Beine zum Partner, der sie über Kopf zurückgibt usw. Welches Team schafft die meisten Übergaben in einer Minute?

Ringender Kreis 290

 Förderbereiche: Kraft, Geschicklichkeit, Wahrnehmung

Sechs bis zehn Personen fassen sich an den Händen und bilden einen Kreis. In der Mitte des Kreises stehen fünf Papprollen. Die Spieler versuchen durch Ziehen, Schieben oder Drängen zu erreichen, dass ein Mitspieler eine oder mehrere Papprollen umwirft. Der Spieler, der eine Papprolle umwirft oder die Hände löst, bekommt einen Minuspunkt. Wer hat nach einer vorher vereinbarten Zeit die wenigsten Minuspunkte?

Roboter 291

 Förderbereiche: Wahrnehmung, Kooperation, Vertrauen

 Zusatzmaterialien: Augenbinden

 Sicherheitshinweis/Risikofaktor 1: Bei mangelnder Teamarbeit und falschem bzw. langsamem Umsetzen der Partnerhinweise besteht die Gefahr von Zusammenstößen!

Eine Anzahl von Papprollen steht wahllos verteilt in der Halle. Eine Person wird mit verbundenen Augen von ihrem Partner durch leichten Druck am Rücken (mit der Papprolle) durch den Raum geführt. Dabei dürfen keine Rollen umgeworfen werden und keine Zusammenstöße mit anderen „Robotern" erfolgen.
Zusatzaufgabe: Vor dem Aufgabenwechsel soll jeder „Roboter" seine genaue Position in der Halle beschreiben. Wer konnte die Orientierung behalten?

Variation:
Der „Roboter" hält seine Hände seitlich neben die Schultern. Er darf von seinem Partner nicht berührt werden. Zum Anzeigen eines Richtungswechsels bläst der Partner durch die Papprolle auf die Handflächen des „Roboters". Es darf dabei nicht gesprochen werden.

Berührungsfrei 292

 Förderbereiche: Geschicklichkeit, Wahrnehmung, Kooperation

 Zusatzmaterialien: Lange Papprollen (mind. 70 cm)

a) Person A befindet sich im Kniestand mit einer waagerecht vor der Brust gehaltenen Rolle. Person B muss zwischen den Armen und der Rolle durchsteigen, ohne die Rolle oder den Körper ihres Partners zu berühren.

   Variation: A hält die Papprolle senkrecht. B kriecht zwischen der Rolle und den Armen von A hindurch, ohne anzustoßen.

b) Eine Person liegt gestreckt auf dem Rücken. Der Partner führt langsam eine waagerecht gehaltene Rolle, bei den Füßen beginnend, quer zum Körper unter ihm hindurch. Der auf dem Boden Liegende hebt zuerst die Beine an, dann das auf die Fersen und den Nacken gestützte Becken und zum Schluss den Kopf. Dabei darf er sich nicht von der Rolle berühren lassen.

Pappollen

Schneller Kreis 293

Förderbereiche: Kooperation, Wahrnehmung, Schnelligkeit

Zwei Gruppen mit gleicher Spieleranzahl bilden einen Innen- und einen Außenkreis. Jede Gruppe hat eine Papprolle. Diese muss auf ein Signal im Uhrzeigersinn schnell von einem Partner zum nächsten geworfen werden. Beim Start befinden sich die beiden Rollen einander gegenüber. Nach wie vielen Personenübergaben holt die Innengruppe den Außenkreis ein?

Fakir 294

 Förderbereiche: Problemlösung, Kooperation, Wahrnehmung

 Zusatzmaterialien: Toilettenpapierrollen

Eine Gruppe baut ein „Bett" aus dicht nebeneinander stehenden Toilettenpapierrollen. Die Gruppe versucht einen leichten Partner behutsam darauf zu legen, ohne dass eine Rolle umfällt und/oder zerdrückt wird.

Murmelbahn 295

 Förderbereiche: Kooperation, Wahrnehmung, Geschicklichkeit

 Zusatzmaterialien: Küchenpapierrollen, Murmeln

Eine Gruppe von 10–15 Spielern hat die Aufgabe, nur mithilfe der Küchenpapierrollen eine Murmel über eine vorgegebene Distanz zu transportieren. Jedes Gruppenmitglied bekommt eine Papprolle, die mit beiden Händen waagerecht vor dem Körper gehalten wird. Die Murmel muss in der Rolle übergeben und weitertransportiert werden und darf nicht mit den Händen berührt werden. Außerdem dürfen die Gruppenmitglieder nicht miteinander reden. Fällt eine Murmel herunter, muss erneut vom Ausgangspunkt begonnen werden.

Variation:
Es wird mit drei Murmeln gespielt. Die dritte Murmel muss unterwegs sein, bevor die erste abgeladen wird.

Chaos-Kegeln   296

 Förderbereiche: Geschicklichkeit, Schnelligkeit, Kooperation

 Zusatzmaterialien: Bälle

In einem eng begrenzten Raum wird eine Vielzahl von Papprollen aufgestellt. Drei bis vier Personen versuchen mit Bällen möglichst alle Rollen umzukegeln (es darf nur gerollt werden!). Vier bis fünf Partner holen die im Feld liegenden Bälle zurück und sorgen für ständigen Nachschub der Kegler. Die übrigen Spieler stellen die umgekegelten Papprollen wieder auf. Schaffen es die Kegler einmal, alle Papprollen umzuschmeißen?

Fliegende Papprollen   297

 Förderbereiche: Problemlösung, Geschicklichkeit, Wahrnehmung

 Zusatzmaterialien: Küchenpapierrollen

Es wird ein ca. 1 m großer Kreis markiert, in dem Küchenpapierrollen landen sollen. Im Abstand von 1 m zum Zielkreis zieht man einen zweiten Kreis. Jeder Spieler legt eine seiner Papprollen auf die Randlinie des Außenkreises. Quer auf diese Rolle, im 90-Grad-Winkel zur Kreislinie, wird dann auf eine weitere Papprolle gelegt. Dabei liegt die obere Papprolle so, dass das zur Kreismitte zeigende Ende in die Luft zeigt und das andere Ende auf dem Boden aufliegt. Mit einer weiteren Rolle schlägt der Spieler nun geschickt auf das zur Kreismitte zeigende Ende der Papprolle und schleudert sie damit in den Zielkreis. Gewonnen hat, wer die meisten Rollen in den Zielkreis schleudern konnte. Bei gleicher Anzahl gewinnt der Spieler, dessen Rolle der Kreismitte am nächsten liegt.

Papprollen

Frisbee-Kegeln

 Förderbereiche: Geschicklichkeit, Wahrnehmung

 Zusatzmaterialien: Frisbee-Scheiben

Es werden neun Papprollen wie auf einer Kegelbahn aufgestellt. Jeder Spieler versucht aus 5–10 m Entfernung die Papprollen mit einer Frisbee-Scheibe umzuwerfen. Wer erzielt die meisten Punkte?

Liliputaner-Minigolf

 Förderbereiche: Kreativität, Geschicklichkeit, Wahrnehmung

 Zusatzmaterialien: Murmeln/Tischtennisbälle

Die Spielgruppe gestaltet mit Papprollen eine abwechslungsreiche Minigolfanlage mit unterschiedlichen Bahnen. Durch Verwendung unterschiedlicher Rollentypen bzw. deren Umgestaltung können verschiedene Bahnen mit unterschiedlichen Anforderungen gebastelt werden (z.B. ein Tunnel mit langen Rollen, Tore, eine Wippe etc.). Gespielt wird mit einer Murmel oder mit einem Tischtennisball, die durch die aufgebauten Wege geschnippt oder geschoben werden.

Papprollen-Hockey

 Förderbereiche: Kooperation, Geschicklichkeit, Wahrnehmung

 Zusatzmaterialien: lange Papprollen, Tischtennisbälle

 Sicherheitshinweis/Risikofaktor 1: Die Gefahr durch das Spielgerät kann beim übermütigem Spiel entstehen.

Zwei Mannschaften spielen gegeneinander Hockey. Gespielt wird mit langen Papprollen als Schläger (z.B. Geschenkpapierrollen) und einem Tischtennisball oder anderen Alltagsgegenständen.

Pappteller

Die kreisrunden, in der Regel ca. 23 cm großen Pappteller eignen sich sehr gut zum Werfen und Balancieren. In Verbindung mit anderen Materialien oder weiteren Gegenständen ergibt sich eine riesige Palette von Einsatzmöglichkeiten. Insbesondere die Kombination mit leichten Tischtennisbällen schafft weitere attraktive Bewegungsaufgaben und Spiele.

Pappteller

Pappschlittschuhe 301

 Förderbereiche: Wahrnehmung, Geschicklichkeit

Eine Person stellt sich auf zwei Pappteller und bewegt sich gleitend wie ein Schlittschuhläufer durch den Raum:
a) Mit unterschiedlichem Tempo gleiten.
b) Rückwärts laufen.
c) Als Fangspiel.

Pirouette 302

 Förderbereiche: Kreativität, Wahrnehmung, Geschicklichkeit

Eine Person steht mit einem Bein auf einem Pappteller. Nach mehrmaligem Anschieben mit dem anderen Bein führt die Person eine Pirouette (Drehung um die Körperlängsachse) aus:
a) Drehungen zu beiden Seiten ausführen.
b) Möglichst viele Drehungen vollführen.
c) Verschiedene kreative Drehungen entwickeln.
d) Auf dem Pappteller sitzend sich möglichst schnell um die eigene Achse drehen.
e) Sich mit geschlossenen Augen drehen.

Fangsicher 303

 Förderbereiche: Wahrnehmung, Geschicklichkeit, Schnelligkeit

Ein Pappteller wird von einer Person mit beiden Händen in die Luft geworfen und wieder aufgefangen.
a) Während des Fluges hinter dem Rücken in die Hände klatschen und den Teller wieder auffangen. Profis versuchen den Teller mit einer Hand zu fangen.
b) Während des Fluges eine oder mehrere Drehungen um die Längsachse ausführen und den Teller wieder auffangen. Profis versuchen den Teller mit einer Hand zu fangen.
c) Gleiche Übungen wie b), jetzt soll der Pappteller auf der offenen Hand landen.
d) Den Pappteller mit beiden Händen hochwerfen und auf einem Körperteil landen lassen: z.B. auf dem Bauch, auf dem Rücken, auf einem Arm oder Bein.

Pappteller-Balance

 Förderbereiche: Wahrnehmung, Geschicklichkeit

Ein Pappteller soll möglichst lange auf verschiedenen Körperteilen balanciert werden. Während des Balancierens auf dem vorgegebenen Körperteil führt die Person verschiedene Zusatzaufgaben aus.

Arm-Balancieren
- auf dem Unterarm
- auf der Fingerspitze
- Übungen als Doppelkoordinationsaufgabe

Kopf-Balancieren
- auf der Stirn
- auf dem Gesicht
- auf dem Hinterkopf

Fuß-Balancieren
- auf der Fußspitze
- auf dem Oberschenkel
- auf der Ferse

Zusatzaufgaben
a) Wer kann sich dabei hinsetzen und wieder aufstehen?
b) Wer kann sich gleichzeitig fortbewegen?
c) Wer kann den Pappteller mit geschlossenen Augen transportieren?
d) Wer kann dabei unter einem Hindernis (z.B. Zauberschnur) hindurchlaufen?
e) Wer kann einen Pappteller auf dem Kopf transportieren und gleichzeitig zwei Pappteller auf den Unterarmen balancieren?
f) Wer kann die beschriebenen Bewegungsaufgaben nach schnellen Drehungen um die eigene Achse ausführen?

Pappteller

Transportstäbe 305

Förderbereiche: Wahrnehmung, Geschicklichkeit

Zusatzmaterialien: Zeitungsrollen, Augenbinden

Eine Person legt einen Pappteller auf zwei Zeitungsrollen und transportiert ihn durch einen Hindernisparcours.

Variation:
Der Person, die den Pappteller balanciert, werden die Augen verbunden. Dieser „blinde" Spieler wird von einem Partner durch den Parcours gelotst.

Essstäbchen 306

Förderbereiche: Geschicklichkeit, Wahrnehmung

Zusatzmaterialien: Zeitungsrollen

Ein Pappteller wird auf zwei Zeitungsrollen gelegt und soll mit diesen beiden „Stäbchen" um 180 Grad gedreht werden.

Variation 1:
Den Pappteller mit den beiden Zeitungsrollen hochwerfen und wieder fangen.

Variation 2:
Mehrere im Kreis stehende Spieler werfen alle gleichzeitig ihren Pappteller mit den „Stäbchen" zu ihrem jeweiligen Nachbarn und fangen den ihnen zugeworfenen Pappteller auf.

Sport & Spiel mit Alltagsmaterial

Pappteller werfen 307

 Förderbereiche: Geschicklichkeit, Wahrnehmung

 Zusatzmaterialien: Kleine Kästen, Turnmatte, Reifen

Einen Pappteller:
a) Durch einen Pendelreifen werfen.
b) In einen umgedrehten kleinen Kasten oder ein anderes Ziel werfen.
c) Auf einem Ziel (z.B. Turnmatte, großer Kasten) landen lassen.
d) In eine auf dem Boden mit Seilchen markierte Riesenzielscheibe werfen bzw. landen lassen (auch als Wettbewerb: z.B. Rechts-Links-Wettbewerb, Teamwettbewerb etc.).
e) Durch eine auf einer Bank stehenden Wand aus Hohlkörpern werfen (Kastenteile etc.). Jedem Hohlraum ist eine Punktzahl zugewiesen. Mit einer bestimmten Anzahl an Würfen aus einer festgelegten Entfernung möglichst viele Punkte erzielen.

Pappteller-Frisbee 308

 Förderbereiche: Geschicklichkeit, Wahrnehmung, Kooperation

Zwei Personen werfen sich im Abstand von 3–5 m einen Pappteller zu:
a) Mit der Ober- und der Rückseite zuwerfen.
b) Mit der rechten und linken Hand.
c) Den Abstand zunehmend vergrößern.
d) Synchron-Passen mit zwei Papptellern.

Pappteller stapeln 309

 Förderbereiche: Kooperation, Wahrnehmung, Problemlösung

Eine Person stellt sich ganz ruhig hin. Ihr Partner versucht auf Kopf, Schulter, Arme, Füße möglichst viele Pappteller zu stapeln, ohne dass sie herunterfallen. Die Pappteller dürfen nicht übereinander gelegt werden. Welches Team kann die meisten Pappteller stapeln?

Pappteller

Chinesen-Fangen 310

 Förderbereiche: Schnelligkeit, Wahrnehmung

 Zusatzmaterialien: Gummiband

Bei der Variation des Brücken-Fangens werden die Fänger mit einem „Papptellerhut" gekennzeichnet, so dass sie wie Chinesen aussehen. Dazu wird ein breites Gummiband an die Pappteller geknotet. Bei diesem Fangspiel versuchen die „Chinesen" die übrigen Spieler abzuschlagen. Die gefangenen Spieler können befreit werden, indem ein Mitspieler durch die gegrätschten Beine kriecht.

Chinesen-Staffel 311

 Förderbereiche: Geschicklichkeit, Wahrnehmung

 Zusatzmaterialien: Tennisbälle, Wollfäden, Tischtennisbälle

Jedes Mannschaftsmitglied muss zwei Pappteller, auf denen jeweils ein Tischtennisball liegt, um eine Wendemarkierung transportieren. Vor dem Transport muss er sich jedoch in einen Chinesen verwandeln. Dazu muss er einen Pappteller als Hut auf den Kopf legen und einen schwarzen Wollfaden als Bart zwischen Lippe und Nase balancieren. Darüber hinaus muss er für den Chinesengang einen Tennisball zwischen die Knie einklemmen. Sollte beim Transport einer der beiden Bälle, der Hut oder Bart verloren gehen, muss die Person zurück zum Startpunkt und von vorne beginnen.

Transport-Staffel 312

 Förderbereiche: Geschicklichkeit, Wahrnehmung

 Zusatzmaterialien: Zeitungsrollen

Jedes Gruppenmitglied muss nacheinander einen Pappteller mit zwei „Stäbchen" (Zeitungsrollen) um eine Wendemarkierung transportieren und an seinen Mitspieler übergeben. Während des Transports muss ein Pappteller auf dem Kopf balanciert werden. Fällt einer der Teller herunter, muss der Spieler noch einmal von vorne beginnen. Welches Team ist zuerst fertig?

Oberkellner 313

Förderbereiche: Wahrnehmung, Geschicklichkeit

Zusatzmaterialien: Tischtennisbälle, Hindernisse

Ein „Oberkellner" balanciert zwei flach auf der Handfläche liegenden Pappteller. Auf den Tellern befindet sich jeweils ein Tischtennisball, die durch einen Hindernisparcours transportiert werden soll (Hindernisse über- und unterqueren).

Variation:
Zwei Pappteller gleichzeitig transportieren.

Pappteller-Segler 314

Förderbereiche: Geschicklichkeit

Zusatzmaterialien: Tischtennisbälle

Ein Tischtennisball wird in die Mitte des Papptellers gelegt und mit beiden Händen möglichst ruhig gehalten. Der Spieler muss den Pappteller so loslassen, dass dieser zu Boden segelt, ohne dass der Ball herunterfällt

Papptellerbecher 315

Förderbereiche: Geschicklichkeit, Wahrnehmung, Schnelligkeit

Zusatzmaterialien: Tischtennisbälle, Plastikbecher, Tesakrepp

Der Boden eines Plastikbechers wird mit Tesakrepp unter einen Pappteller geklebt. Auf dem Teller liegt ein Tischtennisball. Der Spieler schleudert den Ball in die Luft, dreht dann blitzschnell den Pappteller um und versucht den vom Boden zurückspringenden Ball mit dem Plastikbecher aufzufangen.

Variation:
Ausführung mit dem schwachen Arm.

Volley spielen　316

 Förderbereiche: Wahrnehmung, Geschicklichkeit

 Zusatzmaterialien: Tischtennisbälle

Ein Spieler schlägt einen Tischtennisball mit dem Pappteller in die Luft. Wer kann den Ball am längsten volley in der Luft halten?

Variation 1:
Den Pappteller vor jedem Schlag drehen, so dass immer abwechselnd mit der Ober- und Unterseite gespielt wird.

Variation 2:
Den Tischtennisball nach zwei bis drei Schlägen direkt aus der Luft fangen.

Variation 3:
Den Ball in die Luft schlagen, auf dem Boden einmal auftippen lassen und erneut in die Luft schlagen. Zwischen den Schlägen müssen Zusatzaufgaben ausgeführt werden (z.B. um die eigene Achse drehen, eine Wand berühren etc.).

Variation 4:
Variation 3 als Partneraufgabe.

Tischtennisball treiben　317

 Förderbereiche: Geschicklichkeit, Wahrnehmung, Ausdauer

 Zusatzmaterialien: Tischtennisbälle

Ein Spieler treibt einen Tischtennisball nur durch Fächeln (ohne Ballberührung) mit dem Pappteller auf dem Boden voran.

Variation 1:
Ein Spieler bewegt einen Tischtennisball durch eine kleine Hindernisbahn zu einem Ziel. Auf dem Weg sind verschiedene Hindernisse (z.B. durch schmale Tore, über eine Schräge hinauf etc.) zu passieren.

Variation 2:
Zwei Spieler laufen auf ein Startkommando zu dem in der Mitte liegenden Tischtennisball und versuchen ihn hinter die gegnerische Endlinie zu fächeln. Berührt ein Spieler den Tischtennisball mit dem Pappteller oder mit dem Fuß, verliert er die Spielrunde. Wer schafft zuerst fünf Siege?

Pappteller-Dribbling 318

 Förderbereiche: Wahrnehmung, Geschicklichkeit

 Zusatzmaterialien: Tischtennisbälle

Eine Person prellt einen Tischtennisball mit dem Pappteller auf den Boden und bewegt sich dabei durch die Halle.

Variation:
Zwei Bälle mit dem rechten und linken Arm gleichzeitig bzw. alternierend prellen.

Spirale 319

 Förderbereiche: Geschicklichkeit, Wahrnehmung

 Zusatzmaterialien: Tischtennisbälle

Auf die rechte Handfläche wird ein Pappteller mit einem Tischtennisball gelegt, der bei Bewegungsausführung nicht herunterfallen darf. Das Handgelenk wird zunächst einwärts gedreht, so dass die Finger zum Körper zeigen. Dann dreht man den waagerecht gehaltenen Pappteller weiter unter dem Unterarm hindurch, bis die Finger wieder nach vorne zeigen. Der Unterarm ist jetzt einwärts nach links verdreht. Danach wird der Arm angehoben und das Handgelenk über Kopf wieder zurückgedreht. Die Gesamtbewegung des Handgelenks gleicht einer großen „Acht". Die Schwierigkeit besteht darin, den Pappteller während der gesamten Drehung waagerecht zu halten, damit der Tischtennisball nicht herunterfällt.

Variation 1:
Bewegungsausführung mit geschlossenen Augen.

Variation 2:
Die Bewegung mit beiden Armen gleichzeitig ausführen.

Variation 3:
Die Bewegungsaufgabe „blind" mit beiden Armen gleichzeitig ausführen.

Pappteller

Treppenspringen 320

Förderbereiche: Kooperation, Kreativität, Schnelligkeit

Zusatzmaterialien: Tischtennisbälle

Mehrere Personen stellen sich nebeneinander auf und versuchen die Tischtennisbälle von einem Teller zum nächsten herunterhüpfen zu lassen, so dass der Weg der Bälle in einer Art Treppe von oben nach unten verläuft.

Ballübergabe 321

Förderbereiche: Kooperation, Geschicklichkeit, Wahrnehmung

Zusatzmaterialien: Tischtennisbälle

Eine Gruppe von Spielern sitzt im Kreis und übergibt Tischtennisbälle mit ihren Papptellern von einem Nachbarn zum nächsten. Die Übergabe erfolgt unter dem gestreckten Bein hindurch, ohne dass die Bälle herunterfallen.

Variation:
Die Übergabe erfolgt „blind". Die Partner stimmen sich verbal ab und erfühlen behutsam den Teller des Partners.

Pappteller-Tischtennis 322

Förderbereiche: Geschicklichkeit, Wahrnehmung

Zusatzmaterialien: Tischtennisbälle, Turnmatten, Seile

Die Spielidee entspricht einem Tischtennisspiel ohne Tisch. Als Spielfläche dient ein markiertes Feld auf dem Boden, das durch eine Reckstange oder ein Seil in der Mitte halbiert wird. Das Feld ist auf jeder Seite 1 m lang und wird am Ende durch eine Turnmatte begrenzt. Sie gibt nicht nur die Spielfeldbreite an, sondern dient auch als weiche Unterlage für die Spieler. Ein (oder zwei übereinander liegende) Pappteller fungieren als Schläger. Gespielt wird nach Tischtennisregeln.
Als Wettbewerbsform bietet sich das „Kaiserturnier" an.

Pappteller-Tennis 323

  Förderbereiche: Geschicklichkeit, Wahrnehmung, Schnelligkeit

  Zusatzmaterialien: Tischtennisbälle, Netz/Schnur

Zwei Personen spielen gegeneinander auf einem verkleinerten Feld mit einem Tischtennisball Tennis. Ein oder zwei übereinander gelegte Pappteller dienen als Schläger.

Pappteller-Squash 324

  Förderbereiche: Geschicklichkeit, Wahrnehmung, Schnelligkeit

  Zusatzmaterialien: Tischtennisbälle

Zwei Spieler spielen einen Tischtennisball mit dem Pappteller abwechselnd gegen eine Wand. Der Partner schlägt, nachdem der Ball einmal den Boden berührt hat. Wie oft kann der Ball gespielt werden?

Variation 1:
Der Ball darf auch direkt gespielt werden.

Variation 2:
Die beiden Spieler spielen gegeneinander in einem abgegrenzten Feld.

Pappteller

Ball über die Schnur   325

 Förderbereiche: Kooperation, Geschicklichkeit, Wahrnehmung, Schnelligkeit

 Zusatzmaterialien: Tischtennisbälle, Netz/Schnur

Vier Spieler bauen ein Feld auf, das durch ein kopfhoch gespanntes Netz oder eine Schnur in der Mitte getrennt wird. Die beiden Zweierteams spielen gegeneinander nach folgenden Regeln: Die Spieler schlagen den Tischtennisball mit ihren Papptellern über die Schnur. Der Tischtennisball darf von jedem Spieler einmal berührt werden, darf aber auch direkt über das Netz geschlagen werden. Der Aufschlag erfolgt von einer vorher vereinbarten Aufschlaglinie. Für den Aufschlag hat man zwei Versuche. Als Fehler wird gewertet, wenn der Ball auf den Boden fällt. Bei einem Fehler erhält die Mannschaft, die den Fehler begangen hat, das Aufschlagrecht. Sieger ist die Mannschaft, die zuerst 21 Punkte hat.

Variation 1:
Der Tischtennisball darf nie direkt über das Netz geschlagen werden, sondern muss immer erst zum Partner gespielt werden, der ihn über das Netz befördert.

Variation 2:
Der Schläger muss mit beiden Händen gehalten werden.

Plastikbecher

Plastikbecher gibt es in vielfältigen Größen und in unterschiedlichster Materialhärte. Neben den klassischen weichen 0,2-l-Trinkbechern sind auch alte Jogurtbecher oder die etwas größeren 500-g-Jogurt- und Buttermilchbecher zweckmäßig. Für Spiele und Bewegungsaufgaben, bei denen Tischtennis- und Tennisbälle als zusätzliche Materialien eingesetzt werden, sollten stabile Kunststoffbecher benutzt werden.

Plastikbecher

Bechertransport — 326

> **Förderbereiche:** Geschicklichkeit, Wahrnehmung

> **Zusatzmaterialien:** Bierdeckel

Eine Person transportiert einen Becher zu einer Zielmarkierung:
a) Einen oder mehrere Becher auf unterschiedlichen Körperteilen (Schulter, Nacken, Kopf etc.) balancieren.
b) Zwei Becher Boden an Boden übereinander gestapelt auf der Handfläche ins Ziel tragen.
c) Einen Bierdeckel auf die Handfläche legen und darauf immer abwechselnd einen Plastikbecher und einen weiteren Bierdeckel zu einem möglichst hohen Turm stapeln.

Gefühlvolle Beine — 327

> **Förderbereiche:** Wahrnehmung, Geschicklichkeit

> **Zusatzmaterialien:** Stuhl/kleiner Kasten

Eine Person setzt sich auf einen Stuhl/kleinen Kasten und stellt auf ihren Oberschenkel (in der Nähe des Knies) einen Plastikbecher. Nun das Knie heben und senken, ohne dass der Becher herunterfällt.

Variation:
Einen Plastikbecher auf den Fuß stellen und den Unterschenkel beugen und strecken.

Umgedrehter Becher — 328

> **Förderbereiche:** Wahrnehmung, Geschicklichkeit

> **Zusatzmaterialien:** Tennisbälle, Hindernisse

Auf den Boden eines umgedrehten Bechers wird ein Tennisball gelegt. Ein Spieler stellt den Becher auf die waagerecht gehaltene Handfläche und balanciert den Ball durch einen Hindernisparcours.

Variation:
Ein zweiter Plastikbecher muss gleichzeitig auf dem Kopf balanciert werden.

Rattenjagd 329

 Förderbereiche: Schnelligkeit, Wahrnehmung

Zusatzmaterialien: Tischtennisbälle

Ein Spieler rollt einen Tischtennisball langsam nach vorne über den Boden. Anschließend läuft er dem Ball hinterher, überholt ihn und nimmt eine Grätschstellung mit Rücken zum Ball ein. Er versucht nun, den durch die Beine rollenden Ball mit dem Becher anzuhalten.

Einlochen 330

 Förderbereiche: Wahrnehmung, Geschicklichkeit

 Zusatzmaterialien: Tischtennisbälle

Ein Spieler versucht einen Tischtennisball in einen quer auf den Hallenboden gelegten Plastikbecher zu rollen. Wer trifft aus der größten Entfernung?

Variation 1:
Das „Einlochen" erfolgt in einen langsam rollenden Plastikbecher.

Variation 2:
Der Tischtennisball wird mit einem Schläger (z.B. Hockeyschläger, Besen, Papprolle etc.) eingelocht.

Plastikbecher

Treff den Becher 331

 Förderbereiche: Geschicklichkeit, Wahrnehmung

 Zusatzmaterialien: Tischtennisbälle, Langbank, evtl. kleine Gegenstände (z.B. Murmeln, Steine etc.)

Mehrere Becher werden auf einer Langbank aufgebaut. Ein Spieler versucht aus 1–2 m Entfernung in jeden Becher einen Tischtennisball zu werfen. Umgefalle Becher dürfen wieder aufgestellt werden. Wer benötigt die wenigsten Würfe?

Variation:
In die Becher werden zum Beschweren kleine Gegenstände gelegt.

Becherpendel 332

 Förderbereiche: Geschicklichkeit, Wahrnehmung, Schnelligkeit

 Zusatzmaterialien: Tesakrepp, Tischtennisbälle, Schnur

Das Ende einer ca. 50 cm langen Schnur wird mit Tesakrepp an einen Tischtennisball geklebt. Das andere Ende wird an den Boden eines Plastikbechers gebunden. Die Aufgabe besteht darin, den Tischtennisball geschickt hochzuschleudern und in dem Becher aufzufangen. Die Ausführung erfolgt dabei zunächst mit der geschickteren Hand und dann mit der schwächeren Hand.

Variation:
Übungsaufgaben mit beiden Armen gleichzeitig auszuführen.

Kegeln 333

 Förderbereiche: Geschicklichkeit, Wahrnehmung

 Zusatzmaterialien: Tennisbälle

Neun Becher werden wie die Pins beim Kegeln in 3–5 m Entfernung aufgestellt. Ein Spieler versucht mit einem Tennisball in drei Versuchen möglichst viele Becher umzukegeln.

Variation 1:
Der Spieler muss mit dem schwachen Arm kegeln.

Variation 2:
Dem Spieler werden die Augen verbunden. Ein Partner steuert ihn durch verbale Anweisungen.

Becherwurf 334

 Förderbereiche: Wahrnehmung, Geschicklichkeit, Schnelligkeit

 Zusatzmaterialien: Tischtennisball

Ein Tischtennisball liegt in einem Becher. Der Ball wird von einem Spieler aus dem Becher hochgeschleudert und, nachdem er einmal vom Boden zurückgesprungen ist, wieder mit dem Becher aufgefangen.

Variation 1:
Vor dem Fangen des vom Boden zurückprellenden Balles folgende Zusatzaufgaben ausführen:
a) Handwechsel.
b) Drehung um die Körperlängsachse.
c) Berührung des Bodens mit den Händen.
d) Nach dem 1. Aufspringen ein Bein über den Ball führen und ihn danach auffangen.
e) Den Ball mit dem Boden des umgedrehten Bechers hochtippen und dann im Becher auffangen.

Variation 2:
Gleichzeitig zwei Tischtennisbälle mit der linken und rechten Hand werfen und fangen.

Rollball 335

 Förderbereiche: Wahrnehmung, Geschicklichkeit, Schnelligkeit

 Zusatzmaterialien: Tisch, Tischtennisbälle

Zwei Partner stehen sich gegenüber an einem Tisch und rollen sich einen Tischtennisball zu. Dieser muss, sobald er über die Tischkante rollt, mit dem Becher aufgefangen werden.

Geschickte Übergabe 336

 Förderbereiche: Kooperation, Wahrnehmung, Geschicklichkeit

 Zusatzmaterialien: Tischtennisbälle

Zwei Partner stehen mit dem Rücken zueinander (Abstand je nach Beweglichkeit). Sie halten ihren Becher mit beiden Händen gefasst und übergeben einen Tischtennisball mit den Bechern von einer zur anderen Seite. Bei der Ausführung müssen die Füße fest auf dem Boden stehen. Welches Team schafft die meisten Übergaben in der vorgegebenen Zeit?

Partnerwurf 337

 Förderbereiche: Kooperation, Wahrnehmung, Geschicklichkeit

 Zusatzmaterialien: Tischtennisbälle

Zwei Partner spielen sich im Stand einen Tischtennisball mithilfe ihrer Becher zu.

Variation:
Der Ball muss zunächst auf den Boden auftippen. Der Fänger muss vor dem Fangen folgende Zusatzaufgaben ausführen:
a) Drehung um die Körperlängsachse.
b) Berührung des Bodens mit den Händen.
c) Nach dem Aufspringen ein Bein über den Ball führen und dann den Ball auffangen.
d) Den Ball mit dem Boden des umgedrehten Bechers hochtippen und dann erst mit dem Becher auffangen.

Übergabestaffel 338

 Förderbereiche: Geschicklichkeit, Kooperation, Schnelligkeit

 Zusatzmaterialien: Tischtennisbälle

Mehrere Gruppen stehen hintereinander in einer Reihenaufstellung, wobei jedes Gruppenmitglied einen Becher hat. Auf ein Startsignal wird ein Tischtennisball von Becher zu Becher an den jeweiligen Hintermann übergeben. Der Letzte der Reihe läuft mit dem Ball nach vorne, um ihn wieder nach hinten zu geben. Der Wettkampf ist beendet, sobald jeder zweimal von hinten nach vorne gelaufen ist.

Variation 1:
Vorgabe der Übergabeart (z.B. über eine Schulter, seitlich in Hüfthöhe, durch die Beine etc.).

Variation 2:
Die Gruppen stehen in Reihenaufstellung. Die erste Person hat einen mit Wasser gefüllten Becher, in dem ein Tischtennisball schwimmt. Auf ein Startsignal wird das Wasser mit dem Ball weitergegeben. Der letzte Spieler läuft nach vorne, um ihn wieder abzugeben. Nach zwei Durchläufen ist der Wettkampf beendet.

Synchron-Maschine 339

 Förderbereiche: Kooperation, Wahrnehmung, Geschicklichkeit

 Zusatzmaterialien: Tischtennisbälle

Eine Gruppe von Spielern steht im Kreis. Jeder hat einen Plastikbecher, in dem ein Tischtennisball liegt. Auf Kommando schleudern alle gleichzeitig ihren Tischtennisball aus dem Becher nach rechts zu ihrem Nachbarn, der versucht den zugeworfenen Ball mit seinem Becher zu fangen.

Variation 1:
Es darf nur mit der schwachen Hand geworfen werden.

Variation 2:
Der Tischtennisball wird zum übernächsten Mitspieler geworfen.

Variation 3:
Der Tischtennisball wird senkrecht hochgeworfen. Anschließend rücken alle Spieler eine Position weiter und versuchen den „neuen" Ball aufzufangen.

Plastikbecher

Liliputaner-Basketball 340

 Förderbereiche: Geschicklichkeit, Wahrnehmung

 Zusatzmaterialien: Tischtennisbälle, kleine Gegenstände (z.B. Steine/ Murmeln)

An den beiden Querseiten eines 1 x 2 m großen, rechteckigen Spielfeldes (oder auf einem Tisch) wird jeweils ein Plastikbecher gestellt. Zum Beschweren werden in die offenen Becher kleine Gegenstände gelegt. Die Spieler versuchen nun abwechselnd einen Tischtennisball in die Becher zu werfen. Der Ball darf dabei nur als indirekter Wurf (Aufsetzer) gespielt werden. Welcher Spieler erzielt die meisten Treffer?

Variation 1:
Es darf nur mit der „schwachen" Hand geworfen werden.

Variation 2:
Es werden auf jeder Seite mehrere unterschiedlich große Becher aufgestellt. Den Bechern werden entsprechend ihrer Größe unterschiedliche Punktzahlen zugeordnet. Für einen Treffer im größten Becher erhält man einen Punkt, für einen Treffer im kleinsten Becher erhält man die höchste Punktzahl.

Becherturmball   341

 Förderbereiche: Kooperation, Wahrnehmung, Schnelligkeit

 Zusatzmaterialien: (Tischtennis)Bälle, kleiner Kasten

Zwei Mannschaften versuchen einen (Tischtennis)Ball ihrem „König" zuzuspielen. Der König steht auf einem kleinen Kasten in einem markierten Feld, das nicht betreten werden darf. Die Mannschaft erhält einen Punkt, wenn der König den Ball mit seinem Becher fangen kann, ohne den Kasten zu verlassen. Die Feldspieler dürfen nicht mit dem Ball laufen, außerdem ist Körperkontakt verboten.

Haltet das Feld frei   342

 Förderbereiche: Wahrnehmung, Schnelligkeit, Kooperation

 Zusatzmaterialien: Langbänke, kleine Bälle

Zwei Mannschaften stehen sich in einer durch Bänke geteilten Halle gegenüber. Jeder Spieler hat einen Becher und einen Ball. Beide Mannschaften versuchen, ihre eigene Hälfte möglichst frei von Bällen zu halten. Die Bälle dürfen nur mit den Bechern aufgenommen und geworfen werden. In welcher Hälfte befinden sich nach einer vorher vereinbarten Zeit die wenigsten Bälle?

Anmerkung: Hier sollten keine Tischtennisbälle eingesetzt werden, da man im „Chaos" schnell auf sie treten kann.

Wurfbude   343

 Förderbereiche: Geschicklichkeit, Wahrnehmung

 Zusatzmaterialien: Kasten/Tisch, Tennisbälle

Fünfzehn Becher werden zu einer Pyramide auf einem Kasten (oder Tisch) aufgebaut. Die Spieler werfen von einer 3–4 m entfernten Linie. Jeder Werfer versucht mit einem Tennisball mit möglichst wenigen Würfen die Becher vom Tisch zu werfen.

Variation:
Es darf nur mit der „schwachen" Hand geworfen werden.

Plastikbecher

Bechertennis 344

Förderbereiche: Kooperation, Wahrnehmung, Geschicklichkeit, Schnelligkeit

Zusatzmaterialien: Bauband, Tischtennisbälle

Es werden zwei Mannschaften mit je zwei bis vier Spielern gebildet. Sie stehen sich in einem durch ein Bauband (Höhe ca. 1–2 m) geteiltes Feld gegenüber. Jeder Spieler hat einen Plastikbecher und versucht den Tischtennisball mit dem Becher so über das Band zu schleudern, dass er mehr als einmal im gegnerischen Feld auftippt. Die gegnerische Mannschaft versucht den Ball entweder direkt oder nach einmaligem Aufspringen mit dem Becher zu fangen. Bevor der gefangene Ball über das Netz geworfen wird, darf sich jede Mannschaft den Ball dreimal zuspielen. Dabei darf der Ball nicht zu Boden fallen und es darf auch nicht mit dem Ball gelaufen werden. Der Ball wird immer von der Mannschaft, die keinen Punkt gemacht hat, aus dem Feld ins Spiel gebracht. Welche Mannschaft hat zuerst 21 Punkte?

Zahn-Technik 345
(Spiel im Freien)

Förderbereiche: Geschicklichkeit, Wahrnehmung

Zusatzmaterialien: Eimer, Wasser

Die Spieler der Mannschaften transportieren nacheinander Wasser in einem Plastikbecher zu einem gegenüber der Startlinie stehenden Eimer und füllen es hinein. Dabei darf der Spieler den Plastikbecher nur mit den Zähnen festhalten. Auch für das Aufnehmen des Bechers und das Entleeren in den Eimer dürfen die Hände nicht benutzt werden. Während ein Spieler unterwegs ist, darf das nächste Mannschaftsmitglied seinen Becher füllen und auf die Startmarkierung stellen. Welches Team transportiert in der vorgegebenen Zeit das meiste Wasser?

Kellner-Staffel
(Spiel im Freien)

 Förderbereiche: Wahrnehmung, Geschicklichkeit

 Zusatzmaterialien: Servietten, Tabletts, Wasser

Jedes Team bekommt ein Tablett mit einer gleichen Anzahl von Plastikbechern. An der Startlinie steht ein großer Wasserbehälter. Nacheinander versucht jeder Spieler, nachdem er die Becher gefüllt hat, das Tablett mit einer Hand durch einen Hindernisparcours zur anderen Seite zu befördern. Dort angekommen füllt er das Wasser aus den Bechern in den Zielbehälter, läuft zurück zu seinem Team und der nächste Spieler startet. Welche Mannschaft hat in der vorgegebenen Zeit das meiste Wasser in ihren Behälter gebracht?

Wasserleitung
(Spiel im Freien)

 Förderbereiche: Kooperation, Geschicklichkeit, Wahrnehmung

 Zusatzmaterialien: Eimer, Wasser

Alle Spieler haben einen Becher und stellen sich hintereinander auf. Ziel ist es, Wasser aus einem Eimer zu einem gegenüberstehenden leeren Behälter zu befördern. Der vorderste Spieler steht am vollen Eimer, entnimmt mit seinem Becher Wasser und gibt es durch die Beine nach hinten zum nächsten Partner. Der letzte Spieler füllt das Wasser durch die Beine in den Zielbehälter. Welche Mannschaft hat in einer festgelegten Zeit das meiste Wasser transportiert?

Fontaine
(Spiel im Freien)

 Förderbereiche: Wahrnehmung, Geschicklichkeit

 Zusatzmaterialien: Plastikflaschen, Wasser

Jeder Staffelspieler nimmt Wasser in seinen Mund und transportiert es zur gegenüberliegenden Spielfeldseite. Dort spuckt er es, ohne die Hände zu benutzen, in einen Plastikbecher, läuft zurück und schlägt den nächsten Spieler ab. Welche Mannschaft hat zuerst drei Plastikbecher bis zum Eichstrich mit Wasser gefüllt?

Plastikbecher

Wasserschützen   349
(Spiel im Freien)

 Förderbereiche: Geschicklichkeit, Wahrnehmung

 Zusatzmaterialien: Wasserpistole/Spritzflasche, Wasser, Bretter

Zwei Mannschaften stehen an einer Startlinie. Jedem Team gegenüber stehen in 10 m Entfernung 30–40 leere Plastikbecher auf einem Tisch oder Brett. Auf Kommando läuft der erste Spieler jeder Mannschaft mit einer Spritzflasche (oder einer Wasserpistole) zu einer vorher markierten Abschussstelle und versucht von dort mit dem Wasserstrahl möglichst viele Becher herunterzuschießen. Nachdem er die Flasche leer geschossen hat, läuft er zurück zu seinem Team und übergibt sie dort seinem Partner. Dieser lädt die Flasche in einem neben der Startlinie bereit stehenden Wassereimer wieder nach, läuft zur Abschussstelle und versucht die übrig gebliebenen Becher herunterzuschießen usw. Welches Team hat zuerst alle Becher heruntergeschossen?

Variation:
Es werden unterschiedlich große und schwere Becher aufgestellt.

Plastikflaschen

Plastikflaschen gibt es in vielfältigen Größen und Formen. Neben den besonders geeigneten PET-Getränkeflaschen können aber auch Kunststoffflaschen wie z.B. Weichspülerflaschen verwendet werden. Plastikflaschen sind fast überall verfügbar bzw. problemlos zu besorgen. Sie sind als Balancier- und Jongliergegenstand ebenso tauglich wie als Schläger und Transportbehälter. Wieder verschließbare Kunststoffflaschen bieten die Möglichkeit, sie mit Sand oder Wasser zu füllen. Auf diese Weise ergeben sich zusätzliche Differenzierungsmöglichkeiten. Allerdings besteht in der Sporthalle bei Undichtigkeit des Flaschenverschlusses eine Unfallgefahr. Insbesondere Spiele und Bewegungsaufgaben mit Wasser sollten deshalb im Freien durchgeführt werden.

Plastikflaschen

Flaschenwurf

 Förderbereiche: Geschicklichkeit, Wahrnehmung

Der Spieler wirft eine Flasche mit einer Hand so hoch, dass er sie nach einer Drehung um die eigene Achse wieder mit derselben Hand fangen kann.

Variation 1:
Mit dem „schwachen" Arm werfen und fangen.

Variation 2:
Zwei Flaschen gleichzeitig werfen und fangen.

Flaschenturm

 Förderbereiche: Wahrnehmung, Geschicklichkeit

Eine Person stellt auf seine Flasche eine zweite, umgedrehte Flasche, so dass die Flaschen Deckel auf Deckel stehen. Wer kann diesen Turm am längsten balancieren?

Variation:
Die Flaschen mit dem „schwachen" Arm balancieren.

Fußwurf

 Förderbereiche: Geschicklichkeit, Wahrnehmung, Schnelligkeit

Ein Spieler klemmt sich eine Plastikflasche zwischen die Füße. Im Hochspringen versucht er die Flasche mit den Füßen hochzuschleudern und sie in der Luft zu fangen.

Variation 1:
Die Flasche mit den Füßen nach hinten hochwerfen und nach einer halben Drehung fangen.

Variation 2:
Die Plastikflasche nach hinten mit den Füßen hochwerfen und nach einer Drehung im nach vorne gezogenen T-Shirt auffangen.

Freier Fall 353

Förderbereiche: Wahrnehmung

Zusatzmaterialien: Erbsen

Eine Person versucht aus einer Höhe von 0,5–1,5 m eine Erbse oder einen anderen kleinen Gegenstand (mit gestrecktem Arm) in eine offene Flasche fallen zu lassen.

Variation:
Die Erbse wird in den Mund gesteckt und muss von dort in die Flasche fallen.

Gefühlvoller Po 354

Förderbereiche: Wahrnehmung, Geschicklichkeit

Zusatzmaterialien: Stifte, Fäden, Stuhl/kleiner Kasten

An der Hose einer Person wird mit einem langen Faden ein Kugelschreiber oder Bleistift befestigt. Die Länge des Fadens muss so gestaltet werden, dass der Stift in Kniehöhe hängt. Auf Kommando versucht der Spieler den Stift möglichst schnell in eine auf dem Boden stehende Flasche zu bugsieren. Dabei dürfen die Hände nicht benutzt werden.

Variation 1:
Der Spieler steht auf einem Stuhl und versucht von dort den Stift in die auf dem Boden stehende Flasche einzuführen.

Variation 2:
Als Partneraufgabe: Demjenigen, der die Aufgabe auszuführen hat, werden die Augen verbunden. Er wird von seinem Partner gesteuert.

Plastikflaschen

Flaschen stellen

 Förderbereiche: Kraft, Problemlösung, Geschicklichkeit

Ein Spieler steht, kniet oder sitzt hinter einer Startlinie. Er hat zwei Flaschen und soll eine davon möglichst weit hinter die Startlinie platzieren, ohne den Boden mit irgendeinem Körperteil jenseits der Startlinie zu berühren. Die zweite Flasche darf als Hilfsmittel genutzt werden (z.B. darauf stützen). Die Aufgabe ist nur erfolgreich erledigt, wenn die platzierte Flasche steht und der Spieler sich wieder hinter der Startlinie befindet, ohne den Boden berührt zu haben.

Jonglieren

 Förderbereiche: Geschicklichkeit, Wahrnehmung

Ein Spieler hält in jeder Hand eine Flasche am Flaschenhals. Zuerst wirft er die Flasche aus der rechten Hand leicht nach links versetzt in die Luft. Während sie sich dreht wirft er die in der linken Hand befindliche Flasche mit einer kreisenden Unterhandbewegung auf die rechte Seite. Die erste Flasche wird mit der linken und dann die zweite Flasche mit der rechten Hand gefangen.

Variation:
Zwei Partner stehen sich im Abstand von 3–5 m gegenüber und werfen sich drei Flaschen hin und her.

Fußpass

 Förderbereiche: Geschicklichkeit, Kooperation, Wahrnehmung

Ein Spieler passt eine zwischen den Füßen eingeklemmte Flasche nur mit den Füßen zu seinem Partner, der die Flasche in der Luft auffängt. Welches Team überwindet die größte Distanz?

Variation:
Die eingeklemmte Flasche mit einer Handstandbewegung (Zappelhandstand) zum Partner schleudern.

Schnapp den Ball   358

 Förderbereiche: Wahrnehmung, Schnelligkeit

 Zusatzmaterialien: Tischtennisbälle

Auf eine am Boden stehende Flasche wird eine zweite verkehrt herum gestellt, so dass die beiden Flaschenhälse zueinander zeigen. Auf die obere Flasche wird ein Tischtennisball gelegt. Ein Spieler schlägt die untere Flasche schnell weg. Sein Partner versucht, nachdem die obere Flasche mit dem Flaschenhals aufgeschlagen ist, den dann hochspringenden Tischtennisball in der Luft zu fangen.

Variation:
Die Hände des fangenden Spielers befinden sich auf dem Boden oder hinter dem Rücken. Er darf sie erst bewegen, wenn der Partner die Flasche beim Schlag berührt.

Kreisende Flasche   359

 Förderbereiche: Kooperation, Geschicklichkeit, Wahrnehmung

Eine Gruppe von Spielern sitzt im Kreis zusammen. Die Spieler haben die Aufgabe, eine 1,5-l-Flasche nur mit den nackten Füßen an ihren Nachbarn weiterzugeben. Auf ein Startsignal versucht die Gruppe möglichst viele Runden in einer vorgegebenen Zeit auszuführen.

Variation:
Die Flasche muss immer abwechselnd mit überkreuzten und parallelen Beinen angenommen und übergeben werden. Während bei paralleler Beinhaltung die Flasche mit den Fußinnenseiten eingeklemmt wird, muss bei der Übergabe und Annahme mit überkreuzten Beinen die Flasche mit dem Außenrist der Füße eingeklemmt werden.

Plastikflaschen

Flaschentreff 360

 Förderbereiche: Problemlösung, Kooperation, Geschicklichkeit, Wahrnehmung

 Zusatzmaterialien: Tennisbälle, Bänke, Reifen

Jeweils zwei Spieler einer Viergruppe stehen sich durch eine Langbank getrennt gegenüber. Alle haben einen Tennisball in der Hand und stehen in unterschiedlich weit von der Langbank entfernten Reifen (4–7 m). In einer vorgegebenen Zeit versuchen die Spieler zehn auf der Bank verteilt stehende Plastikflaschen herunterzuwerfen. Die Gruppenmitglieder entscheiden selbst, wer von welchem Reifen aus werfen soll. Vor jedem neuen Wurf muss jeder Spieler den vom gegenüber stehendem Partner geworfenen Ball holen und mit diesem Ball in den eigenen Reifen zurückkehren. Schafft es das Viererteam alle Flaschen vor Spielende abzuräumen, werden die Flaschen wieder von den Helfern aufgestellt. Welches Team trifft die meisten Flaschen in der vorgegebenen Zeit?

Variation:
Zwei Spieler des Teams sind durch eine Langbank getrennt und knien in unterschiedlich weit von der Langbank entfernten Reifen. Die Spieler müssen beim Werfen knien.

Känguru-Staffel 361

 Förderbereiche: Geschicklichkeit, Kraft, Ausdauer

 Zusatzmaterialien: Besen/Stäbe

Jeder Spieler stellt sich auf ein Bein. Nun wird das andere Bein im Kniegelenk nach hinten abgeknickt und am Fuß mit einer Hand in Richtung Po gezogen. Mit der freien Hand fasst der Spieler einen Stab oder Besen. Auf einem Bein hüpfend rollt jeder Spieler mit dem Stab eine auf dem Boden liegende Flasche um eine Wendemarkierung. Welche Staffel ist am schnellsten?

Variation:
Mit dem nach hinten abgeknickten Bein muss eine zweite Plastikflasche eingeklemmt werden. Das Bein darf nicht mit der freien Hand gefasst werden.
Fällt diese Flasche herunter muss das Sprungbein gewechselt werden.
Anmerkung: Lange Hosen erschweren diese Aufgabe, da die Flasche nicht so gut festgeklemmt werden kann.

Ringender Kreis 362

 Förderbereiche: Kraft, Geschicklichkeit, Wahrnehmung

Sechs bis zehn Personen fassen sich an den Händen und bilden einen Kreis. In der Mitte des Kreises stehen fünf Plastikflaschen. Die Spieler versuchen durch Ziehen, Schieben oder Drängen zu erreichen, dass ein Mitspieler eine oder mehrere Flaschen umwirft. Die Spieler, die eine Flasche umwerfen oder die Hände lösen, bekommen einen Minuspunkt. Wer hat nach einer vorher vereinbarten Zeit die wenigsten Minuspunkte?

Flaschen-Hockey 363

 Förderbereiche: Geschicklichkeit, Wahrnehmung, Kooperation

 Zusatzmaterialien: Tennisbälle

 Sicherheitshinweis/Risikofaktor 2: Gefahr durch das Spielgerät (Flasche) bei übermütigem bzw. regelwidrigem Verhalten!

Zwei Mannschaften versuchen einen Tennisball ins gegnerische Tor zu schlagen. Dazu erhält jeder Spieler eine leere Plastikflasche als Schläger.
Anmerkung: Für ein sicheres Spiel sollten mit der Gruppe gemeinsam Regeln erarbeitet werden, um ein wildes Um-sich-Schlagen zu verhindern.

Flaschenkegeln 364

 Förderbereiche: Geschicklichkeit, Wahrnehmung

 Zusatzmaterialien: Bälle

Neun Flaschen werden wie die Pins beim Kegeln aufgestellt. Jeder Spieler versucht nun, mit möglichst wenigen Würfen die Flaschen mit einem Ball umzukegeln.

Plastikflaschen

Pendelflaschenball 365

 Förderbereiche: Geschicklichkeit, Wahrnehmung

 Zusatzmaterialien: Fäden, Schachteln/Bälle, Tore

Jedem Spieler wird eine an einem Faden befestigte Flasche an die Taille gebunden. Die Flaschen müssen 20 cm über dem Boden hängen, so dass sie pendeln können. Jedes Zweierteam versucht nun, eine auf dem Boden liegende Schachtel oder einen leichten (Papier)Ball mit der Flasche in das gegnerische Tor zu treiben. Dabei dürfen der Faden und die Flasche nicht mit den Händen berührt werden.
Anmerkung: Abhängig vom Spielgerät, das ins Tor befördert werden muss, und vom Boden des Spielfeldes sind die Flaschen zu beschweren. Sie können dazu mit Sand oder Wasser befüllt werden.

Blinder Barkeeper 366
(Spiel im Freien)

 Förderbereiche: Kooperation, Wahrnehmung

 Zusatzmaterialien: Plastikbecher, Wasser, Augenbinden

Zwei Partner sitzen sich gegenüber. Ein Spieler klemmt sich einen Jogurtbecher zwischen die Oberschenkel. Sein Partner muss mit verbundenen Augen diesen Becher mit einer Wasserflasche auffüllen. Der Abstand sollte so gewählt sein, dass mit ausgestrecktem Arm gerade noch der Becher erreicht werden kann.

Flaschen leer schießen 367
(Spiel im Freien)

 Förderbereiche: Wahrnehmung, Schnelligkeit, Geschicklichkeit

 Zusatzmaterialien: Bälle, Wasser

Zwei große Flaschen werden mit Wasser gefüllt und ca. 5 m von einer Schusslinie entfernt aufgestellt. Die beiden Spieler versuchen abwechselnd mit einem Ball die Flasche des Gegners umzuschießen. Wird die eigene Flasche vom Gegner umgeschossen, läuft der Spieler, dem die Flasche gehört, schnell zu ihr hin, um die Flasche wieder aufzustellen, damit nicht zu viel Wasser ausläuft.
Wer schafft es als Erster, die Flasche des Gegners zu leeren?

Flaschen-Fußball   368

 Förderbereiche: Wahrnehmung, Geschicklichkeit, Schnelligkeit

 Zusatzmaterialien: Softbälle

Alle Spieler verteilen ihre Flaschen in einem markierten Spielfeld. Anschließend begeben sie sich in den Mittelkreis und laufen auf Kommando zu den drei im Feld liegenden Softbällen. Mit den Bällen versuchen sie die gegnerischen Flaschen umzuschießen. Die eigene Flasche kann durch geschicktes Davorstellen geschützt werden. Man darf sich nicht hinlegen, hinknien oder den Ball mit der Hand abwehren. Der Spieler, dessen Flasche umgeschossen wird, scheidet aus. Die letzten fünf Spieler erhalten jeweils einen Punkt und eine neue Spielrunde wird gestartet.

Mundwasser   369
(Spiel im Freien)

 Förderbereiche: Wahrnehmung, Geschicklichkeit, Schnelligkeit

 Zusatzmaterialien: Wasser

Staffelwettbewerb: Mehrere Mannschaften versuchen in einer festgelegten Zeit möglichst viel Wasser in ihre auf der anderen Seite stehende Flasche zu füllen. Jeder Spieler nimmt Wasser in den Mund, läuft zur Flasche und versucht das im Mund befindliche Wasser in die Flasche zu füllen. Dabei darf die Flasche weder mit den Händen noch mit dem Mund berührt werden. Anschließend läuft der Spieler zurück und schlägt das nächste Mannschaftsmitglied ab.

Geschicktes Befüllen   370
(Spiel im Freien)

 Förderbereiche: Kooperation, Problemlösung, Wahrnehmung

 Zusatzmaterialien: Tesakrepp

Eine mit Wasser gefüllte Plastikflasche (0,5 l) wird einem Mitglied der Gruppe mit Tesakrepp seitlich an den Oberschenkel gebunden. Die Gruppe hat die Aufgabe, das Wasser in einen am Boden stehenden Behälter umzufüllen. Dabei darf der Behälter nicht berührt werden.

Plastikflaschen

Flaschenwächter 371

 Förderbereiche: Wahrnehmung, Schnelligkeit, Kooperation

 Zusatzmaterialien: Bälle

Im hinteren Teil eines Spielfelds werden zwei Plastikflaschen aufgestellt. Die Spieler befinden sich mit je einem Ball an der Abwurflinie der Querseite und versuchen die Flaschen von dort aus umzustoßen. Der Ball darf nur gerollt werden. Im Feld befindet sich ein Flaschenwächter, der versucht, die Bälle mit der Hand oder dem Fuß abzuwehren. Er darf die Bälle aber nicht festhalten. Während die Spieler ihren gespielten Ball selbst wiederholen, versucht der Flaschenwächter sie innerhalb des Feldes abzuschlagen. Dies kann er aber nur tun, solange die beiden Flaschen stehen. Wird eine Flasche umgeworfen, rufen die Spieler „Bau auf", und er muss die Flasche erst wieder aufstellen und darf keine Spieler mehr abschlagen. Gelingt es dem Flaschenwächter, einen Spieler regelgerecht abzuschlagen, wird der gefangene Spieler zum neuen Flaschenwächter.

Flaschen-Drehen 372

 Förderbereiche: Wahrnehmung

 Sicherheitshinweis/Risikofaktor 3: Verletzungsgefahr durch Stürze (siehe Anmerkung bei der Spielbeschreibung)!

Jedes Gruppenmitglied läuft zu einer 5–10 m entfernt stehenden Flasche und rennt zehn Mal, einen Finger in der Flasche haltend, um sie herum. Nach der letzten Drehung läuft er wieder zurück zur Gruppe und schlägt den Partner ab, der dann die Aufgabe ausführt. Welche Gruppe ist zuerst fertig?
Anmerkung: Die schnellen Drehungen führen zu starken Gleichgewichtsstörungen. Deshalb sollten alle verletzungsträchtigen Gegenstände aus dem Weg geräumt werden. Besonders viel Spaß macht die Durchführung des Spiels im Sand oder im Schnee.

Sport & Spiel mit Alltagsmaterial

Schwämme

Schwämme oder Schaumstoffsteine gibt es in den unterschiedlichsten Formen, Farben und Größen. Neben den handelsüblichen kleinen Reinigungsschwämmen (9,5 x 7 x 4,5 cm) sind die größeren Haushaltsschwämme (19,5 x 13 x 6,5 cm) besonders zweckmäßig. Da Schwämme keine Verletzungsgefahr in sich bergen, sind sie besonders zum Austoben geeignet. Dieses Alltagsmaterial stellt auch eine gute methodische Alternative dar, wenn es darum geht, ängstlichen Spielern die Furcht vor dem Werfen und Fangen bzw. Abgeworfen-werden zu nehmen.

Schwämme

Schwamm-Transport 373

Förderbereiche: Wahrnehmung, Geschicklichkeit

Eine Person balanciert einen Schwamm auf unterschiedlichen Körperteilen (Schulter, Nacken, Kopf etc.) und bewegt sich dabei durch den Raum.

Variation 1:
Den Schwamm mit geschlossenen Augen balancieren.

Variation 2:
Variation der Fortbewegungsart: im Vierfüßler- oder Krabbengang, auf dem Bauch oder Rücken schlängeln etc.

Pflastersteine 374

 Förderbereiche: Wahrnehmung, Geschicklichkeit

 Zusatzmaterialien: Musik

Die Schwämme werden kreuz und quer (mit unterschiedlichem Abstand) im Raum verteilt. Die Spieler bewegen sich zur Musik und erledigen die von außen hineingerufenen Aufgaben:
a) Überspringen der Schwämme.
b) Um die Schwämme laufen und bei Musikstopp einen Schwamm mit einem (angesagten) Körperteil berühren.
c) Nur über die Schwämme bewegen ohne den Boden zu berühren.

Ganz schön schwammig 375

 Förderbereiche: Wahrnehmung

In der Halle ist ein geschlängelter Weg aufgebaut, der durch zwei parallele Reihen von Schwämmen begrenzt ist. Die Aufgabe besteht darin, mit geschlossenen Augen nur durch Tasten den Ausgang zu finden. Dabei dürfen die Schwämme nicht verschoben werden.

Variation:
Es darf nur mit dem Fuß (barfuß) getastet werden.

Schwammturm 376

 Förderbereiche: Geschicklichkeit, Wahrnehmung

 Zusatzmaterialien: kleiner Kasten

Eine Person versucht, nur mit den Füßen einen möglichst hohen Turm zu bauen. Um auch in größere Höhe bauen zu können, darf ein kleiner Kasten als Bauhilfe benutzt werden.

Hockwenden-Olympiade 377

 Förderbereiche: Geschicklichkeit, Kraft

 Zusatzmaterialien: Langbänke

Auf einer Langbank werden unterschiedlich hohe Schwammtürme gestapelt. Aufgabe ist es, über die Schwämme eine Hockwende auszuführen, ohne den Stapel umzuwerfen. Für jede Höhe hat die Person drei Versuche. Nach erfolgreichem Überwinden kann die nächste Stapelhöhe angegangen werden.
Anmerkung: Mit zunehmender Höhe wird die Hockwende immer mehr zu einer Rad-Handstand-Bewegung.

Balancieren und Werfen 378

 Förderbereiche: Wahrnehmung, Geschicklichkeit

 Zusatzmaterialien: Langbänke

Ein Spieler balanciert über (umgedrehte) Langbänke, wirft dabei einen Schwamm fortwährend hoch und versucht ihn wieder zu fangen. Dabei soll nicht nur die Wurfhöhe immer wieder variiert, sondern auch der Wurfarm ständig gewechselt werden.

In der Klemme 379

Förderbereiche: Geschicklichkeit, Wahrnehmung, Kraft, Ausdauer

Eine Person klemmt einen Schwamm zwischen die Füße und versucht mit möglichst wenig Sprüngen von einer Startlinie zum gegenüberliegenden Ziel zu hüpfen.

Variation:
Mit verbundenen Augen springen.

Bodenreinigung 380

Förderbereiche: Kraft, Ausdauer

Eine Person stützt sich mit beiden Händen auf einen Schwamm und schiebt ihn kreuz und quer durch die Halle.

Schwammschlittschuhe 381

Förderbereiche: Wahrnehmung, Geschicklichkeit

Eine Person stellt sich mit je einem Bein auf einen Schwamm und bewegt sich, ohne den Kontakt zu den Schwämmen zu verlieren, wie ein Schlittschuhläufer durch den Raum.

Fang den Schwamm 382

Förderbereiche: Geschicklichkeit, Wahrnehmung, Schnelligkeit

Eine Person wirft einen Schwamm hoch und erledigt vor dem Fangen eine Zusatzaufgabe:
a) Fünf- bis zehnmal in die Hände klatschen.
b) Berührung des Bodens mit beiden Händen.
c) Drehung um die Körperlängsachse.
d) Hinter dem Rücken fangen.
e) Fangen mit den durch die gegrätschten Beine gestreckten Armen.

Schwammwandern 383

 Förderbereiche: Geschicklichkeit, Schnelligkeit

Ein Spieler steht auf zwei Schwämmen. Um weiterzukommen, legt er einen dritten Schwamm vor sich auf den Boden und steigt mit einem Fuß darauf. Der frei gewordene Schwamm wird immer von hinten nach vorne gelegt.

Blind-Fangen 384

 Förderbereiche: Wahrnehmung, Geschicklichkeit

 Zusatzmaterialien: Augenbinden

Einer Person werden die Augen verbunden. Sie wirft den Schwamm beidarmig hoch und versucht ihn wieder aufzufangen.

Variation:
Der Partner hilft, indem er verbale Anweisung gibt.

Von rechts nach links 385

 Förderbereiche: Wahrnehmung, Geschicklichkeit, Schnelligkeit

Eine Person sitzt mit gestreckten Beinen auf dem Boden und wirft einen Schwamm mit beiden Händen hoch. Während der Schwamm in der Luft ist, versucht der Spieler einen neben dem rechten Oberschenkel liegenden Gegenstand von einer auf die andere Seite zu legen und anschließend den hochgeworfenen Schwamm wieder zu fangen.

Variation:
Der Spieler versucht möglichst viele Gegenstände während der Flugphase des Schwammes auf die andere Seite zu legen. Dabei müssen die Gegenstände nacheinander auf die andere Seite gelegt werden. Es dürfen also keine zwei Dinge gleichzeitig genommen werden.

Schwämme

Kollisionsalarm 386

 Förderbereiche: Wahrnehmung, Geschicklichkeit

Eine Person wirft einen Schwamm hoch. Der Partner versucht mit seinem Schwamm diesen in der Luft zu treffen.

Variation:
Der Werfer steht mit dem Rücken zum Partner und dreht sich erst um, wenn der Schwamm in der Luft ist.

Kuriose Fangbereitschaft 387

 Förderbereiche: Wahrnehmung, Geschicklichkeit, Schnelligkeit

Eine Person versucht einen vom Partner geworfenen Schwamm nach den folgenden Bewegungsaufgaben bzw. Ausgangsstellungen zu fangen:
a) Auf ein akustisches Signal reagieren, umdrehen (180-Grad-Drehung) und fangen.
b) Auf Kommando die geschlossenen Augen öffnen und den Schwamm fangen.
c) Auf Kommando aus der Bauch- oder Rückenlage schnell aufstehen und den Schwamm fangen.
d) Nach einer Rolle vorwärts den Schwamm fangen.

Synchronwurf 388

 Förderbereiche: Kooperation, Wahrnehmung, Schnelligkeit

Zwei Spieler stehen sich im Abstand von 4–6 m gegenüber. Auf ein vereinbartes Signal werfen beide ihren Schwamm senkrecht hoch, laufen auf die Position des Partners und fangen dessen Schwamm.

Variation 1:
Während des Positionswechsels müssen die Spieler Zusatzaufgaben erfüllen.

Variation 2:
Der gefangene Schwamm wird, ohne Pause, wieder senkrecht nach oben geworfen, die Spieler laufen wieder zurück zu ihren Ausgangspositionen und fangen den vom Partner geworfen Schwamm usw.

Schwammkleber 389

 Förderbereiche: Kooperation, Wahrnehmung, Geschicklichkeit

 Zusatzmaterialien: Hindernisse

Zwei Partner klemmen einen Schwamm mit ihren Köpfen ein und bewegen sich durch einen Hindernisparcours, ohne den Schwamm mit den Händen zu berühren.

Variation 1:
Variation der Kontaktfläche (Vorgabe von Körperteilen, mit denen der Schwamm eingeklemmt werden muss).

Variation 2:
Mehrere Schwämme einklemmen.

Variation 3:
Fangspiel: Ein Fängerteam versucht die anderen Pärchen abzuschlagen. Gelingt dies oder ein Team verliert seinen Schwamm, wird dieses Paar zu Fängern.

Kissenschlacht 390

 Förderbereiche: Geschicklichkeit, Ausdauer

 Zusatzmaterialien: Kissenbezüge, Schwebebalken

Zwei Personen stehen mit je einem mit Schaumstoffteilen gefüllten Kopfkissenbezug auf einem Schwebebalken und versuchen sich „herunterzuschlagen".

Reaktions-Fangen 391

 Förderbereiche: Kooperation, Wahrnehmung

Zwei Spieler stehen Rücken an Rücken und werfen auf ein Zeichen gleichzeitig ihren Schwamm über Kopf nach hinten, drehen sich um und versuchen, den vom Partner zugeworfenen Schwamm zu fangen.

Schwämme

Schwammschlacht 392

 Förderbereiche: Wahrnehmung, Schnelligkeit, Geschicklichkeit

Alle Spieler bewerfen sich gegenseitig mit den Schwämmen. Sie dürfen sich frei durch den Raum bewegen und jeden verfügbaren Schwamm benutzen. Wer dreimal getroffen wird, scheidet aus.

Flinke Architekten 393

 Förderbereiche: Schnelligkeit, Wahrnehmung, Kooperation

Eine Anzahl von drei übereinander gestapelten Schwammtürmen wird beliebig in der Halle verteilt. Zwei Spieler versuchen alle Türme umzuschmeißen. Die übrigen „Architekten" stapeln die Schwämme immer wieder übereinander. Schaffen es die „Architekten", in der vorher vereinbarten Zeit immer mindestens einen Turm gestapelt zu haben?

Soft-Schwammball 394

 Förderbereiche: Wahrnehmung, Schnelligkeit, Geschicklichkeit

Alle spielen gegeneinander und versuchen, sich mit drei Schwämmen abzuwerfen. Mit dem Schwamm in der Hand dürfen maximal drei Schritte gemacht werden. Wer abgeworfen ist, muss sich auf eine Bank an der Hallenseite setzen. Die abgeworfenen Spieler dürfen wieder mitspielen, wenn derjenige abgeworfen wird, von dem man selbst getroffen wurde.

Schwamm-Basketball 395

 Förderbereiche: Kooperation, Wahrnehmung, Schnelligkeit

 Zusatzmaterialien: Basketballkörbe

Zwei Mannschaften spielen mit einem Schwamm auf zwei Basketballkörbe. Gespielt wird nach den „normalen" Basketballregeln. Einzige Ausnahme: Mit dem Schwamm darf nicht gelaufen werden.

Schwamm-Besenhockey 396

 Förderbereiche: Geschicklichkeit, Wahrnehmung, Kooperation

 Zusatzmaterialien: Besen, Tore

Zwei Mannschaften spielen gegeneinander auf zwei Tore. Jeder Spieler hat einen Besen, mit dem er versucht, einen Schwamm ins gegnerische Tor zu befördern.
Anmerkung: Zusätzlich zu dieser Grundidee sind gemeinsam mit der Gruppe weitere Regeln (z.B. Foulregel, Torgröße etc.) zu entwickeln.

Wechsel-Fangen 397

 Förderbereiche: Wahrnehmung, Schnelligkeit

Fünf bis acht Spieler stehen in einem Kreis zusammen. Ein Spieler steht in der Mitte, wirft einen Schwamm senkrecht nach oben und ruft die vorher zugeteilte Nummer (oder den Namen) eines Mitspielers aus. Während der entsprechende Spieler in die Kreismitte läuft und den Schwamm zu fangen versucht bevor er den Boden berührt, läuft der Werfer an den frei werdenden Platz usw.

Schwämme

Schwamm-Fußball   398

 Förderbereiche: Kooperation, Geschicklichkeit, Schnelligkeit

 Zusatzmaterialien: Tore

Zwei Teams spielen gegeneinander mit einem großen Schaumstoffteil oder Schwamm Fußball auf zwei Tore.

Wasserträger   399
(Spiel im Freien)

 Förderbereiche: Schnelligkeit, Geschicklichkeit

 Zusatzmaterialien: Behälter, Wasser

Jede Mannschaft versucht mithilfe eines Schwammes möglichst viel Wasser von einem Entnahme- zu einem Zielbehälter zu transportieren. Das Spiel erfolgt als Staffelwettbewerb. Welches Team füllt in der vorgegebenen Zeit das meiste Wasser in den Zielbehälter?

Nasser Schwamm   400
(Spiel im Freien)

 Förderbereiche: Schnelligkeit, Geschicklichkeit, Wahrnehmung

 Zusatzmaterialien: Behälter, Wasser

In einem abgesteckten Raum bewerfen sich alle Spieler gegenseitig mit Schwämmen, die mit Wasser voll gesogen sind. Die Schwämme können in den an den Seiten stehenden Wasserbehältern „nachgeladen" werden.

Seile

Seile eignen sich nicht nur zum Springen, sondern bieten darüber hinaus weitere vielfältige Einsatzmöglichkeiten. Sie gibt es in unterschiedlichen Längen und Materialien. Gut geeignet für Spiele sind weiche und biegsame Kunststoffseile, die in verschiedenen Farben, Stärken und Längen in jedem Baumarkt erhältlich sind. Kletterseile sind bei vielen Abenteuerspielen ein wichtiges Hilfsmittel. Sie sind nicht nur sehr belastbar, sondern bieten auch durch ihre Länge (50 m) spezielle Verwendungsmöglichkeiten. Von besonderer Bedeutung sind jedoch die klassischen, 9 mm starken und 2,80 m langen Springseile aus Hanf, da sie in jeder Turnhalle vorhanden sind.

Seile

Sprung-Artist   401

 Förderbereiche: Geschicklichkeit, Kraft, Ausdauer

Die Springer versuchen mit einem Seil die nachfolgenden „Kunststückchen" auszuführen:
a) Beidbeinig im Wechsel nach rechts und nach links hüpfen.
b) Beim Springen die Beine wechselweise voreinander kreuzen.
c) In Schrittwechselsprüngen (Füße abwechselnd vor- und zurückführen) springen.
d) Beidbeiniges Hüpfen mit rückwärts geschwungenem Seil.
e) Im Wechsel einbeinig jeweils fünf Mal mit links und mit rechts hüpfen.
f) Mit einem Sprung zwei (drei) Durchzüge machen.
g) Mit vor dem Körper überkreuzten Armen beidbeinig hüpfen und im Wechsel die Arme wieder in die „Normalposition" bringen.
h) In der Hocke mit einem verkürzten Seil springen.
i) Im Zweier- (bzw. Dreier-) Rhythmus laufen (nach jedem zweiten/dritten Schritt erfolgt der Seilzug).

Lasso-Schwingen   402

 Förderbereiche: Geschicklichkeit, Kraft, Ausdauer

Der Spieler sitzt auf dem Boden und hält ein doppelt gefasstes Springseil mit einer Hand. Das „Lasso" wird abwechselnd über Kopf und anschließend unter dem Gesäß durchgeschwungen. Wem gelingt dies mehrmals hintereinander?

Sprungkreuz   403

 Förderbereiche: Geschicklichkeit, Kraft, Ausdauer

Ein oder zwei Seile werden auf dem Boden zu einem Kreuz gelegt. Der Springer versucht, möglichst schnell ein- oder beidbeinig mit oder gegen den Uhrzeigersinn in jedes Viertel zu hüpfen.

Variation:
Während des Hüpfens die Arme seitlich heben und senken.

Muckies 404

  Förderbereiche: Kraft

Rücken- und Schultermuskulatur: Der Übende liegt in Bauchlage auf dem Boden und hält das viermal zusammengelegte Springseil mit gestreckten Armen. Bei gespannter Bauch- und Gesäßmuskulatur werden nun die Arme leicht angehoben und ziehen nach außen. Der Kopf wird nur bis zur Verlängerung der Wirbelsäule angehoben und der Blick ist zum Boden gerichtet. Diese Position 20–30 Sekunden halten und ruhig weiteratmen.

Bauchmuskulatur: Das Seil wird zu einer Schlinge gebunden. Der Übende legt sich nun mit leicht angestellten Beinen auf den Rücken und fasst so in die Schlinge, dass die Arme in U-Halte sind (Die Handrücken drücken nach außen gegen die Schlinge, die Handflächen zeigen zueinander und die Daumen zeigen nach hinten). Dann werden Kopf, Schulterblätter und Arme vom Boden angehoben. In dieser Position werden die Arme möglichst oft wechselseitig diagonal (schräge Bauchmuskulatur) oder gleichzeitig (gerade Bauchmuskulatur) nach hinten gestreckt und wieder zurückgeschoben.

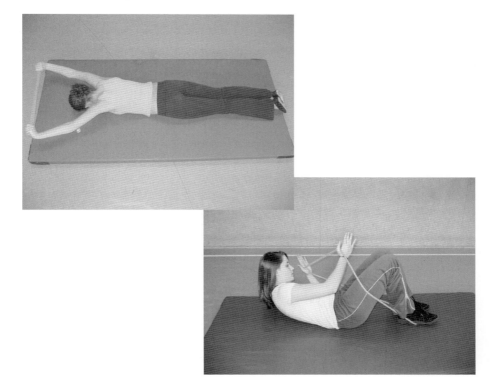

Seile

Zahlen legen   405

Förderbereiche: Geschicklichkeit, Wahrnehmung, Kreativität

Zusatzmaterialien: Musik

Jeder Spieler legt mit den Füßen aus einem Seil eine Zahl von eins bis neun auf den Boden und läuft anschließend zur Musik kreuz und quer durch die Halle. Bei Musikstopp bleibt jeder Spieler bei einer „fremden Zahl" stehen und führt die vom Lehrer genannte Übung (z.B. Hampelmann, Kniebeuge, Liegestütz etc.) entsprechend der vor ihm liegenden Zahl aus. Anschließend verändert er die Zahl und läuft wieder weiter, usw.

Variation:
Statt des Laufens führen die Spieler die vom Lehrer genannten Bewegungsaufgaben aus (z.B. beidbeiniges Hüpfen, Hopserlauf, Vierfüßler- oder Spinnengang etc.).

Barfuß-Irrgarten   406

Förderbereiche: Wahrnehmung, Kooperation, Vertrauen

Zusatzmaterialien: Lange Seile/Schnüre, Augenbinden

Auf den Boden werden lange Seile zu einem Irrgarten mit vielen Kreuzungen gelegt. Dann werden allen Spielern die Augen verbunden und sie werden zu unterschiedlichen Startpunkten geführt. Die Spieler haben die Aufgabe, barfuß mit den Füßen tastend, auf den Seilwegen möglichst vielen anderen Spielern zu begegnen. Dabei darf nicht gesprochen werden. Begegnen sich zwei Personen, versuchen sie sich durch Tasten gegenseitig zu erkennen. Glaubt ein Spieler den anderen erkannt zu haben, macht er einen Summton. Dann müssen beide den Namen des anderen Spielers nennen. Werden die richtigen Namen genannt, dürfen beide aneinander vorbeibalancieren. Stimmen die Namen nicht überein, müssen sich die Personen um 180 Grad drehen und in entgegengesetzter Richtung weitergehen.

Variation:
Das Seillabyrinth hat einen mit einem Reifen markierten Ausgang. Außerdem werden einige Sackgassen eingebaut. Die „blinden" Spieler starten von verschiedenen Ausgangspunkten und versuchen in der vorgegebenen Zeit den Ausgang zu finden. Begegnen sich zwei Personen, können sie selbst entscheiden, ob sie aneinander vorbeibalancieren oder umdrehen wollen.

Seilsteuerung 407

 Förderbereiche: Kooperation, Wahrnehmung, Vertrauen

 Zusatzmaterialien: Augenbinden

Die Enden zweier Springseile werden mit Knoten versehen. Die Partner halten die beiden Seile parallel gespannt zwischen sich. Dem vorderen Spieler werden die Augen verbunden. Er wird von seinem Partner mithilfe der Seile durch Zug und Entspannung durch den Raum geführt. Nach einer Weile hält der hintere Spieler seinen „blinden" Partner an. Dieser muss, bevor er die Augen wieder öffnet, versuchen die momentane Position im Raum zu beschreiben.

Zugmaschine 408

 Förderbereiche: Kooperation, Kraft

 Zusatzmaterialien: Teppichfliesen, Rollbretter

Eine Person A wird von ihrem Partner B mit einem Seil durch die Halle gezogen:
a) B hält die Seilenden in beiden Händen und zieht seinen auf dem Bauch liegenden Partner A, der die Seilmitte mit beiden Händen fasst.
b) A liegt auf dem Rücken und lässt sich vorwärts und rückwärts von B durch den Raum ziehen.
c) A sitzt/kniet auf einer Teppichfliese und wird von B gezogen.
d) A steht auf einem Rollbrett und lässt sich von seinem Partner behutsam ziehen.

Wörter schreiben 409

 Förderbereiche: Kreativität, Kooperation, Geschicklichkeit

Im Mittelkreis liegt eine große Anzahl von Springseilen. Auf Kommando versucht jedes Paar, möglichst schnell ein vom Spielleiter genanntes kurzes Wort (z.B. Tor, Mut etc.) zu legen. Die Seile dürfen dabei nur mit den Füßen berührt werden.

Variation:
Die Wörter müssen aus gleich- bzw. verschiedenfarbigen Seilen gelegt werden.

Seile

Synchron-Springen 410

 Förderbereiche: Kooperation, Wahrnehmung, Kraft, Ausdauer

Zwei Personen sollen gemeinsam seilspringen:
a) A und B stehen sich (eng) frontal gegenüber. Gemeinsam springen beide über das von A vorwärts/rückwärts geschlagene Seil.
b) Die beiden Springer stehen eng hintereinander Rücken an Rücken. Der vordere/hintere Partner schwingt das Seil vorwärts/rückwärts.
c) Die Partner stehen dicht nebeneinander und fassen sich an den Händen. Das Seil wird mit der jeweils äußeren Hand geschwungen.
d) A und B stehen sich gegenüber und schlagen ein Seil. A führt eine 180-Grad-Drehung in die Mitte aus, springt über das Seil und dreht wieder zurück zur Ausgangsposition. Danach führt B die Aufgabe aus.
e) Beide Partner stehen mit jeweils einem Seil nebeneinander. Nun werden die Seilenden in der Mitte ausgetauscht, so dass jeder ein Seilende des Partners in der Hand hat. Die Seile werden dann im gegengleichen Rhythmus geschlagen und übersprungen.

Seilgräben 411

 Förderbereiche: Kooperation, Geschicklichkeit, Kraft, Ausdauer

Im Abstand von 0,5–1 m liegen 4–6 parallele Seilreihen auf dem Boden. Zwei Personen führen gleichzeitig jede Übung aus und stellen sich anschließend wieder hinten an:
a) Möglichst schnell vorwärts/rückwärts über die Seile laufen. Dabei müssen immer beide Füße den Boden zwischen den Seilen berühren.
b) Über die Seile laufen und die Arme parallel vorwärts/rückwärts kreisen.
c) Seitlich mit Anfersen über die Seile laufen.
d) Im Hopserlauf zwischen den Seilen hüpfen, dabei müssen immer beide Füße den Boden zwischen den Seilen berühren.
e) Einbeinig vorwärts/rückwärts über die Seile hüpfen.
f) Beidbeinig mit geschlossenen Füßen im gleichen Rhythmus vorwärts/rückwärts/seitlich über die Seile hüpfen.

Blinde Mathematiker 412

 Förderbereiche: Kooperation, Problemlösung, Wahrnehmung

 Zusatzmaterialien: Augenbinden

Allen Spielern werden die Augen verbunden. Die Gruppe hat die Aufgabe, aus einem ca. 5 m langen Seil vorgegebene geometrische Figuren (z.B. Quadrat, Dreieck, Sechseck etc.) auf den Boden zu legen. Die Gruppe entscheidet selbst, wann sie fertig ist. Anschließend werden die Augenbinden abgenommen und das Ergebnis wird überprüft.

Variation:
Alle Spieler müssen immer mit mindestens einer Hand das Seil festhalten.

Schwungseil 413

Förderbereiche: Geschicklichkeit, Wahrnehmung, Kooperation, Kraft, Ausdauer

Aus zwei bis drei Springseilen wird ein langes Seil zusammengebunden:
a) Ein Spieler läuft durch das Seil.
b) Zwei Spieler laufen von beiden Seiten gleichzeitig durch das Seil.
c) Drei bis fünf Personen laufen gleichzeitig durch das Schwungseil.
d) Eine Gruppe muss über das Seil auf die andere Seite gelangen. Pro Drehung muss jeweils ein Spieler durch das Seil laufen.
e) Ein Spieler läuft sein eigenes Sprungseil schlagend, durch das große Schwungseil.
f) Ein Spieler muss während des Hüpfens eine ganze Drehung um die Körperlängsachse ausführen.
g) Ein Spieler springt in das Seil und versucht während des Hüpfens einen Ball zu prellen.
h) Einem Spieler wird während des Hüpfens ein Ball zugeworfen, der nach dem Fangen wieder zurückgeworfen werden muss.
i) Ein Spieler muss während des Springens einen zugeworfenen Tischtennisball mit einem Plastikbecher auffangen.
j) Die erste Person springt in das Seil ein. Nach zwei Sprüngen folgt die zweite Person. Beide geben sich die Hände und hüpfen gemeinsam mindestens einmal. Danach läuft die erste Person aus dem Seil und ein neuer Partner springt in das Schwungseil usw.
k) Alle Gruppenmitglieder springen nacheinander in das Seil ein. Jede neue Person muss mindestens einen Sprung ausgeführt haben, bevor der nächste Springer folgen darf. Kommt das Seil zum Stehen und die Vorgabe wird nicht erfüllt, müssen alle Spieler wieder von vorne beginnen.
l) Mehrere Schwungseile werden hintereinander geschlagen. Die erste Person springt in das erste Schwungseil, läuft auf der anderen Seite heraus und springt dann in das nächste Seil. Wenn die erste Person das erste Schwungseil verlassen hat, darf das zweite Mannschaftsmitglied in das erste Schwungseil hineinspringen usw.

Kooperations-Springen 414

> **Förderbereiche:** Kooperation, Geschicklichkeit, Kraft, Ausdauer

Drei Personen stehen mit ihren Sprungseilen nebeneinander. Dabei hält jeder Springer mit einer Hand sein eigenes und mit der anderen Hand ein fremdes Seilende. Welche Gruppe schafft gemeinsam die meisten Sprünge?

Variation:
Eine Gruppe von mehreren Springern versucht mindestens drei Sprünge gemeinsam auszuführen.

Freihängende Seilbrücke 415

> **Förderbereiche:** Problemlösung, Kooperation, Geschicklichkeit

Eine Gruppe von 15–30 Personen hat die Aufgabe, aus einem ca. 50 m langen (Kletter)Seil eine Brücke zu bauen, die jedes Teammitglied überqueren muss. Dafür wird das Seil in drei Strängen auf den Boden gelegt. Anschließend verteilen sich die Spieler gleichmäßig um die Stränge in zwei gegenüberstehenden Reihen und legen die Stränge übereinander bzw. verdrehen sie zu einem Netz. Auf diesem straff gespannten Netz überqueren alle Spieler nacheinander die Brücke. Dabei können sie sich an den Köpfen und den Schultern der Träger abstützen.

Durch die Kleidung 416

> **Förderbereiche:** Kooperation, Geschicklichkeit, Vertrauen
>
> **Zusatzmaterialien:** Löffel

Jede Gruppe bekommt ein ca. 5 m langes Seil, an dessen Ende sich mehrere Knoten befinden oder ein Gegenstand (z.B. Löffel) gebunden ist. Der erste Spieler zieht das Seil in seinen linken Ärmel hinein, von dort durch das linke und dann in das rechte Hosenbein und zum Schluss durch den rechten Ärmel wieder hinaus. Danach übergibt er das Seilende dem nächsten Mitspieler, der das Gleiche tut. Beim Durchziehen dürfen sich alle Mitspieler gegenseitig helfen. Welche Gruppe hat zuerst das Seil durch alle Kleidungsstücke gezogen?

Seile

Seilkreis

 Förderbereiche: Kooperation, Vertrauen, Kraft

Eine Gruppe von 8–20 Personen bildet einen Kreis und hält ein langes, zusammengebundenes Seil straff gespannt in den Händen. Auf Kommando lassen sich alle Spieler gleichzeitig, ohne die Füße zu bewegen, mit gestrecktem Körper nach hinten fallen und ziehen sich anschließend wieder zurück in die Ausgangsposition.

Variation 1:
Die Spieler sitzen mit ausgestreckten Füßen auf dem Boden und halten das straff gespannte Seil mit beiden Händen. Auf Kommando versuchen alle gemeinsam durch den Zug am Seil aufzustehen und sich wieder hinzusetzen. Die Füße dürfen während der Ausführung nicht von der Stelle bewegt werden.

Variation 2:
Es werden zwei gleich große Gruppen gebildet, die sich abwechselnd im Kreis aufstellen. Die Spieler der Gruppe 1 stehen mit dem Rücken, die Mitglieder der Gruppe 2 mit dem Bauch zum Seil. Das Seil wird durch die gebildete Zick-Zack-Linie der Oberkörpern gespannt. Die Spieler geben sich nun fest die Hände. Auf ein Zeichen hin lassen sich alle „Einser" mit dem geraden Rücken nach hinten und alle „Zweier" nach vorne fallen. Anschließend versucht die Gruppe, sich rhythmisch vor und zurückzubewegen, ohne die Füße zu bewegen.

Seil-Ball-Transportstaffel

 Förderbereiche: Kooperation, Problemlösung, Geschicklichkeit
 Zusatzmaterialien: Bälle

Jede Mannschaft erhält zwei Seile. Jeweils zwei sich abwechselnde Spielerpaare spannen die beiden Seile parallel zwischen sich und versuchen eine Anzahl von unterschiedlichen Bällen nur mithilfe der Seile über eine festgelegte Strecke zu transportieren. Fällt ein Ball herunter, muss das Spielerpaar zurücklaufen und die Seile und den Ball an das nächste Paar übergeben. Die Bälle werden am Startpunkt von einem Gruppenmitglied auf die straff gespannten Seile gelegt. Welches Team hat zuerst alle Bälle transportiert?

Variation:
Es darf während des Spiels nicht gesprochen werden.

Das laufende A 419

 Förderbereiche: Kooperation, Problemlösung, Wahrnehmung

 Zusatzmaterialien: Holzkonstruktion (Kanthölzer)

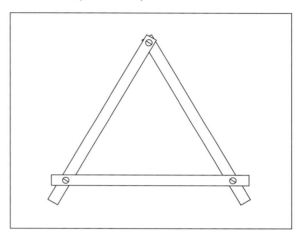

Für dieses Spiel wird eine Holzkonstruktion benötigt. (Drei ca. 6 x 8 cm starke Kanthölzer werden so zusammengebaut, dass der Buchstabe A entsteht. Dazu werden die beiden 280 cm langen Außenstreben oben übereinandergelegt und verschraubt. Unten wird die 200 cm lange Querstrebe ca. 30 cm über den Enden davorgeschraubt. Am oberen Ende des „A" werden 4–6 m lange Seile festgebunden.) Eine Person stellt sich auf die Querstrebe der Holzkonstruktion und wird durch die von den Gruppenmitgliedern straff gehaltenen Seile im Gleichgewicht gehalten. Die Gruppe hat die Aufgabe, den Spieler auf dem „laufenden A" über eine vorgegebene Strecke zu transportieren, ohne dass dieser die Strebe verlässt. Dabei dürfen die Transporteure das A nicht berühren. Die Seile dürfen den Boden nicht berühren und müssen an den Enden gefasst werden.

Variation:
Den Transporteuren werden die Augen verbunden und sie agieren nur auf Anweisungen der Person auf dem „laufenden A".

Übergabe-Stafette 420

 Förderbereiche: Geschicklichkeit, Schnelligkeit, Wahrnehmung

Eine Gruppe von drei bis fünf Personen sitzt hintereinander auf dem Boden. Der erste Spieler greift ein vor sich liegendes Springseil mit seinen Füßen, rollt rückwärts und übergibt es an seinen Hintermann. Anschließend läuft er zum Ende der Gruppe und setzt sich dort hin. Welche Gruppe hat als erste das Seil auf die andere Seite transportiert.

Seile

Das Spinnennetz 421

 Förderbereiche: Problemlösung, Kooperation, Vertrauen

 Zusatzmaterialien: Pfosten

An zwei Pfosten werden Seile zu einem Spinnennetz zusammengeknüpft. In das Netz sollten mindestens so viele Felder eingeknüpft werden wie die Zahl der teilnehmenden Spieler. Außerdem sollten die Felder unterschiedlich groß sein. Die Gruppe hat die Aufgabe durch das Netz hindurch auf die andere Seite zu gelangen. Dabei darf das Netz nicht berührt werden. Zudem darf jedes Loch im Spinnennetz immer nur einmal benutzt werden. Berührt eine Person das Netz kann der Schiedsrichter, je nach Schwierigkeitsgrad, „Sanktionen" aussprechen:
1) Der betreffenden Person werden die Augen verbunden und sie muss von vorne anfangen.
2) Alle, die zu diesem Zeitpunkt mit der Person in direktem körperlichen Kontakt standen, müssen von vorne beginnen.
3) Alle Spieler müssen noch einmal von Anfang an beginnen.

Anmerkung: Praktisch ist es, ein fertig geknüpftes Netz mitzubringen. Viel Zeit beim Aufbauen kann aber auch gespart werden, wenn die spinnennetzartigen Querseile nicht mit den waagerechten Halteseilen verknotet, sondern mit Wäscheklammern befestigt werden.

Seil-Grummeln 422

 Förderbereiche: Kooperation, Problemlösung, Wahrnehmung, Geschicklichkeit

Ein langes Seil wird zusammengeknotet und von der Gruppe gespannt. In der Mitte des Seilkreises steht ein Spieler, der so genannte „Sucher", und versucht den kleinen Knoten, der die Seilenden zusammenhält, zu entdecken. Die Spieler am Seil verrücken den Knoten beliebig hin und her, sodass der „Sucher" den Knoten nicht sieht. Dabei murmeln sie laufend „Grummelgrummelgrummel …", bis der „Sucher" „Stopp!" ruft (frühestens nach 20 Sekunden). Entdeckt der „Sucher" in der Hand eines Spielers den Knoten, tauschen beide ihre Plätze und eine neue Suchrunde beginnt.

Variation:
Der „Sucher" gibt Stellungen bekannt, die von der ganzen Gruppe auf sein Kommando ausgeführt werden müssen. Zum Beispiel:
- **Griffwechsel:** Die Spieler wechseln blitzschnell vom Rist- in den Kammgriff oder umgekehrt.
- **Liegestütz:** Die Spieler führen zwei Liegestütze mit flachen, auf dem Boden liegenden Händen aus. Die Stellungen sollten gemeinsam mit der Gruppe ausprobiert und festgelegt werden.

Skyball 423

 Förderbereiche: Kooperation, Wahrnehmung, Geschicklichkeit

 Zusatzmaterialien: Pfosten, Wasserball

Zwei Seile werden über die Mitte eines 4–6 m breiten Feldes gespannt. Das erste Seil wird in einer Höhe von 4 m und das zweite Seil parallel darunter in 3 m Höhe verspannt. Durch dieses Lufttor versuchen zwei Mannschaften einen Wasserball möglichst oft zu spielen. Jede Durchquerung zwischen den beiden Seilen bringt drei Punkte. Wird der Ball über das oberste Seil gespielt, erhält das Team einen Punkt. Dabei muss der Ball volley mit der Hand gespielt werden und darf nicht gefangen werden. Außerdem dürfen die gegnerischen Spieler nicht berührt und der Ball darf auch nicht zweimal hintereinander von der gleichen Person gespielt werden. Berührt der Ball den Boden, erhält das Team mit der geringeren Trefferzahl den Ball und startet einen neuen Spielaufbau.

Stühle

Stühle sind an fast allen Orten vorhanden. Vor ihrem Einsatz sind sie grundsätzlich auf Mängel zu kontrollieren (vor allem Stabilität). Stühle lassen sich besonders für die Gleichgewichtsschulung nutzen. Daneben sind sie aber auch als Tor, Hindernis und Markierung gut geeignet. Neben Stühlen mit Lehnen sind auch Hocker eine zweckmäßige Alternative. Generell sind mit der Gruppe Sicherheitsregeln beim Spielen mit Stühlen festzulegen. Detaillierte Vereinbarungen sind insbesondere dann unerlässlich, wenn die Stühle bewegt werden.

Stuhlkontakt 424

Förderbereiche: Wahrnehmung, Geschicklichkeit

Zusatzmaterialien: Musik

Die Spieler bewegen sich entsprechend der von außen genannten Fortbewegungsart (z.B. vorwärts/rückwärts laufen, hüpfen, auf allen vieren laufen etc.) kreuz und quer durch den Raum. Bei Musikstopp wird immer ein Körperteil angesagt, mit dem ein Stuhl berührt werden muss.

Variation:
Nach jeder Aufgabe wird ein Stuhl entfernt. Der Spieler, der keinen Stuhl hat, scheidet aus und muss Zusatzaufgaben mit einem Stuhl am Spielfeldrand ausführen.

Stuhlstelzen 425

Förderbereiche: Geschicklichkeit

Eine Person stellt sich mit jeweils einem Fuß auf einen Stuhl und bewegt sich mit diesen „Stuhlstelzen" durch den Raum. Bei jedem Schritt wird dazu der jeweilige Stuhl an der Lehne angehoben und vorwärts gesetzt.

Variation:
Mit den Stelzen rückwärts bewegen.

Liegestütz 426

Förderbereiche: Kraft

a) Eine Person sitzt zwischen zwei Stühlen, die Arme sind auf der Sitzfläche aufgestützt und die Beine nach vorne gestreckt. Aus dieser Position wiederholt die Arme strecken und beugen und dabei die Hüfte hochdrücken bzw. absenken.
b) Der Übende befindet sich im Liegestütz mit den Füßen auf dem Stuhl und den Händen auf dem Boden. In dieser Position Liegestütze ausführen.
c) Der Übende befindet sich im Liegestütz mit den Füßen auf dem Stuhl und wandert mit den Armen von links nach rechts.

Stühleparcours   427

 Förderbereiche: Geschicklichkeit, Kraft, Schnelligkeit

Alle Spieler bewegen sich kreuz und quer durch den Raum. Der Spielleiter nennt die Bewegungsaufgaben, die an den Stühlen auszuführen sind:
a) Immer auf den ersten Stuhl setzen und auf den zweiten Stuhl stellen.
b) Mit dem Bauch oder Rücken auf die Sitzfläche legen.
c) Den ersten Stuhl übersteigen, unter dem nächsten hindurchkriechen, den folgenden Stuhl wieder übersteigen etc.
d) Zwischen Lehne und Sitzfläche durchkriechen.
e) Auf den Stuhl steigen und über die Stuhllehne springen (grätschen/hocken).
f) Ein Rad oder einen Zappelhandstand auf dem Stuhl ausführen.
g) Auf ein Kommando einen Stuhl schnappen, auf eine genannte Stelle stellen und sich anschließend darauf setzen (z.B. auf eine farbige Linie oder Linie des Volleyballfelds, in die Zone des Basketballfelds etc.).

Sitzgelegenheiten   428

 Förderbereiche: Kreativität, Geschicklichkeit

Eine Person versucht möglichst viele unterschiedliche Sitzvariationen auf einem Stuhl zu finden (z.B. auf der Kante, auf der Lehne, im Schneidersitz, mit angezogenen Knien etc.).

Rasenmäher   429

 Förderbereiche: Geschicklichkeit, Wahrnehmung
 Zusatzmaterialien: (Tennis)Ball

Jeder Spieler bekommt einen „Rasenmäher" und muss mit ihm durch einen Slalomparcours fahren. Dazu fasst er einen Stuhl an den Beinen und stellt die Stuhllehne auf den Boden. Mit der Stuhllehne muss dann ein (Tennis)ball durch die Hindernisbahn geschoben werden. Wer absolviert den Parcours am schnellsten?

Variation:
Es müssen zwei oder mehrere Bälle gleichzeitig geschoben werden.

Stühle

Crunches 430

 Förderbereiche: Kraft

Eine Person liegt in Rücklage mit rechtwinklig auf den Stuhl gelegten Beinen. Aus dieser Position rollt sie dann den Oberkörper zum Stuhl ein und schiebt die Hände parallel zum Stuhl durch. Die Lendenwirbelsäule bleibt während des Einrollens vollständig am Boden.

Schwebender Stuhl 431

 Förderbereiche: Geschicklichkeit, Wahrnehmung, Kraft

Eine Person hebt einen Stuhl hoch, stellt ein Stuhlbein auf eine Handfläche und versucht den Stuhl möglichst lange zu balancieren.

Variation:
Wer kann den Stuhl auf anderen Stellen (z.B. Stuhllehne) balancieren?

Riesen-Schlittschuhe 432

 Förderbereiche: Geschicklichkeit, Wahrnehmung

 Zusatzmaterialien: Teppichfliesen/Tücher

Eine Person steht mit jeweils einem Fuß auf einem Stuhl. Die Stühle wiederum stehen auf Teppichfliesen oder Tüchern. Mit diesen „Riesen-Schlittschuhen" durch den Raum rutschen.

Über die Stuhllehne 433

 Förderbereiche: Geschicklichkeit, Ausdauer

Eine Person sitzt mit beiden Beinen auf einer Seite „verkehrt herum" auf dem Stuhl (Gesicht zur Lehne) und hebt abwechselnd die Beine von einer auf die andere Seite über die Lehne.

Treppen steigen 434

 Förderbereiche: Kraft, Ausdauer

Eine Person steigt im Wechsel mit rechts und links auf einen Stuhl.
a) Mit geschlossenen Augen.
b) Mit dem rechten Fuß auf den Stuhl steigen und dann das linke Knie bis in einen 90-Grad-Winkel anheben (Oberschenkel waagerecht). Danach mit dem linken Fuß aufsteigen und das rechte Knie anheben usw.
c) Zuerst mit dem rechten Fuß auf den Stuhl steigen, und danach die Ferse des linken Beins in Richtung Po führen, bis zu einem 90-Grad-Winkel im Kniegelenk. Anschließend mit dem linken Fuß aufsteigen und die Bewegung ausführen usw.
d) Mit dem rechten Fuß auf den Stuhl steigen und mit dem linken Fuß nach vorne in den Raum stoßen (wie beim Vollspannstoß).

Flitzen und Sitzen 435

 Förderbereiche: Schnelligkeit, Geschicklichkeit

Alle Spieler sitzen auf einem Stuhl und führen auf Kommando möglichst schnell die genannten Bewegungsaufgaben aus. Anschließend setzen sie sich schnell wieder auf den Stuhl. Wer sitzt als Erster wieder auf seinem Stuhl?
a) Dreimal um den eigenen Stuhl laufen.
b) Unter seinem Stuhl von beiden Seiten durchkriechen.
c) Alle vier Wände des Raumes mit der Hand berühren.

Stuhltanz 436

 Förderbereiche: Kreativität, Wahrnehmung, Geschicklichkeit
 Zusatzmaterialien: Musik

Eine Person tanzt mit einem Stuhl zur Musik durch den Raum. Bei Musikstopp den Stuhl schnell hinstellen und verschiedene Aufgaben ausführen (z.B. auf die Sitzfläche legen, zwischen Lehne und Sitzfläche durchkriechen; siehe auch Spiel „Stühleparcours" Nr. 427).

Stühle

Stuhlbeinschuhe — 437

Förderbereiche: Kooperation, Wahrnehmung, Vertrauen

Zusatzmaterialien: Schuhe, Augenbinden/Tücher

Alle Spieler ziehen ihre Schuhe aus, die wahllos im Raum verteilt werden. Zwei Spieler bilden jeweils ein Team, wobei einem Partner die Augen verbunden werden. Jedes Paar hat die Aufgabe, ihre im Raum verteilten Schuhe zu finden und unter die Beine ihres Stuhles zu stellen. Die Schuhe dürfen nur von dem „blinden" Spieler berührt werden. Er wird von seinem sehenden Partner nur mit Worten instruiert. Es darf immer nur ein Schuh transportiert und unter ein Stuhlbein gestellt werden. Welches Team hat zuerst allen Stuhlbeinen Schuhe angezogen?

Stuhl-Doppelpass — 438

Förderbereiche: Kooperation, Wahrnehmung, Geschicklichkeit

Zusatzmaterialien: Bälle

Zwei Spieler stehen sich frontal auf zwei Stühlen gegenüber. A hat zwei Bälle und wirft sie als Unterhandwurf zu seinem Partner, der die Bälle fängt, ohne den Stuhl zu verlassen.

Variation 1:
Beide Bälle werden gleichzeitig zugeworfen.

Variation 2:
Ein Ball wird direkt, der andere indirekt als Aufsetzer geworfen.

Stuhlwandern — 439

Förderbereiche: Kooperation, Geschicklichkeit

Zwei Personen versuchen möglichst schnell in das gegenüberliegende Ziel zu gelangen, ohne den Boden zu berühren. Als Hilfsmittel stehen ihnen zwei Stühle zur Verfügung. Sie stehen am Start auf einem Stuhl und schieben dann den zweiten Stuhl etwas vor. Nachdem sie auf den zweiten Stuhl umgestiegen sind, wird der verlassene Stuhl nachgeholt, wieder vorgeschoben usw.

Bälletausch 440

 Förderbereiche: Kooperation, Wahrnehmung, Geschicklichkeit

 Zusatzmaterialien: Bälle

Zwei Spieler stehen sich mit jeweils einem Ball gegenüber. Zwischen ihnen steht ein Stuhl. Während der eine Spieler seinen Ball durch die Stuhlbeine rollt, wirft der andere seinen Ball als Aufsetzer vor den Stuhl zu seinem Partner.

Variation:
Der Ball wird nicht durch die Stuhlbeine gerollt, sondern behutsam mit dem Fuß geschossen.

Wer hat schon mal …? 441

 Förderbereiche: Schnelligkeit, Wahrnehmung

10–30 Personen sitzen im Kreis auf ihrem Stuhl. Eine Person hat keinen Stuhl, steht in der Mitte des Kreises und stellt eine Ja-und-Nein-Frage. Die Frage, wie auch jede weitere Frage, muss mit den Worten beginnen: „yWer hat schon mal …?" Alle Personen, die diese Frage mit „Ja" beantworten können, tauschen daraufhin blitzschnell ihre Plätze. Die in der Kreismitte stehende Person versucht während des Wechsels einen Platz zu erwischen. Die Person, die keinen Platz bekommen hat, stellt die nächste Frage.

Stuhl-Mikado® 442

 Förderbereiche: Wahrnehmung, Problemlösung, Geschicklichkeit

Eine Anzahl von Stühlen wird vorsichtig zu einem kunterbunten Berg gestapelt. Danach darf jeder Spieler so lange einzelne Stühle entfernen, bis ein Stuhl wackelt. Wer kann die meisten Stühle entfernen?

Stühle

Polarexpedition 443

 Förderbereiche: Problemlösung, Kooperation, Geschicklichkeit

 Zusatzmaterialien: Tische

In der Mitte des Raumes befindet sich ein Tisch als „Rettungsinsel", um den 10–15 kleine „Eisschollen" (Stühle) treiben. Auf jeder „Eisscholle" befindet sich ein Mitglied einer gescheiterten Polarexpedition. Sie versuchen alle auf die „Rettungsinsel" zu gelangen. Drei „Eisschollen" stehen eng zusammen (0,5 m Entfernung), der Abstand der übrigen „Eisschollen" beträgt immer 2–3 m voneinander. Die Gruppe hat die Aufgabe, alle Expeditionsteilnehmer auf der „Rettungsinsel" zu versammeln, ohne dass jemand ins „Wasser" fällt. Da die „Eisschollen" sehr klein sind, kann man sie bewegen, wenn sich niemand darauf befindet.

Brückenbauen 444

 Förderbereiche: Kooperation, Schnelligkeit

Hinter einer Startlinie werden nebeneinander zwei Stuhlreihen aufgebaut, auf denen die jeweiligen Mannschaftsmitglieder sitzen. Am Ende jeder Reihe befindet sich ein leerer Stuhl. Auf der anderen Raumseite wird eine Ziellinie markiert. Auf ein Startsignal beginnen die beiden Reihen, den leeren Stuhl nach vorne durchzugeben. Er muss ohne eine Lücke direkt an den letzten Stuhl gestellt werden. Sobald dieser fest auf der Erde steht, ruft der Spieler, der den Stuhl hingestellt hat, „save", und der letzte Spieler darf loslaufen und sich darauf setzen. Sobald der Spieler sitzt, ruft er wieder „save". Der frei gewordene Stuhl darf dann nach vorne gereicht werden. Wird ein Stuhl schon vor dem Ruf angehoben bzw. durchgereicht, der Stuhl nicht direkt an die Reihe gestellt oder ein Spieler läuft zu früh los, muss jedes Gruppenmitglied einmal durch seinen Stuhl durchkriechen. Die Gruppe, die als erste über die Ziellinie kommt, gewinnt.

Obstsalat 445

 Förderbereiche: Wahrnehmung, Schnelligkeit

Jeder Spieler sitzt auf einem Stuhl in einem großen Kreis. Anschließend erhalten alle Spieler eine Obstsortenbezeichnung (z.B. Apfel, Birne, Orange), die man sich merken muss. Ein Spieler stellt sich nun in die Mitte und ruft eine der verteilten Obstsorten auf. Die jeweiligen Spieler mit der genannten Obstsorte müssen nun versuchen einen anderen Sitzplatz zu ergattern. Auch der in der Mitte stehende Spieler versucht, sich auf einen Stuhl zu setzen. Derjenige, der keinen Sitzplatz erhält, muss sich in die Mitte stellen und eine neue Fruchtsorte aufrufen. Er kann aber auch statt einer Obstsorte „Obstsalat" rufen. Dann müssen alle Spieler aufstehen und sich auf einen anderen Platz setzen.

Ringe werfen 446

 Förderbereiche: Geschicklichkeit, Wahrnehmung

 Zusatzmaterialien: Kleine (Wurf)Ringe

Ein Stuhl wird so umgedreht, dass er auf der Lehne und der Kante der Sitzfläche aufliegt und die Stuhlbeine schräg nach vorne ragen. Die Spieler versuchen aus 3–5 m Entfernung kleine Reifen über die Stuhlbeine zu werfen. Dabei müssen die Spieler sowohl mit dem linken als auch mit dem rechten Arm werfen. Wer erzielt die meisten Treffer?

Variation:
Es werden „alternative" Ringe über die Stuhlbeine geworfen (z.B. Ringe aus zusammengeklebten Schlauchstücken, Pappteller, in denen ein großes Loch in der Mitte ausgeschnitten ist, Ringe aus zusammengeknoteten Fahrradschläuchen etc.).

Tic Tac Toe 447

 Förderbereiche: Problemlösung, Kooperation, Wahrnehmung

Es werden neun Stühle in drei Reihen aufgestellt. Die Spieler der beiden Dreiermannschaften versuchen abwechselnd durch strategisches Besetzen der Stühle eine Quer-, Längs- oder Diagonalreihe zu bilden.

Stühle

Schnelligkeits-Seilziehen 448

 Förderbereiche: Schnelligkeit

 Zusatzmaterialien: Seile

Zwei Stühle werden Lehne an Lehne gestellt. Unter die Stühle wird ein Seil der Länge nach auf den Boden gelegt. Ein Spieler jeder Mannschaft setzt sich auf einen Stuhl. Auf ein Startkommando umrunden beide die Stühle zweimal und setzen sich dann wieder auf ihren Stuhl. Sobald sie sitzen, greifen sie schnell nach dem Seil unter den Stühlen und ziehen es auf ihre Seite. Danach beginnt ein neuer Zweikampf. Welche Gruppe hat die meisten Seile erbeutet?

Knallbonbon-Staffel 449

 Förderbereiche: Schnelligkeit, Geschicklichkeit

 Zusatzmaterialien: Luftballons

Jede Mannschaft sitzt auf Stühlen hintereinander in einer Reihe. Nach dem Start läuft der jeweils Gruppenerste im Uhrzeigersinn um die eigene Reihe herum. Im Laufen bläst er einen Luftballon auf. Am eigenen Platz angekommen, muss er den Ballon zunächst verknoten und ihn anschließend zum Platzen bringen, indem er sich auf den Ballon setzt. Nach dem Knall startet der nächste Spieler. Welche Mannschaft ist die schnellste?

Lappenhockey 450

 Förderbereiche: Schnelligkeit, Wahrnehmung, Geschicklichkeit

 Zusatzmaterialien: Stäbe/Besen, Lappen/Tücher

An den beiden Stirnseiten des Raumes werden zwei Stühle als Tore aufgestellt. Rechts und links neben den Stuhltoren sitzen sich zwei Mannschaften gegenüber. Anschließend erhält jeder Spieler eine Nummer. Der Spielleiter ruft eine Nummer und die beiden Spieler mit der jeweiligen Nummer laufen zu ihrem Stuhltor. Dort nehmen sie den im Tor liegenden Stab/Besen auf, laufen mit ihm zur Mitte und versuchen, den dort befindlichen Lappen oder ein Tuch mithilfe des Stabes in das gegnerische Stuhltor zu schieben.

Heinz 451

 Förderbereiche: Wahrnehmung, Geschicklichkeit

Alle im Kreis sitzenden Spieler bekommen eine Nummer. Mit einer Ausnahme: Der Erste bekommt den Namen „Heinz". Er ist der Taktgeber in diesem Spiel. Alle zusammen schlagen nun ihre Hände einmal auf ihre Oberschenkel, dann klatschen sie in ihre Hände, heben nun die rechte Faust mit ausgestrecktem Daumen über ihre rechte Schulter und anschließend die linke Faust mit dem linken Daumen über die linke Schulter. Danach nimmt man beide Hände herunter und schlägt sich wieder auf die Beine. Diese Bewegungsfolge wird nun immer mit gleicher Geschwindigkeit und gleichem Takt ausgeführt. Während der Bewegung muss man, wenn man aufgerufen wird, seine eigene Nummer sagen (bzw. wer der „Heinz" ist, sagt Heinz). Dabei ist die eigene Nummer immer dann zu nennen, wenn der Daumen über der rechten Schulter ist. Bei der anschließenden Bewegung des Daumens über die linke Schulter darf der Spieler eine neue Nummer aufrufen. Alle übrigen Spieler, die nicht genannt sind, machen die Bewegung immer parallel mit. Wer zu langsam ist, einen Aussetzer hat oder nicht aufpasst, scheidet aus. Das Schwierige ist, dass die noch verbleibenden Spieler sich merken müssen, wer schon ausgeschieden ist. Sagt man eine Nummer, die nicht mehr im Spiel ist, so scheidet man ebenfalls aus. Das Spiel ist beendet, wenn nur noch drei Spieler im Spiel sind.

Schwebebahn 452

 Förderbereiche: Geschicklichkeit, Wahrnehmung

 Zusatzmaterialien: Schnüre, Filtertüte/Bierdeckel

Zwischen zwei Stühlen wird eine dünne Schnur um die Sitzflächen gespannt. Vor dem Verknoten wird eine Filtertüte oder ein gelochter Bierdeckel als „Schwebebahn" auf die Schnur gezogen. Der erste Spieler stellt sich über die Schnur, legt seine Hände auf den Rücken und beginnt die „Schwebebahn" durch Pusten oder mit der Nase bis zur Markierung vor dem zweiten Stuhl zu treiben. Anschließend muss er die „Schwebebahn" wieder zur Ausgangsmarkierung zurückschieben. Dort startet der nächste Mitspieler, der dieselbe Aufgabe ausführt. Welches Team ist zuerst fertig?
Anmerkung: Die beiden Markierungen (Endpunkte der Transportstrecke) sollten mindestens 0,5 – 1 m von den beiden Stühlen entfernt sein, sodass sich die Spieler vor die „Schwebebahn" stellen können.

Stuhl-Fußball 453

 Förderbereiche: Kooperation, Geschicklichkeit, Wahrnehmung

 Zusatzmaterialien: (Fuß)Ball

Es werden zwei Mannschaften gebildet, die gegeneinander Fußball spielen. Allerdings darf der Ball nur im Sitzen gespielt werden, wenn der Stuhl sicher auf allen Füßen steht. Während des Spiels darf man mit seinem Stuhl die Position wechseln. Der Stuhl muss bei einer Positionsveränderung mit beiden Händen hinter dem Körper getragen werden.

Variation:
„Stuhl-Handball" oder „Stuhl-Basketball". Identisch mit den Regeln des Stuhl-Fußballs, nur dass der Ball statt geschossen geworfen wird.

Reise nach Jerusalem 454

 Förderbereiche: Wahrnehmung, Schnelligkeit

 Zusatzmaterialien: Musik

Stühle werden in einer Reißverschlussaufstellung (abwechselnd Stuhllehne und Sitzfläche) aufgestellt, und zwar jeweils einer weniger als Spielteilnehmer. Die Spieler laufen im Uhrzeigersinn um die Stuhlreihe. Bei Musikstopp setzen sich alle schnell auf einen Stuhl. Derjenige, der keinen freien Sitzplatz mehr gefunden hat, scheidet aus, nimmt einen Stuhl aus der Stuhlreihe und bekommt eine thematisch eingebundene Bewegungsaufgabe (z.B. Nr. 426, 430, 434).

Variation:
Haben die ausgeschiedenen Spieler die Bewegungsaufgabe (oder auch kognitive Aufgabe) erfolgreich gelöst, nehmen sie am Spiel wieder teil.

Teppichfliesen

Für die optimale Umsetzung der unterschiedlichen Bewegungsaufgaben ist eine Auswahl verschiedenartiger Teppichfliesen hilfreich. Vielfältige Größen, Formen, Farben und Materialien ermöglichen nicht nur eine Variation der Spielideen, sondern auch eine Differenzierung der Anforderungen. Fliesen lassen sich kostengünstig aus (gebrauchten) Teppichresten schneiden. Durch ihre gummierte Unterseite und rutschige Oberseite lassen sich zwei grundsätzliche Einsatzmöglichkeiten unterscheiden: Bewegungsaufgaben mit haftenden Teppichfliesen und Aufgaben mit rutschenden Fliesen.

Teppichfliesen

(Die Teppichfliesen liegen mit der rutschfesten **Gummiseite nach unten**)

Lückenteppich   455

 Förderbereiche: Kreativität, Wahrnehmung, Geschicklichkeit

 Zusatzmaterialien: Musik

Die Teppichfliesen werden wahllos mit unterschiedlichem Abstand im Raum verteilt. Die Personen laufen zur Musik und führen die von außen genannten Bewegungsaufgaben aus:

a) Umlaufen der Fliesen (als „Flugzeug" umfliegen, als „Auto" mit unterschiedlichem Tempo umfahren etc.).
b) Die Teppichfliesen mit selbst erdachten kreativen Sprüngen überspringen.
c) Um die Fliesen laufen und bei Musikstopp eine Fliese mit einem (angesagten) Körperteil bedecken.
d) Umlaufen der Teppichfliesen und bei Musikstopp schnell auf eine der genannten Teppichfliesenarten (Farbe, Form) stellen.
e) Nur über die Fliesen bewegen, ohne den Boden zu berühren.

Fliesenwandern 456

 Förderbereiche: Geschicklichkeit

Eine Person steht auf einer Teppichfliese. Eine zweite Fliese wird benutzt, um vorwärts zu kommen. Der Übende holt immer die hintere Fliese nach vorne, steigt auf diese, legt anschließend die gerade verlassene Fliese wieder nach vorne usw.

Eingeklemmte Fliese 457

 Förderbereiche: Geschicklichkeit, Kraft, Ausdauer

Eine Person klemmt sich eine Teppichfliese zwischen die Beine und hüpft kreuz und quer wie ein Känguru durch den Raum.

Variation:
Die Fliese zwischen die Knie klemmen und wie ein Hase hüpfen (Hände stützen auf dem Boden).

Spediteur 458

 Förderbereiche: Wahrnehmung, Geschicklichkeit

Eine Person transportiert die Teppichfliese mit verschiedenen Körperteilen (z.B. Kopf, Schulter, Rücken, Arm etc.).

Fliesenwurf 459

 Förderbereiche: Geschicklichkeit, Wahrnehmung

Auf dem Boden wird ein Zielfeld markiert. (Hier können aber auch die Linien des Hallenbodens genutzt werden.) Der Spieler versucht eine Teppichfliese in das Zielfeld zu werfen oder rutschen zu lassen.

Teppichfliesen

(Die Teppichfliesen liegen mit der rutschfesten **Gummiseite nach oben**)

Ruderboot

 Förderbereiche: Geschicklichkeit, Kraft

Eine Person sitzt auf einer Teppichfliese und stößt sich mit beiden Füßen nach hinten ab. Die Arme werden nach der Beinstreckung wie beim Rudern an den Oberkörper herangezogen und bei dem Heranziehen der Beine wieder gestreckt.

Variation:
Vorwärts rudern, Füße ziehen die Fliese nach vorne.

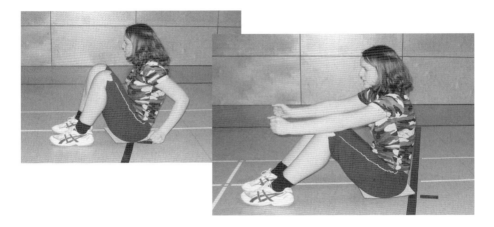

Kreisel

 Förderbereiche: Geschicklichkeit, Wahrnehmung

Eine Person liegt in Bauchlage auf der Teppichfliese und stößt sich mit den Armen so ab, dass sie sich um die eigene Achse dreht.

Variation 1:
Im Sitzen und im Knien um die eigene Achse drehen.

Variation 2:
Als Partneraufgabe: Entweder nebeneinander parallel drehen oder gegenüberliegend ein Partner rechts, der andere links herum.

Rollerfahren

 Förderbereiche: Geschicklichkeit, Kraft, Ausdauer

Ein „Rollerfahrer" steht mit einem Bein fest auf einer Teppichfliese. Mit dem anderen Bein stößt er sich ab und schiebt die Fliese nach vorne.

Variation:
Als Staffelwettbewerb.

Skilanglauf

 Förderbereiche: Geschicklichkeit, Wahrnehmung

Eine Person steht mit jedem Fuß auf einer Teppichfliese und bewegt sich rutschend wie ein Skilangläufer durch die Halle.

Variation:
Zwei Personen bewegen sich gemeinsam auf den beiden Fliesen vorwärts.

Boden reinigen

 Förderbereiche: Kraft, Ausdauer

Eine Person stützt sich mit beiden Händen auf eine Teppichfliese und schiebt diese kreuz und quer durch den Raum.

Variation:
Jede Hand stützt auf einer eigenen Fliese.

Raupe

 Förderbereiche: Geschicklichkeit, Kraft, Wahrnehmung

Eine Person stellt sich mit beiden Füßen auf eine Fliese und stützt sich mit den Händen auf eine davor befindliche, zweite Fliese. Sie bewegt sich nun wie eine Raupe durch den Raum, indem sie immer zuerst die „Handfliese" vorschiebt und dann die „Fußfliese" nachzieht.

Teppichfliesen

Gassi gehen

 Förderbereiche: Geschicklichkeit, Kraft, Wahrnehmung

Eine Person stützt bzw. steht mit jeder Hand und jedem Fuß auf einer Teppichfliese und bewegt sich auf den Fliesen rutschend wie ein Hund vorwärts. Dabei dürfen die Hände und die Füße den Kontakt zu den Fliesen nie verlieren.

Variation:
Wie ein Kamel im „Passgang" vorwärts bewegen.

Schlittenfahren 467

 Förderbereiche: Wahrnehmung

 Zusatzmaterialien: Langbänke, Turnmatten

 Sicherheitshinweis/Risikofaktor 1: Es besteht Verletzungsgefahr, wenn der Spieler von der Bank fällt. Sicherung durch Matten!

Eine Teppichfliese wird als Schlitten auf das obere Ende einer schräg gestellten Langbank gelegt. Der „Schlittenfahrer" setzt sich auf die Fliese und gleitet auf der Bank nach unten.

Verklebte Füße

 Förderbereiche: Geschicklichkeit, Problemlösung

Eine Person steht mit beiden Beinen auf einer Fliese und versucht die Fliese vorwärts zu bewegen, ohne sie zu verlassen.

Fliesen-Gleiten

 Förderbereiche: Geschicklichkeit, Wahrnehmung

 Sicherheitshinweis/Risikofaktor 2: Sturzgefahr!

Eine Person springt nach kurzem Anlauf auf die Fliese und rutscht auf ihr vorwärts.

Twisten 470

 Förderbereiche: Kreativität, Wahrnehmung, Geschicklichkeit

 Zusatzmaterialien: Musik

Eine Person steht mit beiden Füßen auf einer Teppichfliese und dreht sich rhythmisch zur Musik hin und her. Beim Twisten immer wieder in die Knie gehen.

Variation:
Als Partneraufgabe: Zwei Tänzer stehen gemeinsam auf einer Fliese.

Fähre 471

 Förderbereiche: Kraft, Geschicklichkeit

 Zusatzmaterialien: Taue/Seile

Eine Person steht auf einer Teppichfliese und zieht sich an einem Tau nach vorne. Das Tau oder die zusammengeknoteten Seile sind z.B. an einer Sprossenwand befestigt.

Teppichfliesen

Wasserski — 472

 Förderbereiche: Kooperation, Kraft, Wahrnehmung

 Zusatzmaterialien: Evtl. Seile, Stäbe

Eine Person steht auf einer Fliese und wird von einem Partner an den Händen (oder mit Hilfsmitteln: z.B. Seile, Stäbe) durch den Raum gezogen.

Variation 1:
Der Partner sitzt oder kniet auf der Fliese.

Variation 2:
Der Gezogene steht mit je einem Fuß auf einer Fliese.

Variation 3:
Zwei Partner ziehen als Turbo-Boot.

Schiebung — 473

 Förderbereiche: Kooperation, Geschicklichkeit, Kraft

Eine Person steht auf einer Teppichfliese und wird von einem Partner behutsam durch die Halle geschoben.

Schubkarre — 474

 Förderbereiche: Kooperation, Kraft, Geschicklichkeit

 Sicherheitshinweis/Risikofaktor 2: Bei mangelnder Kraft in den Armen bzw. zu hohem Tempo besteht die Gefahr, mit dem Kopf aufzuschlagen!

A stützt mit beiden Armen auf einer Fliese und B hält seine Beine (Schubkarreposition). B schiebt die „Schubkarre" kreuz und quer durch die Halle. Die Schubkarre darf dabei nicht durchhängen (kein Hohlkreuz!).

Variation 1:
A stützt auf den Unterarmen.

Variation 2:
Die „Schubkarre" wird gezogen.

Kutsche 475

 Förderbereiche: Kooperation, Kraft

 Zusatzmaterialien: Kleiner Kasten, Seile

Ein Partner sitzt (oder kniet) in seiner „Kutsche" (auf einer Fliese) und wird mit einem Seil von einem „Pferd" gezogen.

Tandemroller 476

 Förderbereiche: Kooperation, Geschicklichkeit, Kraft

Zwei Partner stehen mit einem Bein auf derselben Fliese, stoßen sich gleichzeitig mit dem anderen Bein ab und „rollern" so durch den Raum.

Kontaktfliese 477

 Förderbereiche: Kooperation, Wahrnehmung, Geschicklichkeit

Zwei Partner klemmen eine Teppichfliese mit ihren Köpfen ein und bewegen sich durch den Raum, ohne die Fliese mit den Händen zu berühren.

Variation 1:
Variation der Kontaktfläche (Vorgabe von Körperteilen, mit denen die Fliese eingeklemmt werden muss).

Variation 2:
Mehrere Fliesen einklemmen.

Variation 3:
Fangspiel: Ein Fängerteam versucht die anderen Teams abzuschlagen. Gelingt dies oder ein Team verliert seine Fliese, wird dieses Pärchen neues Fängerteam.

Bobfahren 478

 Förderbereiche: Kooperation, Kraft

 Zusatzmaterialien: Kastendeckel, Seile

Es werden mehrere Fliesen (mit der rutschfesten Gummiseite nach oben) unter ein umgedrehtes Kastenoberteil gelegt, in das sich zwei Personen setzen. Dieser „Bob" wird mithilfe von Seilen von zwei „Anschiebern" gezogen.

Variation:
Als Pendelstaffel: An der Umkehrmarkierung erfolgt der Wechsel der Aufgaben (Fahrer werden zu Anschiebern und umgekehrt).

Riesenraupe 479

 Förderbereiche: Kooperation, Geschicklichkeit, Kraft, Wahrnehmung

Person A steht mit beiden Füßen auf einer Fliese und stützt sich mit den Händen auf eine davor befindliche, zweite Fliese. Der Partner hat seine Hände auf der „Fußfliese" von A und seine Füße auf einer weiteren Fliese. Beide bewegen sich nun wie eine Raupe durch den Raum, indem sie immer eine Fliese vorschieben und die andere Fliese nachziehen.

Variation:
Eine Gruppe von Personen bildet eine Raupe.

Flussüberquerung 480

 Förderbereiche: Problemlösung, Kooperation, Geschicklichkeit

Jedes Mannschaftsmitglied erhält ein „Schwimmbrett" (eine 10 x 20 cm große Teppichfliese). Die gesamte Gruppe muss mithilfe der „Schwimmbretter" einen „Fluss" überqueren (Distanz ca. 10 – 15 m). Bei jeder Wasserberührung (wenn jemand daneben tritt) muss die gesamte Gruppe von vorne anfangen. Jedes „Schwimmbrett" muss immer besetzt sein (Fuß- oder Handberührung), da sonst das Krokodil (Lehrer) das „Schwimmbrett" frisst. Welche Gruppe hat zuerst mit sämtlichen Schwimmbrettern den Fluss überquert?

Fliesenfreimal 481

 Förderbereiche: Schnelligkeit, Wahrnehmung

Zwei bis drei farblich markierte Fänger versuchen die übrigen Mitspieler abzuschlagen. Die Fliesen dienen als Freimal.

Rettungsinseln 482

 Förderbereiche: Wahrnehmung, Schnelligkeit

In der Halle werden vier große Teppichfliesen ausgelegt. Jede bekommt eine Nummer oder wird nach einer Himmelsrichtung benannt. Die Spieler laufen im Raum umher. Bei dem Ruf „Land unter, alle zu Teppichfliese Nr. 2" oder „alle nach Norden", müssen die Spieler schnell auf die entsprechende Fliese laufen. Spieler, die keinen Platz finden, müssen Zusatzaufgaben erfüllen.

Fliesen drehen 483

 Förderbereiche: Schnelligkeit, Wahrnehmung, Kooperation

Eine Anzahl von Teppichfliesen (mindestens zwei Fliesen mehr als Spielteilnehmer) wird im Raum verteilt. Dabei wird genau die Hälfte der Fliesen auf die Rückseite gelegt. Gruppe A legt die Fliesen auf die Rückseite, Gruppe B versucht, sie so schnell wie möglich auf die Vorderseite zu drehen. Welche Mannschaft hat nach dem Stoppzeichen mehr Teppichfliesen in ihre Position gedreht?

Fliesen-Eishockey 484

 Förderbereiche: Kooperation, Geschicklichkeit, Wahrnehmung
 Zusatzmaterialien: Gymnastikstab/Besen, Tore

Zwei Mannschaften spielen gegeneinander Eishockey auf zwei Tore. Zwei Teppichfliesen sind die Schlittschuhe, eine runde Fliese dient als Puck, ein Gymnastikstab/Besen als Schläger.

Teppichfliesen

Teppichfliesenball 485

 Förderbereiche: Kooperation, Wahrnehmung, Schnelligkeit

 Zusatzmaterialien: Ball

In jeder Feldseite liegt eine Anzahl von gleichfarbigen Teppichfliesen (ein bis drei Fliesen mehr als Spieler einer Mannschaft). Zwei Mannschaften mit vier bis sechs Spielern spielen gegeneinander und versuchen einen Ball auf eine der Teppichfliesen im gegnerischen Feld zu werfen. Dabei darf mit dem Ball nicht gelaufen und die Gegner dürfen nicht berührt werden. Gelingt ein Treffer, erhält die Mannschaft einen Punkt. Anschließend bekommt das gegnerische Team den Ball. Die Gegner können unter anderem einen Punktgewinn dadurch verhindern, dass sie mit einem Fuß eine Fliese berühren. Dann kann hier kein Punkt erzielt werden.

Variation 1:
Bei einem Treffer wird weitergespielt. Es muss jedoch anschließend auf eine andere Teppichfliese gespielt werden.

Variation 2:
Die unterschiedlich farbigen Fliesen beider Mannschaften werden sowohl in der eigenen als auch in der gegnerischen Spielfeldhälfte verteilt.

Zwei-Spiele-Ball 486

 Förderbereiche: Kooperation, Wahrnehmung, Schnelligkeit

Zwei Mannschaften mit vier bis sechs Personen spielen gegeneinander nach Basketballregeln (oder Handballregeln). Eine Mannschaft spielt (analog zum „Teppichfliesenball") auf Teppichfliesen und versucht, dort zu Punkten zu kommen, das andere Team spielt auf eine Wand. Das auf die Wand spielende Team kann Punkte erzielen, wenn der Ball zuerst auf den Boden, dann an die Wand und wieder auf den Boden prellt. Die abwehrende Mannschaft versucht dem zu folge, den Ball vor dem zweiten Bodenkontakt zu fangen.

Tücher und Decken

Tücher gibt es in allen Größen, Farben und Formen. Sie bieten vielfältige Bewegungsherausforderungen. Die gefahrlose Handhabung ermöglicht auch ängstlichen Spielern rasche Erfolgserlebnisse. Nutzbar sind z.B. Staub-, Wisch-, Hals- und Handtücher. Bei gemeinsamen Bewegungsaufgaben mit großen Bettlaken und Decken können soziale Verhaltensweisen akzentuiert werden. Chiffon- oder Jongliertücher eignen sich insbesondere als schwebende Wurfobjekte für die Schulung der visuellen Wahrnehmungsfähigkeit.

Tücher und Decken

Körperbildende Übungen 487

 Förderbereiche: Geschicklichkeit, Kraft

a) Eine Person hebt ein Handtuch mit gestreckten Armen über den Kopf und führt es waagerecht hinter den Rücken, ohne dabei die Hände zu lösen. Wer kann am kürzesten fassen?
b) Eine Person lässt ein Handtuch waagerecht über den Boden kreisen und überspringt es rhythmisch.
c) Eine Person hält ein Handtuch mit beiden Händen vor dem Körper und überspringt es im Hocksprung. Wer kann auch wieder zurückspringen?
d) Eine Person schwenkt im Sitzen die gestreckten Beine von links und rechts über das am Boden ausgebreitete Handtuch. Die Beine berühren auf jeder Seite kurz den Boden.
e) Eine Person zieht im Sitzen die Füße an und stemmt die Fußsohlen gegen das von beiden Armen fest gespannte Handtuch. Die Beine abwechselnd strecken und anziehen.
f) Eine Person befindet sich in der Bauchlage (oder Rückenlage) und hält mit den Händen ein Handtuch straff gespannt. Aus dieser Position, ohne Unterstützung der Arme, aufstehen und wieder hinlegen.
g) Eine Person liegt mit gestreckten Armen vor einem Handtuch in Bauchlage. Das Handtuch in dieser Position ausschütteln oder klein falten.

Alles im Griff 488

 Förderbereiche: Wahrnehmung, Geschicklichkeit, Kooperation, Problemlösung

 Zusatzmaterialien: Musik

Entsprechend der Spielerzahl werden Handtücher verteilt. Die Personen bewegen sich zur Musik durch den Raum und führen die vom Spielleiter genannten Bewegungsaufgaben aus (z.B. vorwärts/rückwärts laufen, im Vierfüßlergang bewegen etc.). Bei Musikstopp hat die Gruppe die Aufgabe, sämtliche Tücher innerhalb von fünf Sekunden mit einem beliebigen Köperteil zu berühren. Während der Spielleiter laut rückwärts herunterzählt, müssen die Gruppenmitglieder sich schnell absprechen, wer welches Tuch berührt. Jeder Spieler darf auch mehrere Tücher gleichzeitig berühren. Gelingt es der Gruppe, alle Tücher in der vorgegebenen Zeit zu berühren, werden in jeder weiteren Spielrunde drei neue Tücher ergänzt. Das Spiel ist beendet, wenn die Gruppe es nicht mehr schafft, alle Tücher zu berühren.

Blind-Gänger

 Förderbereiche: Wahrnehmung, Vertrauen

Eine Person legt sich ein Tuch über den Kopf und geht vorsichtig vorwärts bzw. rückwärts durch die Halle. Um Zusammenstöße mit anderen „blinden" Personen zu vermeiden, werden Geräusche oder andere akustische Warnungen abgegeben.

Klebriges Tuch

 Förderbereiche: Schnelligkeit, Wahrnehmung, Geschicklichkeit

Eine Person breitet ein Tuch auf dem Oberkörper aus und versucht durch schnelles Laufen das Tuch, ohne Handberührung, am Körper „kleben" zu lassen.

Pirouette

 Förderbereiche: Wahrnehmung, Kreativität, Geschicklichkeit

 Sicherheitshinweis/Risikofaktor 1: Sturzgefahr durch häufiges Drehen (Schwindel)!

Eine Person steht mit einem Bein auf einem Tuch und führt nach dem Anschieben mit dem anderen Bein eine Pirouette (Drehung um die Körperlängsachse) aus:
a) Drehungen zu beiden Seiten ausführen.
b) Verschiedene kreative Drehungen entwickeln.
c) Mit geschlossenen Augen drehen.

Tücherwandern

 Förderbereiche: Geschicklichkeit

Eine Person steht auf einem Tuch und steigt auf ein zweites, vor ihr liegendes Tuch, nimmt sich wieder das erste, legt es weiter und steigt wieder um, usw. Wegen der Rutschgefahr ist das Springen auf die Tücher verboten!

Tücher und Decken

Tuchkarussell 493

 Förderbereiche: Wahrnehmung, Geschicklichkeit

Eine Person sitzt mit angezogenen Knien auf einem Tuch und versucht, sich durch Anschieben mit den Händen wie ein Kreisel um die eigene Achse zu drehen.

Variation 1:
Kreiseln in Bauchlage.

Variation 2:
Der Spieler sitzt auf dem Tuch und führt kreative (Freestyle) Drehungen aus.

Variation 3:
Ein Spieler dreht den auf dem Tuch liegenden oder sitzenden Partner.

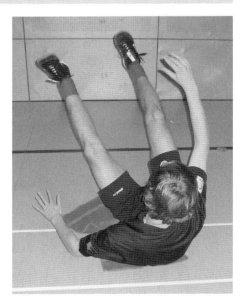

Tücher-Schlittschuhe 494

 Förderbereiche: Geschicklichkeit, Wahrnehmung

Eine Person steht mit je einem Bein auf einem Tuch und bewegt sich vorwärts und rückwärts wie ein Schlittschuhläufer durch den Raum, ohne den Kontakt zu den Tüchern zu verlieren.

Ohne Beine 495

 Förderbereiche: Kraft, Ausdauer, Geschicklichkeit

Eine Person kniet auf einem Tuch und schiebt sich mit den Händen vor- bzw. rückwärts durch den Raum.

Seilchen springen   496

 Förderbereiche: Geschicklichkeit, Kraft, Ausdauer

Mehrere zusammengedrehte Tücher werden zu einem Springseil aneinander geknotet. Eine Person führt verschiedene Sprungformen aus.

Variation:
Die Person sitzt mit gestreckten Beinen auf dem Boden und schwingt das Tücherseil unter dem Gesäß durch.

Rutsche 497

 Förderbereiche: Wahrnehmung

 Zusatzmaterialien: Langbänke, Turnmatten

 Sicherheitshinweis/Risikofaktor 1: Es besteht Verletzungsgefahr, wenn der Spieler von der Bank fällt. Sicherung durch Matten oder mehrere Bänke nebeneinander stellen!

Eine Langbank wird in eine Sprossenwand oder in Ringe eingehakt. Vor das untere Ende der Bank wird eine Turnmatte als Sicherung gelegt. Eine Person rutscht auf einem Tuch sitzend oder liegend die Schräge herunter.

Fangtastisch   498

 Förderbereiche: Wahrnehmung, Geschicklichkeit

Eine Person wirft ein Tuch hoch und versucht, es nach der Ausführung von Zusatzaufgaben und bevor es den Boden berührt, wieder aufzufangen:
a) Nach fünf- bis zehnmaligem Klatschen.
b) Nach der Berührung des Bodens mit beiden Händen.
c) Nach einer Drehung um die Körperlängsachse.
d) Fangen hinter dem Rücken.
e) Fangen mit durch die gegrätschten Beine gestreckten Armen.
f) Nach einer Rolle vorwärts/rückwärts.
g) Eigene Ideen entwickeln.

Tücher und Decken

Putztuch 499

Förderbereiche: Kraft

Eine Person stützt sich mit beiden Händen auf ein Tuch und schiebt es im Vierfüßlergang kreuz und quer durch die Halle.

Wäsche falten 500

Förderbereiche: Geschicklichkeit, Wahrnehmung

Ein Tuch liegt ausgebreitet auf dem Boden. Die davor stehende Person versucht das Tuch mit den Füßen möglichst klein zu falten.

Körper-Landeplatz 501

Förderbereiche: Geschicklichkeit, Wahrnehmung, Schnelligkeit

Eine Person wirft ein Tuch hoch und versucht, es mit unterschiedlichen Körperteilen aufzufangen bzw. das Tuch auf ihnen landen zu lassen (z.B. mit dem Ellbogen, auf dem Kopf, auf dem Fuß, auf dem Oberschenkel, auf dem Bauch, auf dem Rücken etc.).

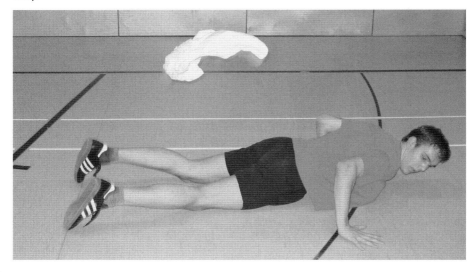

Hunderennen 502

 Förderbereiche: Geschicklichkeit, Wahrnehmung, Kraft, Ausdauer

Eine Person stützt bzw. steht mit den Händen und Füßen auf vier Tüchern und bewegt sich auf den Tüchern rutschend wie ein Hund vorwärts. Dabei dürfen die Hände und Füße den Kontakt zu den Tüchern nie verlieren.

Fußgymnastik 503

 Förderbereiche: Geschicklichkeit, Wahrnehmung

a) Eine Person steht vor einem auf dem Boden liegenden Tuch und versucht, es mit den Zehen zu greifen, es anzuheben und damit zu winken.
b) Das Tuch mit den Zehen hochschleudern (um 360 Grad drehen) und in der Luft mit den Händen wieder fangen.
c) Die Personen entwickeln eigene Übungen.

Tuchraupe 504

 Förderbereiche: Kraft, Geschicklichkeit, Wahrnehmung

Eine Person stellt sich mit beiden Füßen auf ein Tuch und stützt sich mit den Händen auf ein davor befindliches, zweites Tuch. In dieser Position bewegt sich der Sportler nun wie eine Raupe durch den Raum, indem er immer zuerst das vordere Tuch vorschiebt und dann das hintere Tuch nachzieht.

Windmaschine 505

 Förderbereiche: Geschicklichkeit, Wahrnehmung, Ausdauer

 Zusatzmaterialien: Tischtennisbälle, Hindernisse

Eine Person treibt einen Tischtennisball nur durch Fächeln mit einem Tuch durch den Raum bzw. durch ein Hindernis-Parcour.

Tücher und Decken

Flatternde Tücher　506

Förderbereiche: Wahrnehmung, Schnelligkeit

Eine Person läuft mit einem beidhändig über dem Kopf gehaltenen Tuch durch die Halle. Ihr Partner läuft direkt dahinter und versucht das von ihm beliebig losgelassene Tuch zu fangen, bevor es auf den Boden fällt.

Variation:
Ausführung mit zwei Tüchern.

Tauziehen　507
(nur mit stabilen Tücher)

Förderbereiche: Kraft

Sicherheitshinweis/Risikofaktor 2: Sturzgefahr, wenn der Partner unvorbereitet das Tuch loslässt!

Zwei Personen halten ein Tuch und versuchen auf ein Kommando den Widersacher über eine Linie zu ziehen.

Glatteis　508

Förderbereiche: Kooperation, Geschicklichkeit, Problemlösung

Zwei Personen stehen auf einem Tuch und versuchen gemeinsam, sich rutschend vorwärts zu bewegen, ohne das Tuch zu verlassen.

Halstuch binden　509

Förderbereiche: Problemlösung, Kooperation, Geschicklichkeit

Einer Person werden die Augen verbunden. Sie versucht ihrem Partner ein Halstuch umzubinden und mit einem Doppelknoten zuzuknoten. Dabei darf sie jedoch nur eine Hand benutzen. Der Partner darf dabei mit einer Hand helfen.

Kräftigungsübungen 510

 Förderbereiche: Kraft, Kooperation

Arme: Zwei Partner stehen sich gegenüber und umfassen relativ dicht übereinander mit beiden Händen das senkrecht gehaltene, kurz gerollte Handtuch. Die Unterarme des unten fassenden Partners bilden im Ellbogengelenk einen 90-Grad-Winkel. Der von oben fassende Partner beugt nun gleichmäßig seine Arme gegen den Widerstand des Partners. Sind die Arme vollständig gebeugt, wird die Bewegungsrichtung umgekehrt und der unten Fassende streckt seine Arme aktiv gegen den Widerstand des Partners. Oberarme und Oberkörper bleiben während der gesamten Ausführung völlig unbewegt.

Oberschenkelbeuger/Arme: Ein Partner liegt mit dem Bauch auf einer Matte und mit der Stirn auf dem Boden. Die Arme befinden sich in U-Halte neben dem Körper am Boden. Die Unterschenkel sind leicht vom Boden angehoben und um die Fersen liegt ein langes, gerolltes Handtuch. Der Partner sitzt im Schneidersitz so nah an den Füssen des Liegenden, dass die Hände, mit denen er das Handtuch fasst, im Ellbogengelenk 90 Grad angewinkelt sind. Während der Liegende seine Beine gegen das Handtuch so weit wie möglich gegen sein Gesäß beugt, streckt der Partner seine Arme. In der Endposition hat der sitzende Partner seine Arme mit aufrechtem Oberkörper gerade vor dem Körper in Vorhalte. Aus dieser Position zieht er gleichmäßig seine Arme gegen den Beinwiderstand des Liegenden wieder an den Körper heran.

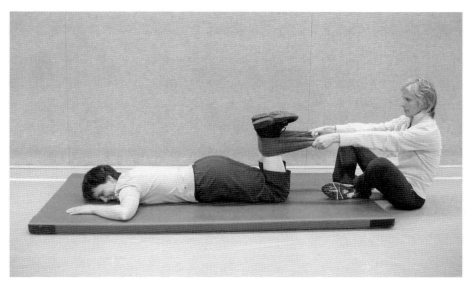

Tuch-Schubkarre 511

 Förderbereiche: Kraft, Kooperation

 Sicherheitshinweis/Risikofaktor 2: Bei mangelnder Kraft in den Armen bzw. zu hohem Tempo besteht die Gefahr, mit dem Kopf aufzuschlagen!

A stützt sich mit beiden Armen auf ein Tuch. B hält die Beine von A und schiebt ihn in dieser Haltung (Schubkarrenposition) durch die Halle (kein Hohlkreuz!).

Variation 1:
A stützt auf den Unterarmen.

Variation 2:
Die "Schubkarre" wird gezogen.

Taxi 512

 Förderbereiche: Kraft, Kooperation

 Zusatzmaterialien: Seile/Stäbe

Eine Person steht, sitzt oder kniet auf dem Tuch und wird von einem Partner an den Händen (oder mit Hilfsmitteln: z.B. Seile, Stäbe) durch den Raum gezogen.

Variation 1:
Der Gezogene steht mit je einem Fuß auf einem Tuch.

Variation 2:
Ein/zwei Personen schieben den Partner.

Füßeln 513

 Förderbereiche: Kooperation, Wahrnehmung, Geschicklichkeit

Eine Person greift mit den Zehen ihres rechten Fußes ein Tuch und übergibt es an einen Partner, der das Tuch mit seinem rechten Fuß annimmt. Anschließend übergeben die beiden Partner das Tuch jeweils mit dem linken Fuß.

Variation:
Das Tuch mit den Füßen gegenseitig zuwerfen und fangen.

Tüchertausch 514

Förderbereiche: Wahrnehmung, Schnelligkeit, Geschicklichkeit

Zwei Personen stehen sich mit jeweils einem Tuch im Abstand von 2–5 m gegenüber. Beide werfen das Tuch gleichzeitig zum Partner und fangen das Tuch des anderen.

Variation:
Die Tücher werden gradlinig hochgeworfen. Die Personen tauschen nun blitzschnell die Plätze und versuchen das Tuch vom Partner zu fangen.

Transportunternehmen 515

Förderbereiche: Kooperation, Problemlösung, Geschicklichkeit

Zusatzmaterialien: Ball/Karton/Schuh

Vier Tücher werden von zwei Personen zu zwei langen Tüchern zusammengeknotet. Anschließend drehen die Spieler die beiden langen Tücher zu zwei Seilen, die sie parallel zwischen sich spannen. Auf diese Seile wird ein Gegenstand gelegt (z.B. Ball, Karton, Schuh etc.), der, ohne herunterzufallen, zu einem vereinbarten Ort transportiert werden soll.

Variation:
Während der Aufgabe darf nicht gesprochen werden.

Bewegter Ball 516

Förderbereiche: Kooperation, Wahrnehmung

Zusatzmaterialien: Decken/große Tücher

Ein Ball wird auf eine Decke oder ein großes Tuch gelegt. Die Spieler fassen die Decke am Rand und versuchen den Ball in verschiedene Richtungen laufen zu lassen, indem sie die Decke immer dann anheben, wenn der Ball gerade vorbeigerollt ist.

Variation:
Mehrere Bälle gleichzeitig kreisen lassen, ohne dass sie sich berühren.

Fußkampf 517

Förderbereiche: Geschicklichkeit, Wahrnehmung, Kraft

Zwei Partner stehen vor einem in der Mitte liegenden Tuch. Mit einem Fuß versucht jeder das Tuch zu sich über die Mitte zu ziehen.

Variation:
Das Tuch darf nur mit den Zehen gezogen werden.

Vulkanausbruch 518

Förderbereiche: Wahrnehmung, Geschicklichkeit

Zusatzmaterialien: Decken/große Tücher, (Soft)Bälle

In der Mitte einer großen Decke liegen entsprechend der Spielerzahl Softbälle (oder Alltagsgegenstände). Auf Kommando schleudern die Spieler die Gegenstände nach oben, legen die Decke auf den Boden und versuchen alle Gegenstände, bevor sie auf den Boden fallen, zu fangen.

Schleudertuch 519

 Förderbereiche: Kooperation, Geschicklichkeit, Wahrnehmung
 Zusatzmaterialien: Bälle

Zwei Spieler schleudern einen auf einem Tuch liegenden Ball in die Luft und versuchen ihn mit dem Tuch wieder aufzufangen.
a) Veränderung der Ausgangsstellung: im Stehen, Sitzen, Kniestand etc.
b) Den Ball erst auf den Boden auftippen lassen und dann mit dem Tuch auffangen.
c) Andere Gegenstände hochschleudern und fangen.
d) Mehrere Teams stehen nebeneinander und schleudern den Ball zur nächsten Zweiergruppe.
e) Zwei Zweiergruppen spielen sich ihre Bälle gleichzeitig zu.
f) Den Ball mit dem Tuch hochschleudern, dann das Tuch schnell so auf den Boden legen, dass der Ball darauf landet. Wenn der Ball vom Tuch wieder hochprellt, wird das Tuch ergriffen und der Ball gefangen oder erneut hochgeschleudert.

Synchronfangen 520

 Förderbereiche: Kooperation, Wahrnehmung, Geschicklichkeit

Alle Spieler stehen mit einem Tuch in einem großen Kreis. Auf Kommando werfen alle ihr Tuch geradlinig hoch, bewegen sich nach rechts und versuchen das Tuch vom Nachbarn zu fangen.

Chaoswechsel 521

 Förderbereiche: Wahrnehmung, Geschicklichkeit

Alle Personen laufen kreuz und quer durch die Halle. Auf ein Signal werfen alle ihre Tücher in die Luft und versuchen ein anderes Tuch in der Luft zu fangen.

Variation:
Vor dem Fangen müssen Zusatzaufgaben erledigt werden (z.B. mit den Händen den Boden berühren, um 360 Grad drehen etc.).

Tücher und Decken

Decke wenden 522

 Förderbereiche: Problemlösung, Kooperation, Geschicklichkeit

 Zusatzmaterialien: Decken/große Tücher

Eine Gruppe von acht bis zehn Personen steht auf einer ca. 2 x 1,5 m großen Decke. Die Gruppe soll die Decke wenden, ohne sie zu verlassen. Berührt ein Gruppenmitglied den Boden, muss wieder von neuem begonnen werden.

Variation:
Unter der Decke liegen verschiedene Blätter, auf denen Wörter geschrieben sind. Die Gruppe soll alle Blätter bergen und die Wörter zu einem Satz zusammensetzen. Dabei darf niemand den Boden außerhalb der Decke berühren.

Tunneltuch 523

 Förderbereiche: Wahrnehmung, Geschicklichkeit

 Zusatzmaterialien: Toilettenpapierrollen

Alle Spieler haben ein kleines Tuch und eine Toilettenpapierrolle und versuchen auf Kommando das Tuch hinter dem Rücken durch die Rolle zu schieben. Wer ist zuerst fertig?

Variation:
Eine Hand wird hinter den Rücken gehalten. Die Spieler sollen mit nur einer Hand die Toilettenpapierrolle halten und gleichzeitig das Tuch durch die Rolle schieben. Die Rolle darf nicht abgestellt, aufgestützt oder eingeklemmt werden.

Sport & Spiel mit Alltagsmaterial

Tücherjagd 524

 Förderbereiche: Schnelligkeit, Wahrnehmung, Kooperation

Jeder Spieler hat hinten in seiner Hose ein Tuch stecken. Zwei bis drei Jäger ohne Tuch versuchen, ein Tuch aus der Hose eines Mitspielers herauszuziehen. Derjenige, der sein Tuch verliert, wird zum neuen Fänger. Der alte Fänger steckt sich das erbeutete Tuch in die Hose.

Abtuchen 525

 Förderbereiche: Schnelligkeit, Wahrnehmung, Kooperation

 Zusatzmaterialien: farbige Tücher

Zwei Gruppen bekommen verschiedenfarbige Tücher. Alle Spieler laufen durcheinander, bis der Spielleiter eine Farbe nennt. Während die aufgerufene Farbgruppe versucht die anderen Gruppenmitglieder mit ihren Tüchern abzuwerfen, versuchen die fliehenden Spieler durch geschickte Bewegungen auszuweichen. Jeder abgeworfene Spieler muss sich hinsetzen. Die Spielrunde endet, wenn die komplette Gruppe „betucht" wurde.

Variation:
Abgeworfene Spieler können von ihren Mannschaftsmitgliedern befreit werden, wenn sie z.B. von einem Partner zweimal umrundet werden.

Güterstaffel 526

 Förderbereiche: Kooperation, Wahrnehmung, Geschicklichkeit

 Zusatzmaterialien: Alltagsgegenstände (z.B. Bälle, Korken, Kartons, Dosen etc.)

Auf ein Tuch werden verschiedene Gegenstände gelegt. Die Teammitglieder ziehen nacheinander das Tuch möglichst schnell um die Wendemarkierung, ohne dass ein Gegenstand vom Tuch rutscht. Verliert ein Spieler einen Gegenstand, muss er diesen wieder einsammeln und von vorne beginnen.

Tücher und Decken

Wäsche aufhängen 527

 Förderbereiche: Schnelligkeit

 Zusatzmaterialien: Leine/Sprossenwand, kleiner Kasten

Vor jeder Gruppe steht ein „Wäschekorb" (Kasten) mit Tüchern. Die Anzahl der Tücher muss der Anzahl der Spieler entsprechen. Jedes Gruppenmitglied muss nacheinander ein Tuch auf die andere Seite bringen, an einer Leine oder „Heizung" (Sprossenwand) aufhängen und wieder zum Startpunkt zurücklaufen. Die Gruppe, die zuerst alle Tücher aufgehängt hat, ist Sieger.

Variation:
Die Bewegungsart wird für alle vorgegeben (z.B. Krebsgang, Vierfüßlergang, hüpfend und das Tuch zwischen den Knien geklemmt, das Tuch am Bauch klebend, ohne Handberührung etc.). Es kann aber auch jeder Spieler eine andere Fortbewegungsart ausführen.

Drachenschwanzjagd 528

 Förderbereiche: Kooperation, Wahrnehmung, Schnelligkeit

Acht bis zehn Spieler stellen sich in einer Reihe hintereinander auf, legen ihre Arme um die Hüfte des Vordermanns und bilden so einen „Drachen". Der letzte Spieler ist der „Drachenschwanz" und steckt sich ein Tuch in die Hose. Mit dem Startzeichen beginnen die „Drachenköpfe" nach den Schwänzen der anderen Drachen zu schnappen.

Am laufenden Band 529

 Förderbereiche: Kooperation, Geschicklichkeit, Wahrnehmung

Alle Mannschaftsmitglieder sitzen in einer Reihe hinter einer Startlinie. Der jeweils erste Spieler greift das auf der Startlinie liegende Tuch mit beiden Füßen, macht eine halbe Drehung zum Hintermann und übergibt es ihm. Dieser übergibt das Tuch an seinen Hintermann usw. Wenn ein Spieler das Tuch übergeben hat, läuft er nach hinten und setzt sich hinter das letzte Mannschaftsmitglied. Sieger ist die Mannschaft, die zuerst eine vorher festgelegte Strecke überwunden hat.

Menschliche Schrubber 530

Förderbereiche: Kraft, Schnelligkeit

Die Mannschaften stehen reihenweise hinter einer Startlinie. Auf Kommando schieben die Mannschaftsmitglieder nacheinander ein auf dem Boden liegendes Tuch mit beiden Händen um die gegenüberstehenden Wendemarkierungen und wieder zum Startpunkt zurück. Welches Team ist zuerst fertig?

Handtuch-Volleyball 531

Förderbereiche: Kooperation, Wahrnehmung, Geschicklichkeit, Schnelligkeit

Zusatzmaterialien: Volleybälle

Zwei Zweierteams spielen gegeneinander auf einem Volleyballfeld und fassen ein Handtuch an den Ecken an. Mithilfe des Handtuchs wird versucht, den Volleyball durch eine gemeinsame Bewegung so über das Netz zu schleudern, dass er im gegnerischen Feld zu Boden fällt. Die gegnerische Mannschaft kann dies verhindern, indem sie den Ball mithilfe des Handtuchs fängt.

Tücher und Decken

Stierkampf — 532

Förderbereiche: Wahrnehmung, Geschicklichkeit, Schnelligkeit

Zusatzmaterialien: Farbige Tücher

Eine Anzahl von Spielern steht mit verschiedenfarbigen Tüchern in der Hand im Raum verteilt. Sie sind die „Toreros" und die übrigen Spieler sind die „Stiere". Jeder Stier reagiert auf eine bestimmte Farbe. Auf ein Farbsignal vom Spielleiter halten die jeweiligen Toreros ihr Tuch seitlich vom Körper die Stiere (mit den Händen am Kopf als Hörner) laufen los und versuchen, möglichst ein Tuch ihrer Farbe aufzuspießen. Gelingt dies, erfolgt ein Aufgabenwechsel. Der Stier wird zum Torero und umgekehrt.

Rollerstaffel — 533

Förderbereiche: Schnelligkeit, Geschicklichkeit, Wahrnehmung

Zusatzmaterialien: Gymnastikreifen/Schachtel

Die Mannschaften stehen reihenweise hinter einer Startlinie. Die Gruppenersten stellen einen Fuß auf das Tuch und „rollern" zu einem auf der gegenüberliegenden Seite liegenden Gymnastikreifen/Schachteln. Dort muss das Tuch mit den Zehen in den Reifen hineingelegt werden. Zurück an der Startlinie wird der nächste Partner abgeschlagen. Dieser läuft zum Reifen, greift das Tuch mit den Zehen und bringt es „rollernd" zurück usw.

Monsterjagd — 534

Förderbereiche: Kooperation, Wahrnehmung, Geschicklichkeit, Schnelligkeit

Alle Spieler verteilen sich mit einem Handtuch in der Halle. Zwei „Monster" versuchen, möglichst schnell vier bis sieben Menschen zu „fressen". Jeder „gefressene Mensch" muss sich mit seinem Tuch an das „Monster" hängen. Dazu wird das Tuch um den Bauch des vorderen Spielers gelegt, die Tuchenden werden dabei mit beiden Händen festgehalten. Das „Monster" kann nur fressen, wenn alle „gefressenen Menschen" mit ihm verbunden sind.

Tuch-Hockey 535

 Förderbereiche: Schnelligkeit, Wahrnehmung, Geschicklichkeit

 Zusatzmaterialien: Luftballons

 Sicherheitshinweis/Risikofaktor 1: Gefahr durch das Handtuch bei unkontrolliertem Schlagen!

Es werden zwei Mannschaften gebildet. Jeder Spieler eines Teams bekommt eine Nummer. Die Teams sitzen jeweils an einer Hallenseite hinter einer markierten Endlinie, die zugleich Torlinie ist. In der Mitte des Feldes liegen ein Luftballon und zwei mit je einem Knoten versehene Tücher. Nachdem der Spielleiter eine Nummer gerufen hat, laufen die jeweiligen Spieler ihres Teams zur Mitte, schnappen sich ein Tuch und versuchen den Ballon über die gegnerische Torlinie zu befördern. Der Ballon darf nur mit dem Tuch geschlagen werden. Sobald der Ballon über eine Torlinie befördert wird, endet für beide Spieler ihr Einsatz und sie nehmen wieder bei ihrer Mannschaft Platz. Ballon und Tücher werden abermals in die Mitte gelegt und eine neue Spielrunde wird gestartet.

Römisches Wagenrennen 536

 Förderbereiche: Schnelligkeit, Kraft, Kooperation

 Zusatzmaterialien: Seile/Bänder

Ein „Wagenlenker" sitzt auf seinem „Wagen" (Handtuch) und lenkt zwei bis drei „Pferde" (Teammitglieder) mittels mehrerer Springseile oder Bänder um einen Rundkurs. Nach jeder Runde erfolgt ein Fahrerwechsel. Das Rennen gegen andere Wagen ist beendet, sobald jedes Teammitglied einmal Wagenlenker war.

Wäscheklammern

Wäscheklammern können in großer Stückzahl sehr günstig angeschafft werden. Sie sind äußerst robust und haben eine lange Lebensdauer. Besonders stabil sind Holzklammern. Die Verwendung farbiger Kunststoffklammern ist bei Gruppenspielen hilfreich, da sie die Möglichkeit einer einfachen Zuordnung von Mannschaften und Punktwertungen bietet.

Wäscheklammern

Bauarbeiter 537

 Förderbereiche: Kreativität, Geschicklichkeit, Wahrnehmung

Eine Person schichtet Wäscheklammern möglichst hoch aufeinander:
a) Eine Mauer bauen.
b) Einen viereckigen hohlen Turm errichten.
c) Die Klammern aneinander zu einem hohen Tor heften.
d) Eigene Formen oder Bauwerke errichten.

Flohspringen 538

 Förderbereiche: Geschicklichkeit, Wahrnehmung

 Zusatzmaterialien: Flache Schachteln

Eine Person versucht eine Wäscheklammer in eine (flache) Schachtel zu befördern, indem sie mit einer zweiten Klammer auf eine am Boden liegende Klammer drückt.

Variation:

Auf dem Boden sind mehrere Wäscheklammern um die Schachtel verteilt. Zwei oder mehr Spieler versuchen abwechselnd möglichst viele Wäscheklammern in die Schachtel zu schnipsen.

Klammertanz 539

 Förderbereiche: Wahrnehmung, Geschicklichkeit, Schnelligkeit

 Zusatzmaterialien: Musik

Die Wäscheklammern liegen wahllos auf dem Hallenboden verteilt. Die Personen laufen zur Musik und führen die von außen genannten Bewegungsaufgaben aus:
a) Umlaufen der Wäscheklammern.
b) Überspringen der Klammern (einbeinig/beidbeinig/vorwärts/rückwärts).
c) Umlaufen der Wäscheklammern und bei Musikstopp schnell eine Wäscheklammer der genannten Farbe finden.
d) Umlaufen der Wäscheklammern und bei Musikstopp möglichst viele Klammern an die Kleidung heften. Anschließend wild zur Musik tanzen, bis alle Klammern abgefallen sind.

Blind aufsammeln 540

 Förderbereiche: Kooperation, Wahrnehmung, Vertrauen

 Zusatzmaterialien: Augenbinden

 Sicherheitshinweis/Risikofaktor 1: Bei mangelnder Teamarbeit und falschem bzw. zu langsamem Umsetzen der Partnerhinweise besteht die Gefahr von Zusammenstößen mit anderen „Blinden"!

Im Raum ist eine Vielzahl von Wäscheklammern verteilt. Eine Person sammelt mit verbundenen Augen nach Anweisung seines Mitspielers möglichst viele Klammern in einer vorgegebenen Zeit ein.

Variation:
Die farbigen Klammern haben unterschiedliche Wertigkeiten. Welches Team schafft die höchste Punktzahl?

Wäscheklammern

Wegbegrenzung 541

 Förderbereiche: Wahrnehmung

 Zusatzmaterialien: Augenbinden

In der Halle ist ein geschlängelter Weg aufgebaut, der durch zwei parallele Reihen von Wäscheklammern begrenzt ist. Eine Person versucht mit verbundenen Augen, ohne die Klammern zu verschieben, nur durch Tasten mit den Händen den Ausgang zu finden.

Variation:
Es darf nur mit dem Fuß (barfuß) getastet werden.

Zusammengeheftet 542

 Förderbereiche: Kooperation, Wahrnehmung, Geschicklichkeit

 Zusatzmaterialien: Hindernisse

Zwei Personen klammern sich an der Kleidung mit 10–20 Wäscheklammern zusammen. Welches Paar verliert beim Überwinden des Hindernisparcours die wenigsten Klammern?

Variation:
Fangspiel: Paare versuchen sich gegenseitig zu fangen, und dabei selbst die wenigsten Klammern zu verlieren.

Wäscheklammern finden 543

 Förderbereiche: Vertrauen, Wahrnehmung, Kooperation

 Zusatzmaterialien: Augenbinden

Es werden Zweierteams gebildet, die sich einander gegenüber aufstellen. Anschließend werden sämtlichen Spielern die Augen verbunden. Der Gruppenleiter klemmt allen Personen zehn Wäscheklammern an die Kleidung (und Haare). Auf Kommando entfernen die Partner nacheinander die zehn Klammern ihres Partners. Dabei darf immer nur eine Hand benutzt werden. Welche Gruppe braucht am wenigsten Zeit?

Marionette 544

 Förderbereiche: Wahrnehmung, Vertrauen, Kooperation

 Zusatzmaterialien: Augenbinden

Einer Person werden die Augen verbunden. Ihr Partner heftet ihr anschließend vier Wäscheklammern an die Kleidung: vorne und hinten am T-Shirt sowie rechts und links an den Schultern. Durch leichten Zug an den entsprechenden Wäscheklammern wird der „blinde" Spieler durch den Raum gesteuert.

Variation:
Der den „blinden" Partner führende Spieler kann nur eine Wäscheklammer benutzen, die er immer wieder an verschiedene Stellen heftet und so lenkt.

Spürfix 545

 Förderbereiche: Wahrnehmung, Vertrauen

Eine Gruppe sitzt oder liegt entspannt mit geschlossenen Augen auf dem Boden. Die andere Gruppe versucht diesen Personen möglichst viele Klammern anzuheften. Bemerken sie dieses, reagieren sie kurz mit dem Körperteil, an dem sie den Versuch bemerkt haben. Die Klammer muss wieder entfernt und eine neue Person aufgesucht werden. Wer bekommt die meisten Klammern angeheftet?

Variation:
Ein Spieler heftet seinem „blinden", auf dem Boden liegenden Partner behutsam einige Klammern an die Kleidung. Der auf dem Boden liegende Spieler muss erfühlen, wie viele Klammern an ihm befestigt worden sind. Zur Täuschung kann eine Klammer auch wieder weggenommen oder versetzt werden.

Klammerndieb 546

 Förderbereiche: Wahrnehmung, Schnelligkeit, Geschicklichkeit

Jeder Spieler bekommt fünf Wäscheklammern angesteckt. In einem abgegrenzten Spielfeld versuchen alle Spieler bei den anderen Mitspielern so viele Klammern wie möglich zu erwischen. Wegnehmen ist erlaubt, solange man selbst noch Klammern hat. Gewonnen hat derjenige Spieler, der am Ende die meisten Klammern hat.

Wäscheklammern

Wäscheklammerkreis — 547

 Förderbereiche: Kooperation, Wahrnehmung, Geschicklichkeit

Wäscheklammern werden aneinander zu einem großen Kreis geheftet. Dieser Wäscheklammerkreis wird von allen Mitspielern vorsichtig angehoben. Dann bekommt jeder Spieler eine Nummer. Auf Kommando müssen die aufgerufenen Nummern ihren Platz wechseln, ohne dass der Wäscheklammerkreis auseinander bricht.

Drei Leben — 548

 Förderbereiche: Wahrnehmung, Schnelligkeit, Geschicklichkeit

Zu Beginn des Fangspiels erhält jeder Spieler eine Wäscheklammer. Während des Spiels ist jeder Mitspieler zugleich Jäger und Gejagter. Nach dem Startsignal versuchen die Spieler einen anderen Spieler abzuschlagen. Wird ein Spieler berührt, muss er stehen bleiben und sich die Klammer des Fängers anheften lassen. Spieler, die ihre Klammer an einem anderen angebracht haben, können sich eine neue Wäscheklammer aus dem Wäscheklammerdepot holen. Um dieses Depot ist eine Schutzzone, in der man nicht abgeschlagen werden kann. Wird einem Spieler die dritte Klammer angeheftet, hat er seine drei Leben verwirkt und scheidet aus.

Klammer-Boccia — 549

 Förderbereiche: Geschicklichkeit, Wahrnehmung
 Zusatzmaterialien: Alltagsgegenstände

Ein Zielgegenstand wird 3 – 5 m entfernt von einer Abwurflinie in den Raum gestellt. Die Spieler versuchen nacheinander, ihre Klammer so dicht wie möglich an den Zielgegenstand zu werfen.

Variation:
Um die Zielmarkierung sind drei Kreise im Abstand von 50 cm markiert. Die Kreise erhalten von außen nach innen eine größere Punktwertigkeit. Wer erzielt mit seinen Klammern die höchste Punktzahl?

Pendelwurf 550

 Förderbereiche: Wahrnehmung, Geschicklichkeit

 Zusatzmaterialien: Seil, Eimer, Schaukelringe

Ein Eimer (oder anderer Behälter) wird an den Ringen befestigt. Der Eimer wird in Schwingungen versetzt und pendelt hin und her. Von einer Wurfmarkierung (Reifen/Matte) sollen zehn Klammern in den Eimer geworfen werden. Wer erzielt die meisten Treffer?

Variation:
Durchführung als Gruppenwettkampf.

Waschtag 551

 Förderbereiche: Schnelligkeit

 Zusatzmaterialien: Leine, Alltagsgegenstände (z.B. Zeitungen, Bänder, Karten, Tücher, Pappteller etc.)

Jede Mannschaft hat eine Anzahl von Gegenständen, die an einer langen Wäscheleine mit Klammern aufgehängt werden sollen. Die Gegenstände dürfen nicht über die Leine gelegt, sondern müssen ausschließlich mit Klammern befestigt werden. Welche Gruppe schafft es, die meisten „Wäschestücke" (in einer vorgegebenen Zeit!) aufzuhängen?

Wäscheklammern

Schwertkämpfer 552

Förderbereiche: Wahrnehmung, Geschicklichkeit

Zusatzmaterialien: Augenbinde, Zeitungsrolle/Schlauch

Eine Gruppe von acht bis zehn Personen bestimmt einen „Schwertkämpfer", dem die Augen verbunden werden. Dieser erhält 10 – 15 Abzeichen (Wäscheklammern), die an seiner Kleidung befestigt werden. Außerdem bekommt er ein Schwert (Zeitungsrolle oder Schlauch) zur Verteidigung seiner Abzeichen. Die übrigen „Schwertpersonen" versuchen die Abzeichen des Schwertkämpfers zu erbeuten, ohne von seinem Schwert getroffen zu werden. Wird eine Schwertperson getroffen, scheidet er aus. Der Schwertkämpfer darf nicht wild um sich schlagen, sondern er darf sich nur zehn Fehlschläge erlauben. Beim zehnten Fehlschlag muss der Schwertmeister seinen Platz für die Schwertperson mit den meisten Abzeichen räumen. Gelingt es einer Schwertperson drei Abzeichen zu erobern, wird er automatisch zum neuen Schwertmeister und das Spiel beginnt von vorne.

Strategie-Werfen 553

Förderbereiche: Problemlösung, Kooperation, Geschicklichkeit, Wahrnehmung

Zusatzmaterialien: Kartons

Auf dem Hallenboden stehen unterschiedlich große Kartons ca. 3 – 5 m von einer Abwurflinie entfernt. Gestaffelt nach ihrer Größe hat jeder Karton eine andere Wertigkeit, der kleinste Karton erhält den größten Wert. Alle Mannschaften erhalten pro Spieler fünf Klammern. Gemeinsam legt jede Mannschaft vor dem Werfen eine Strategie fest: risikoreich werfen oder sichere Punkte? Wer soll in welchen Karton werfen? Nach der Absprache werfen die Mannschaftsmitglieder abwechselnd ihre Klammern in die Kartons. Welche Mannschaft erzielt die meisten Punkte?

Variation:
Eine vorher festgelegte Anzahl von Würfen muss mit dem „schwachen" Arm geworfen werden. Die Gruppe entscheidet selbst, wer dieses Handicap ausführt.

Sport & Spiel mit Alltagsmaterial

Zeitungsbälle

Aus zusammengeknüllten Zeitungsblättern lassen sich schnell kleine und große Zeitungsbälle basteln, die bei Wurfspielen gefahrlos eingesetzt werden können. Verklebt man die zusammengeknüllten Zeitungsblätter (z.B. mit Tesakrepp), entstehen sehr stabile Bälle mit verbesserten Flugeigenschaften. Diese Wurfbälle sind eine preiswerte Alternative zu den teuren Softbällen des Sportfachhandels.

Zeitungsblätter

Ball-Balance   554

 Förderbereiche: Wahrnehmung, Geschicklichkeit

Eine Person versucht einen Zeitungsball möglichst lange auf unterschiedlichen Körperteilen im Gleichgewicht zu halten (z.B. auf dem Kopf, auf der Schulter, auf einem Bein stehend, auf dem Oberschenkel).

Variation:
Die Person hält einen Gegenstand, auf dem der Zeitungsball liegt (z.B. ein Medizinball etc.).

Volley spielen   555

 Förderbereiche: Wahrnehmung, Geschicklichkeit

Eine Person versucht einen Zeitungsball möglichst lange in der Luft zu halten:
a) Den Ball abwechselnd mit der rechten und linken Hand schlagen.
b) Den Zeitungsball nur mit dem Handrücken spielen.
c) Den Ball im Wechsel mit der Hand und einem anderen Teil des Armes spielen (Hand-Schulter, Hand-Ellbogen, Hand-Unterarm).
d) Den Ball mit den Füßen hochhalten.

Wurf- und Fangübungen   556

 Förderbereiche: Wahrnehmung, Geschicklichkeit
 Zusatzmaterialien: Evtl. Matte

a) Ein Spieler wirft seinen Zeitungsball nach vorne und versucht ihn nach einer Rolle vorwärts (auf einer Matte) im Stehen wieder aufzufangen.
b) Einen Zeitungsball hochwerfen und im Hockstand zwischen den Unterschenkeln wieder auffangen, wobei die Arme um die Oberschenkel herumreichen und zwischen den Unterschenkeln hervorgestreckt werden.
c) Ein Spieler wirft im Stehen einen Zeitungsball hoch. Anschließend legt er sich schnell so auf den Rücken, dass er den Ball im Liegen auffangen kann.
d) Einen Zeitungsball hochwerfen und hinter dem Rücken, mit beiden Händen, auffangen. Den gefangenen Ball anschließend zurück über den Kopf werfen und vor dem Körper fangen.

Ball-Pusten 557

 Förderbereiche: Wahrnehmung, Geschicklichkeit

Eine Person bewegt sich auf allen vieren durch den Raum und pustet dabei einen Zeitungsball vor sich her:
a) Den Zeitungsball durch einen Hindernisparcours pusten.
b) Partnerwettkampf, bei dem die beiden Spieler versuchen, einen in der Mitte liegenden Zeitungsball über die Endlinie des Gegenspielers zu pusten.

Abwurf 558

 Förderbereiche: Geschicklichkeit, Wahrnehmung

 Zusatzmaterialien: Kleine Kästen/Kartons/Eimer

Ein Spieler wirft einen Zeitungsball in einen Zielbehälter:
a) Aus unterschiedlichen Entfernungen werfen.
b) Abwechselnd mit dem rechten und linken Arm werfen.
c) Rückwärts durch die gegrätschten Beine werfen.
d) Der Zielbehälter ist nicht sichtbar, sondern steht hinter einem anderen Gegenstand (z.B. Kasten).

Fuß-Weitwurf 559

 Förderbereiche: Geschicklichkeit, Wahrnehmung

Ein Spieler sitzt hinter einer Abwurflinie auf dem Boden. Vor ihm liegt ein Zeitungsball, den er mit den Füßen fest einklemmt. Durch geschicktes Strecken der Beine soll der Ball im Sitzen nun möglichst weit vorwärts geschleudert werden. Welcher Spieler erreicht die größte Weite?

Variation 1:
Der Zeitungsball wird mit den Füßen rückwärts über den Kopf geschleudert.

Variation 2:
Der Zeitungsball wird im Stehen nach vorne geschleudert.

Variation 3:
Mehrere Mannschaften spielen gegeneinander und versuchen eine möglichst große Strecke zu überwinden. Der erste Spieler schleudert den Ball von der Startlinie nach vorne. Der nächste Spieler nimmt den Zeitungsball an der Landestelle auf und wirft ihn von dort weiter usw.

Fangbereitschaft 560

 Förderbereiche: Kooperation, Wahrnehmung, Geschicklichkeit

 Zusatzmaterialien: Turnmatten

Eine Person wirft dem Partner einen Zeitungsball zu, der den Ball unmittelbar nach der vorgegebenen Bewegungsaufgabe in der Luft aufzufangen versucht:
a) Auf ein vereinbartes akustisches Signal umdrehen und den Ball fangen.
b) Nachdem der Partner den Ball in die Luft geworfen hat, aus der Bauch- oder Rückenlage aufstehen und fangen.
c) Einen Radschlag ausführen und unmittelbar danach den Ball fangen.
d) Den Zeitungsball nach einer Rolle vorwärts fangen.
e) Mit akustischer Hilfe des Partners den Ball mit geschlossenen Augen fangen.

Zappel-Fangen 561

 Förderbereiche: Geschicklichkeit, Wahrnehmung, Kooperation

 Zusatzmaterialien: Evtl. Gymnastikreifen

Jeweils zwei Personen stehen sich gegenüber. A versucht einen Zeitungsball zu B zu befördern, indem er ihn zwischen die Füße klemmt und ihn durch eine Handstandbewegung über Kopf zu B schleudert. Nach erfolgreichem Fangen wird die Entfernung immer mehr vergrößert.

Variation:
Der Fänger legt in Absprache mit seinem Partner vor der Ausführung seine Fangpositionen mit einem Gymnastikreifen fest. Beim Fangen darf er den Reifen dann nicht verlassen.

Peripheres Sehen 562

 Förderbereiche: Wahrnehmung, Geschicklichkeit

Ein Spieler wirft seinen Zeitungsball senkrecht in die Luft. Sein Partner steht vor ihm und zeigt nach dem Hochwerfen des Balles mit den Fingern eine Zahl, die A nennen muss, bevor er den Ball wieder fängt.

Variation:
Der Partner steht seitlich zum Werfer bzw. hinter ihm.

Blindes Huhn — 563

 Förderbereiche: Kooperation, Wahrnehmung, Geschicklichkeit

 Zusatzmaterialien: Augenbinde, Schnüre/Seile, Ständer (Hochsprung)

Es werden zwei Hochsprungständer aufgestellt. Dazwischen werden im Abstand von 1–2 m zwei waagerechte Seile gespannt. Einem Spieler werden die Augen verbunden. Der Spieler versucht nun, mithilfe seines Partners von einer Abwurflinie einen Zeitungsball zwischen den Seilen hindurchzuwerfen. Nach zehn Würfen erfolgt ein Aufgabenwechsel. Welches Paar erzielt die meisten Treffer bei seinen 20 Würfen?

Variation:
Der Abstand zwischen den beiden Seilen wird nach jedem Durchlauf weiter verringert.

Zeitdruck — 564

 Förderbereiche: Kooperation, Wahrnehmung, Geschicklichkeit

Zwei Spieler stehen sich mit jeweils einem Zeitungsball im Abstand von ca. 4 m gegenüber. Spieler A wirft seinen Ball flach zu Spieler B. Dieser wirft seinen Ball beim Herannahen senkrecht hoch, fängt den von A geworfenen Ball und wirft ihn sofort wieder zurück, um seinen eigenen Ball wieder fangen zu können.

Variation:
Beide müssen abwechselnd einen Ball hochwerfen.

Fußkatapult — 565

 Förderbereiche: Kooperation, Wahrnehmung, Geschicklichkeit

Ein Spieler befindet sich in Rückenlage auf dem Boden und versucht den von seinem Partner auf seine Füße geworfenen Zeitungsball mit den Fußsohlen zurückzukatapultieren. Der Partner versucht den zurückgespielten Ball, ohne seine Stellung zu verändern, zu fangen.

Handicap-Dribbeln 566

 Förderbereiche: Wahrnehmung, Geschicklichkeit, Kooperation

 Zusatzmaterialien: Basketbälle

Zwei Spieler stehen sich gegenüber. Spieler A wirft einen Zeitungsball zu B, der den zugeworfenen Ball fängt und zurückwirft, während er einen Basketball fortwährend prellt.

Zwei oben, ein unten 567

 Förderbereiche: Kooperation, Wahrnehmung, Geschicklichkeit

 Zusatzmaterialien: Fußbälle

Zwei Spieler werfen sich gleichzeitig ihre Zeitungsbälle zu und passen sich dabei kontrolliert einen Fußball mit dem Fuß zu.

Trampolin-Schleudern 568

 Förderbereiche: Kooperation, Wahrnehmung, Geschicklichkeit

 Zusatzmaterialien: Tücher, Zeitungsblätter, Gegenstände

Eine Person steht in 3–5 m Entfernung zu seinen beiden Partnern. Die Partner halten zwei übereinander gelegte Zeitungsblätter oder ein Tuch und versuchen einen zugeworfenen Zeitungsball direkt in ein Ziel (z.B. Weichboden, kleiner Kasten, Basketballkorb etc.) weiterzubefördern:
a) Den Abstand zum Ziel bzw. zwischen Werfer und Partnern variieren.
b) Der Werfer wirft den Zeitungsball mit geschlossenen Augen.
c) Die Partner müssen den zugeworfenen Ball über Kopf weiterleiten.
d) Die Partner schleudern den Ball zu einem weiteren Zweier-Zeitungsteam, das ihn dann ins Ziel befördern.

Zeitungsblätter

Stirnkreis-Werfen   569

 Förderbereiche: Kooperation, Wahrnehmung, Geschicklichkeit

Alle Spieler werfen auf ein Signal ihren Zeitungsball hoch und versuchen danach den Ball des rechten (linken) Nachbarn zu fangen.

Variation:
Vorgabe der ballwerfenden oder ballfangenden Hand.

Haltet den Kasten frei   570

 Förderbereiche: Schnelligkeit, Wahrnehmung, Kooperation

 Zusatzmaterialien: Kleine Kästen

An den Eckpunkten eines gleichseitigen Dreiecks befinden sich umgedrehte kleine Kästen mit Zeitungsbällen, an denen sich jeweils eine Mannschaft aufstellt. In jedem Kasten liegen drei Bälle mehr als Spieler der dort stehenden Mannschaft. Aufgabe der Teams ist es, ihren Kasten leer zu räumen und die Bälle in einen der beiden anderen Kästen zu legen. Dabei dürfen die Spieler immer nur einen einzigen Zeitungsball transportieren und den eigenen Kasten nicht blockieren. Welche Mannschaft hat ihren Kasten zuerst frei geräumt?

Kontaktball   571

 Förderbereiche: Kooperation, Schnelligkeit, Wahrnehmung, Geschicklichkeit

Zwei Mannschaften spielen in einem markierten Spielfeld gegeneinander und versuchen sich einen Zeitungsball zuzuwerfen. Das gegnerische Team versucht dies zu verhindern. Ein Punkt wird erzielt, wenn ein Spieler seinem Mitspieler den Ball so zupasst, dass dieser den Ball mit der Hand oder dem Arm hochspielt und der Ball anschließend von einem dritten Mitspieler gefangen wird.

Zeitungsschlacht 572

 Förderbereiche: Wahrnehmung, Geschicklichkeit, Kooperation

Parallel zu den beiden Längsseiten des Spielfeldes sind drei Zonen markiert. In den beiden 2–3 m breiten Zonen der Außenseiten stehen sich die Spieler, durch eine 5–8 m breite Mittelzone getrennt, gegenüber. Jeder Spieler versucht mit den Zeitungsbällen einen Spieler des anderen Teams abzuwerfen, ohne das Feld zu verlassen. Getroffene Spieler müssen das Feld verlassen, dürfen aber für die weiteren Schützen ihrer Mannschaft Zeitungsbälle bereit legen. Welche Mannschaft hat nach Ablauf der Spielzeit die geringsten Verluste?

Eimerball 573

 Förderbereiche: Wahrnehmung, Geschicklichkeit, Kooperation

 Zusatzmaterialien: Seil, Eimer, Ringe, Alltagsgegenstände

Ein großer Wassereimer wird in einer Höhe von ca. 3–4 m frei hängend befestigt (z.B. an den Ringen). Vier bis fünf Spieler einer Mannschaft versuchen innerhalb einer vorgegebenen Zeit möglichst viele Zeitungsbälle in den pendelnden Eimer zu werfen.

Variation:
Neben den Zeitungsbällen sollen weitere ungefährliche Wurfgegenstände in dem Eimer versenkt werden. Die verschiedenen Gegenstände erhalten entsprechend ihres Schwierigkeitsgrads unterschiedliche Punktwerte (z.B. Zeitungsbälle: 1 Punkt, Tischtennisbälle: 2 Punkte, Badmintonbälle: 3 Punkte).

Zeitungsblätter

Ferngesteuert 574

 Förderbereiche: Kooperation, Wahrnehmung, Vertrauen

 Zusatzmaterialien: Augenbinden

 Sicherheitshinweis/Risikofaktor 1: Bei mangelnder Teamarbeit und falschem bzw. zu langsamem Umsetzen der Partnerhinweise besteht die Gefahr durch Zusammenstöße mit anderen „Blinden"!

Eine Gruppe von Paaren spielt gegeneinander, wobei einem Partner jedes Zweierteams die Augen verbunden werden. Der „blinde" Spieler erhält zwei Zeitungsbälle. Jedes Pärchen hat die Aufgabe, irgendeine Person eines anderen Teams mit einem Zeitungsball abzuwerfen. Die Bälle dürfen nur von dem „blinden" Spieler berührt werden. Der sehende Spieler steuert seinen Partner nur mit Worten. Gelingt es einem Team, auf diese Weise jemanden abzuwerfen, so tauschen beide Partner die Rollen. Welches Team schafft in der vorgegebenen Zeit die meisten Rollenwechsel?

Zeitungsblätter

Alte Tageszeitungen sind problemlos auch in großen Mengen zu beschaffen und sind selbst unterwegs jederzeit zur Hand. Sie haben den Vorteil, dass sie immer wieder als Altpapier in kurzer Zeit gesammelt werden können, so dass die benutzten Zeitungen nach dem Spielen entsorgt werden können. Die dünnen Zeitungsblätter reagieren auf jede kleine Bewegung und ermöglichen somit das Üben kontrollierter und behutsamer Bewegungsmuster. Beim freien Spiel ist darauf zu achten, dass es beim Experimentieren und Toben nicht zum destruktiven Zerstören kommt. Deshalb sollte über gezielte und behutsame Intervention rechtzeitig für konstruktive oder entspannende Spielsituationen gesorgt werden oder die Spieler sollten sich vor dem Einsatz des Zeitungspapiers austoben.

Zeitungsblätter

Fitnesstraining 575

Förderbereiche: Kraft, Ausdauer

Die Übungsintensität lässt sich über die Breite der Zeitung steuern (Quer- oder Längsformat, Doppel- oder Einzelseite).

a) Der Sportler steht vor der auf dem Boden liegenden Zeitung und springt im Schlusssprung seitlich von rechts nach links über die Zeitung.

b) Der Sportler steht vor der Zeitung und springt im Schlusssprung rhythmisch nach vorne über die Zeitung und wieder zurück.

c) Der Sportler steht in Schrittstellung über der Zeitung und führt Wechselsprünge aus (Beine abwechselnd über die Zeitung vor- und zurückbewegen).

d) Zwei Zeitungsblätter werden im Abstand von ca. 30 cm nebeneinander gelegt. Der Sportler steht in der Mitte, grätscht rhythmisch über die beiden Zeitungen, springt dann wieder in die Mitte zurück usw.

e) Der Sportler befindet sich im Liegestütz, unter seinen Beinen liegt eine Zeitung. Nun stellt er einen Fuß über die Zeitung und führt Schrittwechselsprünge aus (Beine abwechselnd vor und hinter das Zeitungsblatt bringen).

f) Der Sportler begibt sich über einer Zeitung in den Liegestütz. Dann die Beine über die Zeitung vor- und zurückhocken.

Zeitungsflattern 576

 Förderbereiche: Wahrnehmung, Schnelligkeit

 Zusatzmaterialien: Musik

Alle Personen halten mit ausgestreckten Armen ein Zeitungsblatt in die Luft und laufen zur Musik kreuz und quer durch die Halle. Bei Musikstopp lässt jeder sein Zeitungsblatt los und versucht ein anderes Blatt zu fangen, bevor es den Boden berührt.

Gegen den Wind 577

 Förderbereiche: Schnelligkeit, Wahrnehmung, Geschicklichkeit

 Zusatzmaterialien: Evtl. Hindernisse (z.B. Hütchen, Weichböden), Seile

Eine Person versucht durch schnelles Laufen eine Zeitung am Oberkörper kleben zu lassen.

Variation:
Beim Vorwärtslaufen Hindernisse umlaufen oder überqueren (z.B. Weichboden, „Gräben" aus auf dem Boden liegenden Seilchen).

Riesenschlange 578

 Förderbereiche: Problemlösung, Geschicklichkeit

Eine Person versucht aus einer Zeitungsseite eine möglichst lange Schlange aus einem Stück zu reißen. Mit einem Maßband wird die längste Schlange ermittelt.

Magische Bewegung 579

 Förderbereiche: Problemlösung, Geschicklichkeit, Wahrnehmung

Eine Person versucht ein auf dem Boden liegendes Zeitungsblatt ohne Berührung (nur durch Fächeln, Pusten etc.) vorwärts/rückwärts zu bewegen.

Zeitungsblätter

Zeitungstransport

 Förderbereiche: Geschicklichkeit, Wahrnehmung

Eine Person transportiert ein Zeitungsblatt auf verschiedenen Körperteilen (z.B. auf dem Kopf, Arm, einem Bein etc.).

Variation:
Die Zeitung wird mit verschiedenen Körperteilen eingeklemmt und so durch den Raum transportiert (z.B. zwischen Kinn und Brust, zwischen den Knien etc.).

Reißwolf

 Förderbereiche: Geschicklichkeit, Wahrnehmung

Eine Person zerreißt mit den Zehen ein Zeitungsblatt in möglichst viele Papierschnitzel. Anschließend müssen die Papierschnitzel mit den Füßen wieder eingesammelt werden.

Magneten

 Förderbereiche: Geschicklichkeit, Wahrnehmung

Eine Person drückt mit einem Knie und beiden Händen jeweils ein Zeitungsblatt an die Wand. Die drei Blätter sollen, ohne dass sie herunterfallen, eine vorgegebene Strecke an der Wand entlangbewegt werden.

Variation:
Zwei mit Seilen verbundene Personen müssen gleichzeitig mehrere Zeitungsblätter halten bzw. bewegen.

Schangeln 583

 Förderbereiche: Geschicklichkeit, Wahrnehmung

 Zusatzmaterialien: Münzen

Auf den Boden wird ein Zeitungsblatt gelegt. Eine Person versucht aus 3–4 m Entfernung fünf Münzen auf die Zeitung zu werfen, so dass die Münzen auf der Zeitung liegen bleiben. Pro Treffer erhält der Spieler einen Punkt. Bei jeder neuen Runde wird das Zeitungsblatt halbiert.

Zeitung abhängen 584

 Förderbereiche: Geschicklichkeit, Wahrnehmung

 Zusatzmaterialien: Tennisbälle, Wäscheklammern, Leine

Mehrere Zeitungsbögen werden mit Wäscheklammern an einer Leine befestigt. Die Spieler versuchen mit gezielten Würfen eines Tennisballes diese herunterzuwerfen.

Zeitungs-Schlittschuhe 585

 Förderbereiche: Wahrnehmung, Geschicklichkeit

Eine Person steht mit jedem Fuß auf einem Zeitungsblatt und bewegt sich wie ein Schlittschuhläufer behutsam durch den Raum. Bei der Bewegung dürfen keine Zeitungsteile verloren gehen.

Sortiermaschine 586

 Förderbereiche: Wahrnehmung

 Zusatzmaterialien: Diverse Papiermaterialien (z.B. Toilettenpapier, Taschentuch, Küchenpapier, Löschpapier, Packpapier, Briefumschlag, Fotos, Stadtplan etc.), Augenbinden

Einer Person werden die Augen verbunden. Sie hat die Aufgabe, nur durch Tasten verschiedene Papiermaterialien voneinander zu trennen und zu benennen.

Papier-Marionette 587

 Förderbereiche: Kreativität, Kooperation, Wahrnehmung

Eine auf dem Rücken liegende „Marionette" wird von einem vor ihr stehenden „Puppenspieler" bewegt. Die Marionette ahmt alle Bewegung nach, die der Puppenspieler mit dem Zeitungsblatt ausführt. Isolierte Bewegungen des Kopfes, der Arme und der Beine werden durch Einreißen der Zeitung ermöglicht. Neben isolierten Bewegungen, wie z.B. Heben und Senken, können durch Änderungen der Blattebene größere Positionsveränderungen der Marionette (z.B. Bauchlage, Sitz und Stand) vorgenommen werden.

Gefangenentransport 588

 Förderbereiche: Kooperation, Wahrnehmung, Geschicklichkeit

 Zusatzmaterialien: Hindernisse

Zwei „Gefangene" sind mit einer Zeitung „aneinander gekettet" und bewegen sich über Hindernisse. Dazu stecken sie jeweils ein Bein durch zwei kleine eingerissene Löcher in der Zeitung. Sollte die Zeitung beim Bewältigen des Hindernisparcours zerreißen, muss wieder von vorne begonnen werden.

Variation 1:
Person A steckt eine Hand durch das erste eingerissene Loch, Person B ein Bein durch das zweite Loch in der Zeitung.

Variation 2:
Mehrere „Gefangene" werden zusammengekettet.

Blindenführung 589

 Förderbereiche: Kooperation, Wahrnehmung, Vertrauen

 Zusatzmaterialien: Hindernisse, Augenbinden

Einer Person werden die Augen verbunden. Sie wird von ihrem Partner durch die Halle geführt. Zwischen den beiden Personen besteht nur ein indirekter Kontakt über das mit beiden Händen gehaltene Zeitungsblatt. Zur Erschwerung können in der Halle Hindernisse aufgestellt werden, die von dem „blinden" Spieler umgangen, überstiegen oder unterkrochen werden müssen. Da bei der Ausführung nicht gesprochen werden darf, vereinbaren die Paare vor Beginn Kommunikationszeichen mit der Zeitung.

Zwillinge 590

 Förderbereiche: Kooperation, Wahrnehmung, Geschicklichkeit

 Zusatzmaterialien: Hindernisse

Zwei unzertrennbare, mit einem Zeitungsblatt verbundene „Zwillinge" sollen sich frei im Raum bewegen. Dabei darf die an vorgegebenen Körperteilen (z.B. Kopf, Rücken, Schulter) eingeklemmte Zeitung nicht auf den Boden fallen. Durch zusätzliche Bewegungsaufgaben kann der Schwierigkeitsgrad erhöht werden (z.B. Tempovariationen, Richtungsänderungen, Überwinden von Hindernissen, Entreißen des Zeitungsblatts eines anderen Zwillingspärchens, ohne das eigene Blatt zu verlieren).

Zeitungsmumie 591

 Förderbereiche: Kooperation, Problemlösung, Kreativität

 Zusatzmaterialien: (Zauber)Schnüre

Die Gruppe wickelt eine Person vollständig in Zeitungen ein. Mit einer (Zauber-)Schnur werden die Zeitungsblätter behutsam an der „Mumie" fixiert. Anschließend muss die Mumie von einem Startplatz zu einem gegenüberliegenden Ziel transportiert werden. Welche Mumie ist am besten erhalten (eingewickelt)?

Zeitungsblätter

Hilfreiche Füße   592

 Förderbereiche: Wahrnehmung, Geschicklichkeit

Auf dem Boden liegen wahllos verteilt kleine Papierschnitzel. Die Gruppe sammelt alle Papierschnitzel nur mit den Füßen auf und legt sie in einen Papierkorb.
Anmerkung: Diese Aufgabe ist besonders zum Abschluss der Stunde geeignet, wenn aufgeräumt werden muss.

Zeitungswandern   593

 Förderbereiche: Kooperation, Geschicklichkeit

Eine Gruppe von Spielern steht dicht gedrängt auf einem Zeitungsblatt. Mithilfe eines zusätzlichen Blatts versucht die Gruppe auf die andere Hallenseite zu gelangen. Die Personen müssen dazu nacheinander auf das freie, nach vorne gelegte Zeitungsblatt treten. Das hintere Blatt wird dann wieder nach vorne auf den Boden gelegt usw. Betritt ein Spieler den Boden, muss die gesamte Gruppe wieder zurück zum Startpunkt. Welche Gruppe ist zuerst auf der anderen Seite?

Modenschau   594

 Förderbereiche: Kreativität

Aus Zeitungen sollen Kostüme geschneidert werden: z.B. Rock, Hemd, Umhänge, Hüte, Über-Schuhe, Handschuhe etc. Den Abschluss bildet eine „Modenschau", bei der jeder sein Kostüm kurz vorstellt.

Das Zeitungs-Orchester   595

 Förderbereiche: Kreativität, Kooperation

In einer Kleingruppe „spielt" jede Person mithilfe ihrer Zeitung ein Instrument. Nach einer Erprobungsphase, in der die Spieler die erzeugten Geräusche variieren (Tempo, Lautstärke etc.), findet eine Aufführung statt. Ein Dirigent leitet dabei das Orchester.

Autoslalom 596

 Förderbereiche: Kreativität, Wahrnehmung

 Zusatzmaterialien: Musik

Unterschiedlich große Zeitungsblätter werden auf dem Hallenboden verteilt. Je nach Vorgabe durch den Spielleiter müssen die Hindernisse (Zeitungen) entweder wie beim Autoslalom umfahren oder wie beim Motocross übersprungen werden. Dabei dürfen die Fahrzeuge nicht zusammenstoßen. Der Spielleiter gibt die jeweilige Geschwindigkeit vor. Das Tempo kann durch Musik, Tamburintrommeln oder durch Zahlenvorgaben (für die Gänge) erfolgen. Zusätzlich kann auf ein Signal auch ein Richtungswechsel (Rückwärtsgang) oder Wechsel der Fortbewegungsart (Plattfuß) integriert werden.

Wörter-Laufen 597

 Förderbereiche: Ausdauer, Kooperation, Kreativität

Es werden sechs Buchstabenpools eingerichtet, vier in den Ecken der Halle und zwei in der Mitte der Längsseiten. Dort befinden sich aus Zeitungsblättern ausgeschnittene, verdeckt liegende, große Buchstaben. Jeder der sechs Mannschaften wird ein Buchstabenpool zugeordnet. Die Teams laufen gleichzeitig im Uhrzeigersinn und ziehen bei jeder Runde einen Buchstaben aus ihrem Pool, bis alle einen Buchstaben haben. Mit diesen Buchstaben soll während des Laufens ein Wort gebildet werden. Sollte keine Wortbildung möglich sein, darf die Mannschaft nach jeder Runde einen Buchstaben aus ihrem Pool austauschen. Dabei muss blind gezogen werden! Um die Wortbildung zu erleichtern, enthält jede Station mehr Vokale als Konsonanten. Welche Gruppe hat als erste ein Wort gebildet?

Variation:
Im Sinne eines Fächer verbindenden Unterrichts könnten auch die zu bildenden Wörter vorgegeben werden. Die vorgegebenen Wörter können Vokabeln des Fremdsprachenunterrichts sein. Zur Schulung der Rechtschreibung können aber auch schwierige Wörter aus dem Deutschunterricht Verwendung finden.

Zeitungsblätter

Eisschollen und Pinguine — 598

 Förderbereiche: Wahrnehmung, Schnelligkeit, Kreativität

 Zusatzmaterialien: Musik

Die Zeitungsblätter werden als „Eisschollen" wahllos in der Halle verteilt. Die Spieler laufen als „Pinguine" durch die Halle. Sie müssen, immer wenn der Dampfer tutet (akustisches Signal) oder sie seine Fahne sehen (optisches Zeichen), zu den „Eisschollen" zurückkommen. Sobald sich die „Pinguine" auf der „Eisscholle" befinden, schmelzen diese auf halbe Größe. Die Zeitung muss gefaltet werden, ohne die „Eisscholle" zu verlassen.

Titanic — 599

 Förderbereiche: Kooperation, Schnelligkeit, Geschicklichkeit

 Zusatzmaterialien: Zeitungen/Pappen, Musik

Auf dem Boden werden drei bis vier 60 x 60 cm große Zeitungen (besser Pappen) gelegt. Alle Spieler laufen kreuz und quer durch die Halle und erledigen die von außen zugerufenen Bewegungsaufgaben. Auf ein vereinbartes Signal (z.B. Musikstopp) müssen mindestens acht Personen versuchen, sich möglichst schnell auf einer „Rettungsinsel" zu versammeln. Nach einem vorher vereinbarten Signal darf niemand mehr mit seinem Fuß oder mit einem anderen Körperteil den Boden berühren. Die Gruppe muss mindestens 10 Sekunden in dieser Position verharren. Gruppen, die dieses nicht schaffen, müssen Sonderaufgaben erledigen.

Nachrichtensauger — 600

 Förderbereiche: Wahrnehmung, Geschicklichkeit

 Zusatzmaterialien: Trinkhalme

Alle Spieler reißen eine Zeitungsseite in zehn Teile und legen sie an eine Startlinie. Nach dem Startsignal saugen alle ihre Zettel mit einem Trinkhalm an, laufen damit zur gegenüberliegenden Spielfeldseite und legen dort die Papierschnipsel ab. Dabei dürfen die Hände die Zeitungsteile nicht berühren. Wer hat zuerst alle zehn Zeitungsschnipsel transportiert?

Gut behütet 601

 Förderbereiche: Problemlösung, Geschicklichkeit, Wahrnehmung

 Zusatzmaterialien: Hindernisse

Jeder Spieler faltet aus Zeitungsblättern so viele Papierhüte, wie er glaubt, gleichzeitig auf seinem Kopf durch einen Hindernisparcours transportieren zu können. Für jeden ins Ziel gebrachten Hut erhält der Spieler einen Punkt, verloren gegangene Hüte werden als Minuspunkt gewertet. Wer erzielt die meisten Punkte?

Parkplatzsuche 602

 Förderbereiche: Schnelligkeit, Wahrnehmung

Zu Beginn des Spiels erhalten immer zwei „Autos" (Spieler) zwei gleiche, weit auseinander liegende Parkplätze (Zeitungen). Auf ein Signal verlassen die Fahrzeuge ihre Parkplätze für einen Ausflug. Je nach Anzahl der Pfiffe muss der Parkplatz 1 oder 2 angefahren werden. Das Auto, das zuerst den freien Parkplatz erreicht, erhält einen Punkt. Welches Auto sammelt in den Spielrunden die meisten Punkte?

Zeitungsblätter

Papierinsel   603

 Förderbereiche: Schnelligkeit, Wahrnehmung

 Zusatzmaterialien: Musik

Auf dem Hallenboden sind Zeitungen (immer eine weniger als Spieleranzahl) ausgelegt. Bei Musikstopp versucht jeder Spieler einen Platz auf einer Zeitung zu finden. Derjenige, der keinen freien Zeitungsplatz mehr gefunden hat, scheidet aus und bekommt eine thematisch eingebundene Bewegungsaufgabe.

Zeitungstanz   604

 Förderbereiche: Geschicklichkeit, Kooperation, Kreativität

 Zusatzmaterialien: Musik

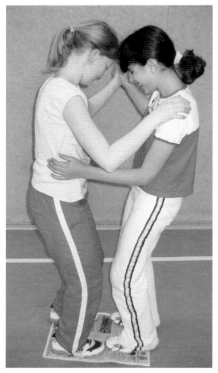

Jeweils zwei Personen tanzen auf einem Zeitungsblatt zur Musik. Nach einer gewissen Zeit werden alle Zeitungen halbiert (gefaltet). Die Pärchen müssen nun auf der verkleinerten Unterlage weitertanzen, ohne diese zu verlassen. Wer den Boden betritt, scheidet aus.

Unterschriftenaktion 605

 Förderbereiche: Wahrnehmung

 Zusatzmaterialien: Kleine Kästen

Jeder Spieler bekommt ein Zeitungsblatt als Brief. Dieser Brief für eine „gute Sache" soll durch die eigene Unterschrift (Markierung durch leichtes Einreißen oder Knicken) signiert werden. Anschließend begibt sich jeder (durch freies Laufen in der Halle) auf den Weg zum „Briefkasten" (z.B. Kastenoberteil, umgedrehter Kasten). Auf das Signal „Der Briefkasten wird gleich geleert" laufen alle Spieler schnell zum Briefkasten und werfen ihren Brief ein. Der Spielleiter als Postbote entleert den Briefkasten, um die Briefe zur Post zu bringen. Allerdings verliert er auf dem Weg dorthin alle Briefe. Auf ein Signal versuchen alle Spieler ihren Brief aufgrund ihrer Unterschrift wiederzufinden. Der Schwierigkeitsgrad kann gesteigert werden, indem jeder Spieler mehrere Briefe bekommt.

Fragen-Staffel 606

 Förderbereiche: Schnelligkeit, Wahrnehmung

Alle Mannschaften bekommen identische Zeitungsausgaben. Sie werden gegenüber der Startlinie auf die andere Spielfeldseite gelegt. Der Spielleiter stellt nun eine Frage und der jeweils erste Spieler der Mannschaft rennt zu seiner Zeitung. Nachdem er die dort enthaltene Antwort herausgefunden hat, läuft er zurück zu seiner Mannschaft und nennt dem Spielleiter die richtige Lösung. Für die richtige Lösung bekommt die Mannschaft einen Punkt und es beginnt eine weitere Spielrunde mit neuen Spielern.

Fragebeispiele:
- Wie war die Wettervorhersage für den 10.03.?
- Wie viele Wörter hat der Absatz mit der Überschrift „xxx"?
- Auf welcher Seite steht …?
- Welchen Artikel hat der Redakteur „xxx" geschrieben?

Variation:
Alle Mannschaften bekommen identische Zeitungsausschnitte. Der Spielleiter stellt eine Frage. Hat der Spieler die Antwort gefunden, läuft er zurück und bringt den ausgerissenen Artikel zu seiner Mannschaft.

Zeitungsblätter

ABC-Suchlauf 607

 Förderbereiche: Schnelligkeit, Wahrnehmung

 Zusatzmaterialien: Stifte

Es werden Vierergruppen gebildet, die sich hinter einer Startlinie aufstellen. An der gegenüberliegenden Wand wird für jede Mannschaft eine Zeitungsdoppelseite aufgehängt. Nach dem Startsignal laufen die Gruppenersten zu ihren Zeitungsblättern und suchen einen beliebigen Buchstaben „A" auf der Seite. Dieser wird dann mithilfe eines Filzstiftes eingekreist und die Spieler laufen zurück zur Startlinie. Dann läuft der nächste Spieler los und sucht einen Buchstaben „B", markiert ihn mit dem Filzstift, rennt zurück usw. Welche Gruppe hat zuerst das gesamte ABC markiert?

Schokoladen-Wettessen 608

 Förderbereiche: Geschicklichkeit, Schnelligkeit, Wahrnehmung

 Zusatzmaterialien: Schokolade, Messer, Gabel, Würfel, Schal, Handschuhe, Mütze, Schnur

Eine Schokolade wird mit mehreren Zeitungen eingepackt. Um jede Schicht wird eine Paketschnur gebunden. Die Spieler würfeln der Reihe nach. Bei einer „sechs" darf mithilfe von Messer und Gabel die Zeitung ausgepackt, bzw. die Schokolade gegessen werden. Zuerst muss diese Person jedoch noch Schal, Mütze und Handschuhe anziehen. Währenddessen wird weitergewürfelt. Würfelt eine andere Person eine „sechs", ist diese an der Reihe Schal, Mütze und Handschuhe anzuziehen und die Schokolade mit Messer und Gabel auszupacken bzw. zu essen.

Die Zeitungsmacher 609

 Förderbereiche: Schnelligkeit, Wahrnehmung, Problemlösung, Kooperation

 Zusatzmaterialien: Zeitungsbälle

Bei dem Spiel werden auf spielerische Art die Stationen bei der Entstehung einer Zeitung nachgespielt. Das Spiel ist in fünf Einzelspiele unterteilt. Sieger ist die Mannschaft mit den meisten Einzelsiegen.

1. Spiel: Beschaffung von Informationen
Es werden zwei Mannschaften gebildet. Sämtliche Spieler beider Mannschaften laufen durcheinander. Der Spielleiter ruft einen Spielernamen, zu dem alle schnell hinlaufen müssen. Derjenige, der als Letzter kommt, scheidet aus. Verloren hat die Mannschaft, bei der zuerst alle Mitspieler ausgeschieden sind.

2. Spiel: Informationsklau
Mannschaft A befindet sich in einem abgegrenzten Feld. Jeder Spieler bekommt ein Stück Zeitung, das er sich hinten in die Hose steckt. Die Spieler von Mannschaft B versuchen die Zeitungsseiten der Gegenspieler, die als „Information" bezeichnet werden, zu stehlen. Gelingt ihnen dies, müssen sie die geklauten Informationen in einen an der Seite befindlichen, umgedrehten kleinen Kasten legen. Erst danach können sie auf neuen Informationsklau gehen. Nachdem alle Informationen gestohlen wurden, wird die Zeit gestoppt und die Mannschaften wechseln die Aufgaben. Welche Mannschaft benötigt weniger Zeit für das Stehlen der Informationen?

3. Spiel: Informationentransport zum Verlagshaus
Jeder Spieler knüllt seine Zeitungsseiten zu einer Papierkugel. Ziel des Spiels ist es, die Zeitungsbälle (die Information) mithilfe von Wind, der von den Mannschaftsmitgliedern mit Zeitungen produziert wird, von einer Start- bis zu einer Ziellinie zu treiben. Dabei dürfen die Zeitungsbälle nicht mit den Zeitungen berührt werden. Dieses Spiel findet im direkten Vergleich statt. Jede Mannschaft darf selbst organisieren, mit wie vielen Spielern sie einen Zeitungsball bewegt. Die Zeitungsbälle müssen nur nacheinander zum Ziel transportiert werden.

4. Spiel: Geheimhaltung eines Spezialtipps
Eine Mannschaft erhält eine Zeitungsseite, die als „Spezialtipp" bezeichnet wird. Die Gruppe hat die Aufgabe, diesen Spezialtipp einem Spieler zu geben, der ihn am Körper verstecken muss. Die andere Mannschaft darf sich aus 10 m Entfernung ansehen, wie dies geschieht. Anschließend muss sie raten, wer den Spezialtipp versteckt hat. Jeder Fehlversuch zählt als Minuspunkt.

Zeitungsblätter

5. Spiel: Austragen der Zeitungen

Mannschaft A postiert ihre Mitspieler so im Raum, dass ein Zeitungsausträger der Mannschaft B einen möglichst langen Weg zurücklegen muss, um sämtliche Kunden (Spieler) zu erreichen. Alle Mitglieder der Mannschaft B sind Zeitungsausträger und müssen einzeln nacheinander „austragen", d.h. die einzelnen Kunden abschlagen, die sich dann hinsetzen müssen. Ist ein Zeitungsausträger mit seiner Tour fertig, schlägt er den nächsten Zeitungsboten seiner Mannschaft ab. Die Kunden stehen dann wieder auf. Gestoppt wird die Zeit, die jede Mannschaft benötigt, bis alle Zeitungsausträger ihre Tour absolviert haben.

Zeitungsrollen

Zeitungsrollen lassen sich schnell aus zusammengerollten Zeitungsblättern herstellen. Sie können als Hilfsmittel zum Schlagen, Transportieren und Balancieren eingesetzt werden. Da Zeitungsrollen schnell zum aggressiven Schlagen verleiten, sollten vorab spezielle Verhaltensregeln besprochen werden.

Zeitungsrollen

Balanceakt 610

 Förderbereiche: Wahrnehmung, Geschicklichkeit

Eine Person versucht eine Zeitungsrolle möglichst lange auf verschiedenen Körperteilen (Handfläche, Handrücken, Nacken, Fuß etc.) im Gleichgewicht zu halten.

Variation:
Zwei Rollen müssen gleichzeitig balanciert werden.

Pustefix 611

 Förderbereiche: Geschicklichkeit, Wahrnehmung

 Zusatzmaterialien: Tischtennisbälle, Hindernisse

Eine Person pustet einen Tischtennisball durch die Zeitungsrolle zu einem Ziel. Auf dem Weg sind verschiedene Richtungsänderungen und Hindernisse zu passieren. Am Ziel angekommen, muss der Spieler den Tischtennisball ansaugen und auf eine erhöhte Ablage legen.

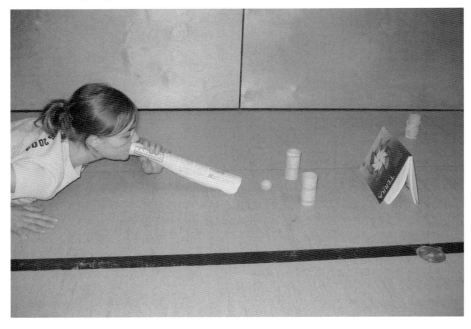

Luftballon-Treiben 612

 Förderbereiche: Wahrnehmung, Geschicklichkeit

 Zusatzmaterialien: Luftballons, Hindernisse

Eine Person treibt einen Luftballon mit einer Zeitungsrolle vorwärts und bewältigt dabei einen (Hindernis)Parcours. Der Ballon muss die ganze Zeit in der Luft gehalten werden.

Zeitung-Tragen 613

 Förderbereiche: Geschicklichkeit, Wahrnehmung

 Zusatzmaterialien: Alltagsgegenstände (Bälle, Filmdöschen, Korken, Schachteln, Bierdeckel etc.)

Auf dem Boden liegt ein Zeitungsblatt. Dieses muss mithilfe von zwei Zeitungsrollen aufgehoben und in ein vorher bestimmtes Ziel gelegt werden.

Variation:
Es müssen unterschiedliche Gegenstände möglichst schnell aus einem Depot zum Ziel gebracht werden. Fällt ein Gegenstand herunter, muss der Spieler wieder zum Startpunkt zurückgehen.

Pappteller drehen 614

 Förderbereiche: Geschicklichkeit, Wahrnehmung, Problemlösung

 Zusatzmaterialien: Pappteller

Eine Person dreht einen Pappteller nur mithilfe von zwei Zeitungsrollen um, ohne dass der Teller auf den Boden fällt.

Variation:
Es müssen zwei oder mehrere Pappteller umgedreht werden.

Zeitungsrollen

Blinden-Fechtkampf 615

Förderbereiche: Wahrnehmung, Vertrauen

Zusatzmaterialien: Augenbinden

Zwei Spielern werden die Augen verbunden. Anschließend erhalten sie eine Zeitungsrolle als „Degen" und versuchen ihren Partner als Erster damit an den Beinen zu treffen oder in einer vorgegebenen Reihenfolge verschiedene Körperteile zu berühren.
Anmerkung: Hier ist unbedingt auf behutsame Ausführung hinzuweisen. Wildes Herumschlagen ist verboten!

Gordischer Knoten 616

Förderbereiche: Problemlösung, Kooperation, Geschicklichkeit

Alle Spieler einer zehn bis zwölf Personen großen Gruppe falten je ein Zeitungsblatt zu einem Stab zusammen. Anschließend finden sich die Spieler in einem engen Kreis zusammen und halten ihren Stab, mit der rechten Hand, in die Mitte des Kreises. Mit geschlossenen Augen greift nun jeder Spieler mit der linken Hand nach einem freien Stabende eines Mitspielers. Ziel des Spiels ist es, bei geöffneten Augen den entstandenen Knoten durch Übersteigen oder Unterkriechen zu entwirren, ohne dabei die Hände zu lösen. Während des Entknotens müssen alle Zeitungsrollen heil bleiben. Sollte nach langem Probieren keine Entwirrung möglich sein, darf ein Spieler kurzfristig eine Hand vom Stab lösen.

Popo klopfen 617

Förderbereiche: Geschicklichkeit, Wahrnehmung, Vertrauen

Alle Spieler rollen einen Stab aus ihrem Zeitungsblatt. Innerhalb eines markierten Spielfeldes kämpft jeder gegen jeden. Ziel ist es, mit der Zeitungsrolle möglichst viele Mitspieler in einer festgelegten Zeit am Gesäß zu berühren. Vor Spielbeginn ist unbedingt auf eine rücksichtsvolle Ausführung hinzuweisen (berühren, kein schlagen!).

Kennenlernspiel 618

 Förderbereiche: Wahrnehmung, Schnelligkeit

 Zusatzmaterialien: Stühle

Alle Spieler sitzen im Kreis. Eine Person steht mit einer zusammengerollten Zeitung (oder einem Handtuch) in der Mitte. Er bekommt den Namen eines Mitspielers zugerufen und muss diesem Mitspieler mit der Zeitung auf das Knie schlagen. Nennt dieser Mitspieler jedoch vorher einen anderen Namen, so muss der Spieler in der Mitte diesen neuen Mitspieler ausfindig machen. Schafft er es, die Person abzuschlagen, bevor sie einen neuen (gültigen) Namen rufen kann, erfolgt ein Platz- und Aufgabenwechsel.

Variation:
Das Spiel kann noch erschwert werden, wenn jede Person sich einen Gegenstand ausdenkt. Statt mit den Namen der Spieler wird dann mit den Gegenstandsnamen gespielt.

Der Wächter 619

 Förderbereiche: Wahrnehmung, Problemlösung

 Zusatzmaterialien: Kleine Kästen, Langbänke, Augenbinden

Einem Spieler werden die Augen verbunden. Er sitzt auf einer, über zwei kleine Kästen gestellte Langbank und hält eine Zeitungsrolle in der Hand. Die übrigen Spieler versuchen, möglichst leise unter der Langbank durchzukriechen, ohne abgeschlagen zu werden. Der Wächter darf nicht wild um sich schlagen!

Variation:
Die Spieler müssen Gegenstände holen, die unter der Bank liegen.

Zeitungsrollen

Fußstaffel 620

 Förderbereiche: Kooperation, Geschicklichkeit, Wahrnehmung

 Zusatzmaterialien: Kleiner Kasten

Alle Mannschaftsmitglieder eines Teams sitzen in einer Reihe hinter einem kleinen Kasten. Der jeweils erste Spieler greift die auf dem Kasten liegende Zeitungsrolle mit beiden Füßen, macht eine halbe Drehung zum Hintermann und übergibt sie ihm. Dieser übergibt die Rolle an seinen Hintermann usw. Nachdem der Spieler die Rolle übergeben hat, läuft er nach hinten und setzt sich hinter das letzte Mannschaftsmitglied. Sieger ist die Mannschaft, die zuerst eine vorher festgelegte Strecke überwunden hat.

Hexenfangen 621

 Förderbereiche: Schnelligkeit, Wahrnehmung, Geschicklichkeit

 Zusatzmaterialien: Gymnastikstab

Eine „Hexe" reitet auf ihrem „Besen" (Gymnastikstab), den sie mit ihren Händen zwischen ihren Oberschenkeln festhält, durch die Halle. Mit der anderen Hand hält sie einen „Zauberstab" (Papierrolle) fest und versucht, damit die anderen Spieler zu berühren. Gelingt dies, wird der „verzauberte" Spieler zur neuen Hexe.

Zeitungsschwungtücher

Zeitungsschwungtücher werden durch das Zusammenkleben mehrerer Zeitungsblätter zu einer großen Fläche hergestellt. Die Stabilität wird durch die Anzahl der Zeitungslagen, der Art des Festklebens sowie des Klebematerials bestimmt. Unterschiedliche Größen ermöglichen nicht nur eine Variation der Spielerzahl, sondern auch eine damit verbundene Differenzierung der jeweiligen Anforderungen und Förderschwerpunkte. Zeitungsplanen sind im Gegensatz zu Nylonschwungtüchern bzw. Fallschirmen weniger strapazierfähig. Bei den Bewegungsaufgaben mit Zeitungsschwungtüchern steht deshalb das kooperative, behutsame Miteinander im Mittelpunkt.

Zeitungsschwungtücher

Rettungsinseln

 Förderbereiche: Schnelligkeit, Wahrnehmung, Geschicklichkeit

In der Halle werden vier Zeitungsplanen ausgelegt, die nummeriert werden oder Himmelsrichtungs-Namen bekommen. Die Spieler laufen im Raum umher. Bei dem Ruf „Land unter, alle zu Plane Nr. 2" bzw. „nach Norden", laufen alle Spieler schnell auf die entsprechende Plane. Spieler, die keinen Platz finden, müssen Zusatzaufgaben erfüllen.

Variation:
Die Spieler dürfen sich bei jeder neuen Spielrunde nur in der neuen, vom Spielleiter genannten Fortbewegungsart (z.B. Hüpfen, Vierfüßlergang etc.) bewegen.

Wellenreiter

 Förderbereiche: Kooperation, Wahrnehmung

 Zusatzmaterialien: Bälle

Ein leichter Ball (z.B. Wasserballon) wird auf ein Schwungtuch gelegt. Dieser Ball soll im Kreis herum bewegt werden. Dazu müssen die Spieler das Tuch immer dann hochheben, wenn der Ball an ihnen vorbeirollt.

Variation:
Zwei Bälle auf dem Tuch herumlaufen lassen, ohne dass sie sich berühren.

Plane wenden

 Förderbereiche: Problemlösung, Kooperation, Geschicklichkeit

 Zusatzmaterialien: Bierdeckel

Eine Gruppe von 12–15 Personen steht auf einer ca. 3 x 4 m großen Zeitungsplane. Die Gruppe soll nun diese Plane wenden, ohne sie zu verlassen oder zu zerreißen. Berührt ein Gruppenmitglied den Boden, muss wieder von neuem begonnen werden.

Variation:
Unter der Plane liegen mehrere Bierdeckel, die die Gruppe bergen soll, ohne dass jemand den Boden außerhalb der Plane berührt.

Platzwechsel 625

 Förderbereiche: Kooperation, Schnelligkeit, Wahrnehmung

Alle Spieler halten ein großes Zeitungsschwungtuch und heben es gleichzeitig über den Kopf. Der Spielleiter nennt ein Kriterium (z.B. „Alle, die blaue Hosen tragen", „Alle, die zwei Geschwister haben" etc.). Diejenigen Spieler, die das Kriterium erfüllen, unterlaufen das Schwungtuch und wechseln die Plätze.

Schwungtuch-Volleyball 626

 Förderbereiche: Kooperation, Wahrnehmung

 Zusatzmaterialien: Leichte Bälle

Zwei Gruppen mit jeweils einem Schwungtuch stehen in 3–5 m Entfernung nebeneinander. Auf dem Tuch einer Gruppe liegt ein leichter Ball, der zur Partnergruppe geworfen wird. Diese fängt den Ball mit ihrem Tuch auf, wirft ihn anschließend wieder zurück usw. Der Abstand zwischen den Gruppen wird nach jeweils vier Würfen vergrößert.

Katz und Maus 627

 Förderbereiche: Wahrnehmung, Geschicklichkeit

 Zusatzmaterialien: Bälle

Es werden zwei Gruppen gebildet, die sich abwechselnd um das Tuch stellen. In das Tuch werden zwei unterschiedliche Bälle gelegt, „Katze" und „Maus". Eine Gruppe versucht die „Katze" bei der Jagd zu unterstützen, das andere Team hilft der „Maus" bei der Flucht. Wie oft fängt die „Katze" die „Maus"?

Zeitungsschwungtücher

Schwungtuch-Golf 628

 Förderbereiche: Kooperation, Wahrnehmung, Geschicklichkeit

 Zusatzmaterialien: Murmeln, Tischtennisbälle, Plastikbecher

In ein Zeitungsschwungtuch wird ein kleines Loch gebohrt. Die Spieler versuchen, eine auf dem Tuch liegende Murmel durch geschicktes Heben und Senken des Tuches durch dieses Loch in einem auf den Boden stehenden Plastikbecher zu bugsieren.

Variation:
In das Schwungtuch sind an verschiedenen Stellen unterschiedlich große Löcher gebohrt. Die Gruppe versucht, möglichst schnell eine Murmel in sämtliche Löcher zu befördern. Die Löcher müssen dabei in der vorgegebenen Nummerierung angesteuert werden.

Raus gegen Rein 629

 Förderbereiche: Schnelligkeit, Kooperation

 Zusatzmaterialien: Leichte Alltagsgegenstände (z.B. Korken, Softbälle etc.)

Auf dem Schwungtuch liegen eine Anzahl von Softbällen. Um das Tuch herum steht eine zweite Gruppe mit weiteren leichten Gegenständen. Während die Spieler, die das Tuch halten, die Gegenstände vom Tuch schleudern, werfen die Gegner ständig Gegenstände auf das Tuch.

Urknall 630

 Förderbereiche: Kooperation, Wahrnehmung, Geschicklichkeit

 Zusatzmaterialien: Alltagsgegenstände, Softbälle

In der Mitte des Schwungtuches liegen Softbälle oder andere Alltagsgegenstände. Die Anzahl entspricht der Spielerzahl, die das Tuch hält. Auf Kommando schleudern die Spieler die Gegenstände nach oben, legen das Tuch auf den Boden und versuchen alle Gegenstände in der Luft zu fangen.

Literatur

BAER, U.:
66 Spiele mit alltäglichen Materialien.
Kallmeyer 1997. ISBN 3-78005-805-7

BARTHL, A.:
Fun-Olympics. Sport- und Spaßspiele für alle.
Verlag an der Ruhr 1999.
ISBN 3-86072-445-2

BUCHER, W. (Hrsg.):
1018 Spiel- und Übungsformen zum auf Rollen und Rädern.
Verlag Karl Hofmann Schondorf 1994.
ISBN 3-77806-381-2

DORDEL, S.:
Bewegungsförderung in der Schule.
Verlag modernes lernen 2003.
ISBN 3-80800-447-9

FRANK, G. und ECKERS, B.:
Bewegungsförderung für Kinder. Eine Übungssammlung mit Alltagsmaterialien und Kleingeräten.
Limpert 2001. ISBN 3-78531-648-8

GEISSLER, U. und R. BUTSCHKOW:
100 tolle Kinderspiele. Lustige Spiele mit Materialien aus dem Alltag.
Ravensburger Bücherverlag 2004.
ISBN 3-47337-850-X

GILSDORF, R. und G. KISTNER:
Kooperative Abenteuerspiele 1.
Kallmeyer 2001. ISBN 3-78005-801-4

GILSDORF, R. und G. KISTNER:
Kooperative Abenteuerspiele 2.
Kallmeyer 2003. ISBN 3-78005-822-7

KRÖGER, C. und K. ROTH:
Ballschule. Ein ABC für Spielanfänger.
Verlag Karl Hofmann Schondorf 1999.
ISBN 3-778100-001-X

KÖCKENBERGER, H.:
Bewegungsspiele mit Alltagsmaterial für Sportunterricht, psychomotorische Förderung, Bewegungs- und Wahrnehmungstherapie.
Verlag modernes leren 2002.
ISBN 3-86145-161-1

LEHNER, P.:
tutti – Kurzspiele mit Alltagsmaterial.
Rex Verlag 2003. ISBN 3-72520-732-1

NEUMAIER, A. und Mechling, H.:
Koordinatives Anforderungsprofil und Koordinationstraining: Grundlagen, Analyse, Methodik.
Sport und Buch Strauß 2003.
ISBN 3-89001-500-X

ZIMMER, R. und H. CIRCURS:
Psychomotorik.
Verlag Karl Hofmann Schorndorf 1999.
ISBN 3-7780-9905-1

ZIMMER, R.:
Handbuch der Sinneswahrnehmung.
Herder 2004. ISBN 3-45126-905-8

ZIMMER, R.:
Handbuch der Psychomotorik.
Herder 1999. ISBN 3-45126-621-0

ZIMMER, R.:
Kreative Bewegungsspiele.
Herder 2003. ISBN 3-45126-718-7

VAKAT

Verlag an der Ruhr

Postfach 10 22 51
45422 Mülheim an der Ruhr

Alexanderstraße 54
45472 Mülheim an der Ruhr

Telefon 02 08/495 04 900
Fax 02 08/495 04 295

bestellung@verlagruhr.de
www.verlagruhr.de

Es gelten die Preise auf unserer Internetseite.

■ **New Games**
New Games Fallschirmspiele
Dale LeFevre, Todd Strong
Für alle Altersstufen, 184 S., 16 x 23 cm,
Paperback, zweifarbig, viele Fotos
ISBN 978-3-8346-0216-9
Best.-Nr. 60216
16,50 € **(D)**/17,– € (A)/28,90 CHF

■ **Ballfertigkeiten trainieren**
222 Spiel- und Übungsformen
Michael Mertens
10 – 16 J., 311 S., 16 x 23 cm, Paperback
ISBN 978-3-8346-0334-0
Best.-Nr. 60334
19,50 € **(D)**/20,– € (A)/34,20 CHF

■ **Weniger erklären – mehr bewegen**
Mit 10 bekannten Spielformen
Grundsportarten trainieren
Burkhard Blatt
6 – 19 J., 175 S., 16 x 23 cm,
Paperback
ISBN 978-3-8346-0226-8
Best.-Nr. 60226
16,80 € **(D)**/17,30 € (A)/29,50 CHF

■ **Best of New Games**
Faire Spiele für viele
Dale LeFevre
Für alle Altersstufen, 242 S.,
16 x 23 cm, Paperback
ISBN 978-3-86072-724-9
Best.-Nr. 2724
18,50 € **(D)**/19,– € (A)/32,40 CHF

Sport • Spiel • Bewegung

Verlag an der Ruhr

Postfach 10 22 51
45422 Mülheim an der Ruhr

Alexanderstraße 54
45472 Mülheim an der Ruhr

Telefon 02 08/495 04 900
Fax 02 08/495 04 295

bestellung@verlagruhr.de
www.verlagruhr.de

Es gelten die Preise auf unserer Internetseite.

■ **Auf- und Abwärmen ohne Trott**
101 motivierende Übungen und Spiele
für Kinder und Jugendliche
John Byl
8–15 J., 193 S., 16 x 23 cm, Paperback
ISBN 978-3-86072-938-0
Best.-Nr. 2938
17,80 € (D)/18,30 € (A)/31,20 CHF

■ **Fitness-Training ohne Trott**
700 abwechslungsreiche Übungen
Peter Naunheim
Für alle Altersstufen, 256 S., A4, Paperback
ISBN 978-3-86072-229-5
Best.-Nr. 2229
24,50 € (D)/25,20 € (A)/42,90 CHF

■ **Der Tanzsack geht rum**
Spielen, Gestalten und
Darstellen mit dem Tanzsack
Heidemarie Deutsch
6–12 J., 130 S., 16 x 23 cm,
Paperback (mit vierf. Abb.)
ISBN 978-3-8346-0096-7
Best.-Nr. 60096
15,80 € (D)/16,25 € (A)/27,60 CHF

■ **SchwimmWelt**
Schwimmen lernen –
Schwimmtechnik optimieren
Michael Bissig, Corinne Gröbli
6–19 J., 304 S., 30 x 22 cm,
Paperback (mit vierf. Abb.)
ISBN 978-3-292-00337-7
Best.-Nr. 60349
38,40 € (D)/39,50 € (A)/60,40 CHF

Sport • Spiel • Bewegung